海外中国研究丛书

——

到中国之外发现中国

儒教与道教

Konfuzianismus und Taoismus

[德] 马克斯·韦伯 著

洪天富 译

江苏人民出版社

图书在版编目(CIP)数据

儒教与道教/ [德]马克斯·韦伯著;洪天富译. —
南京:江苏人民出版社,2003(2023.7重印)
(海外中国研究丛书/刘东主编)
书名原文:Konfuzianismus und Taoismus
Gesammelte Aufsätze zur Religionssoziologie
ISBN 978 - 7 - 214 - 01132 - 9

Ⅰ.儒…　Ⅱ.①韦…②洪…　Ⅲ.①宗教史-研究
-中国②政治制度-思想史-研究-中国　Ⅳ.B929.2

中国版本图书馆 CIP 数据核字 (2003) 第 031125 号

Konfuzianismus und Taoismus
Gesammelte Aufsätze zur Religionssoziologie
Max Weber
(Tübingen:Mohr,1978)
按图宾根摩尔出版社 1978 年版译出

书　　　　名　儒教与道教
著　　　　者　[德]马克斯·韦伯
译　　　　者　洪天富
责 任 编 辑　杨建平　胡海弘
装 帧 设 计　陈　婕
责 任 监 制　王　娟
出 版 发 行　江苏人民出版社
地　　　　址　南京市湖南路 1 号 A 楼,邮编:210009
照　　　　排　江苏凤凰制版有限公司
印　　　　刷　江苏凤凰扬州鑫华印刷有限公司
开　　　　本　652 毫米×960 毫米　1/16
印　　　　张　17　插页 4
字　　　　数　220 千字
版　　　　次　2010 年 7 月第 1 版
次　　　　次　2023 年 7 月第 8 次印刷
标 准 书 号　ISBN 978 - 7 - 214 - 01132 - 9
定　　　　价　56.00 元

(江苏人民出版社图书凡印装错误可向承印厂调换)

序"海外中国研究丛书"

中国曾经遗忘过世界,但世界却并未因此而遗忘中国。令人嗟讶的是,20世纪60年代以后,就在中国越来越闭锁的同时,世界各国的中国研究却得到了越来越富于成果的发展。而到了中国门户重开的今天,这种发展就把国内学界逼到了如此的窘境:我们不仅必须放眼海外去认识世界,还必须放眼海外来重新认识中国;不仅必须向国内读者迻译海外的西学,还必须向他们系统地介绍海外的中学。

这个系列不可避免地会加深我们150年以来一直怀有的危机感和失落感,因为单是它的学术水准也足以提醒我们,中国文明在现时代所面对的绝不再是某个粗蛮不文的、很快就将被自己同化的、马背上的战胜者,而是一个高度发展了的、必将对自己的根本价值取向大大触动的文明。可正因为这样,借别人的眼光去获得自知之明,又正是摆在我们面前的紧迫历史使命,因为只要不跳出自家的文化圈子去透过强烈的反差反观自身,中华文明就找不到进入其现代形态的入口。

　　当然,既是本着这样的目的,我们就不能只从各家学说中筛选那些我们可以或者乐于接受的东西,否则我们的"筛子"本身就可能使读者失去选择、挑剔和批判的广阔天地。我们的译介毕竟还只是初步的尝试,而我们所努力去做的,毕竟也只是和读者一起去反复思索这些奉献给大家的东西。

刘　东

目　录

译者的话

马克斯·韦伯(Max weber,1864—1920)系德国著名社会学家、历史学家、经济学家和政治学家。他所创立的"理解的社会学"(ver-stehende Soziologie),以其独特的方法论和思想内涵而独树一帜。在西方,他的名字常常和卡尔·马克思、埃米尔·杜尔克姆(E. Durkheim,1858—1917)的名字一起,被奉为当代社会学的三位神明。

马克斯·韦伯于1864年生于艾尔福特(Erfurt),他一生经历了德国从威廉帝国至魏玛共和国初期的种种历史事件。1885年冬季,他就读于哥廷根大学,阅读了马克思的《资本论》第一、二卷和尼采的《查拉图斯特拉如是说》。1894年,他任教于弗莱堡大学,阅读了《资本论》第三卷。1903年,阅读了考茨基的《资本论解说》。1905年,学习俄语,并开始研究俄国第一次革命。1906年,出席社会民主党大会,对其小资产阶级性感到失望。1909年,担任《社会经济学讲座》的编务,开始细心观察官僚制度。1914年,以爱国者身份参加第一次世界大战,负责其家乡医院的管理工作。1917年,潜心研究俄国革命和德国内政改革问题。1918年,对奥地利上校团发表"社会主义"演说。

1919年,参与起草魏玛宪法。1920年春末,死于肺炎。

韦伯深受马克思和尼采的影响,但是他的学说就其实质说,是与他们的思想体系大相径庭的。马克思认为,存在决定意识,意识反过来也可以作用于存在,在分析资本主义精神的时候,必须从分析资本主义生产方式入手。韦伯则认为,物质和精神是可以相互独立的,不存在前者决定后者的问题,相反地,在现代资本主义问题上,倒是资本主义精神导致了资本主义制度的产生(详见《新教伦理与资本主义精神》)。尼采否定以往的一切价值,强调超人的"权力意志"(Wille zur Macht);韦伯则认为,价值是多元的,需要区分"非理性的价值"和"理性的价值",超人的权力意志是要低能者的意志服从于超人的意志,这是一种危险的劝告。

马克思认为,问题不仅仅在于解释世界,更重要的在于改变世界。韦伯则认为,他的任务在于理解和解释世界。马克思认为,人是一切社会关系的总和,因此在考察个人的行动时,必须联系个人所在的阶级或集团的社会行动。韦伯则认为,集团并不能思想、感受、理解,只有人才能如此,因此理解的社会学和任务在于深入到个体的主观理智之中,通过一种对行动者的移情联系,去理解社会行动。"为了社会学的目的,并不存在'行动'的集体个性这样一种东西。当在社会学系统里涉及一个国家、一个民族、一家公司或者其他类似的集团时,它所意味的只是单个个人的现实的或可能的社会行动的某种发展。"(《经济与社会》,纽约 Bedmister 出版社 1968 年版,第 13 页。)

韦伯的方法论的核心是"理想型"(Idealtyp)。理想型不是现实型(Realtyp,现实中的确存在的典型,例如"他是一个典型的股东"),而是一种逻辑的体系(eine logische Konstruktion)、一种抽象的概念,只有通过理想型来分析社会现实或社会行动,社会学家才有可能从经常是互相抵触的、混乱的经验材料中理出个头绪来,从而精确地显示事实的最关键的层面。例如,韦伯在研究西欧资本主义的产生的时候,首先从分析中古以来西欧历史的演变入手,从中选择出一些他认为是促成西欧近代资本主义之发达的主要因素,再将之有系统地组合起来,这就产生了一个西欧资本主义之形成的"理想型"。

本书是韦伯宗教社会学的一个重要组成部分。他的《宗教社会学论文集》共三卷。第一卷包括《序言》(1920)、《新教伦理与资本主义精神》(1904—1905)、《基督新教诸教派与资本主义精神》(1906)、《世界诸宗教之经济伦理》(其中又包括《导论》(1915)、《儒教与道教》(1915)、《中间考察——宗教拒世的阶段与方向》(1915)。第二卷包括《世界诸宗教之经济伦理》(续),即《印度教与佛教》(1916—1917)。第三卷包括《世界诸宗教之经济伦理》(续),即《古犹太教》(1917—1919)。整个论文集的目的,在于通过东西方诸大宗教的对比研究,来突显西方基督教文明的特色。

在《儒教与道教》一书里,韦伯以《新教伦理与资本主义精神》所提供的资本主义的"理想型"为参照系,试图论证这样一个主题:中国之所以没能成功地发展出像西方那样的理性的资产阶级资本主义,其主要原因在于缺乏一种特殊宗教伦理作为不可缺少的鼓舞力量。

韦伯写此书的目的,既不是为了描述中国的经济史,也不是为了反映中国社会的阶级斗争史,而是为了论证他在《新教伦理与资本主义精神》一书中提出的论点:西方民族在经过宗教改革以后所形成的新教对近代资本主义的发展起了重大的促进作用;而东方古老民族(中国、印度、伊斯兰国家)没有经过宗教改革的宗教伦理精神对这些民族的资本主义发展起了严重的阻碍作用。因此,他采用的方法是比较的方法和重点被彻底颠倒过来的"理想型"的方法。在《新教伦理与资本主义精神》一书里,韦伯根据他所提出的"理想型",强调了那些与资本主义精神有着广泛一致性的教义,而忽略了那些与资本主义精神不和谐的因素。在《儒教与道教》一书里,韦伯却采用了相反的程序,强调了那些阻碍理性的经济活动的精神因素,而贬低了那些似乎是十分符合经济理性的因素。在西方,新教伦理(精神因素)促进了资本主义生产方式(物质因素)的发展;而在传统的中国社会,情况恰恰相反,儒教与道教(精神因素)阻碍了中国资本主义经济(物质因素)的发展。

韦伯关于中国的宗教伦理有碍于中国资本主义的发展的思想,明显地反映在本书之中。本书由三篇构成:第一篇为物质部分,第二、三篇为精神部分。在第一篇(从第一章至第四章)里,韦伯重点考察了与他的主题密切相关的五个中国社会的物质层面:货币制度、城市与行会、家产制国家、氏族(血缘)组织以及法律。在第二篇(从第五章至第七章)里,韦伯集中考察了理性资本主义无法在中国出现的"心态"(Gesinnung)因素:儒教和道教。用韦伯的话来说,"儒教的理性主义是去理性地适应于此世;清教的理性主义是去理性地支配这个世界。"儒教要求人们将此世当作"既有之物"而加以接受,因此它惧怕任何的改革(在韦伯看来,王安石的变法之所以失败,原因在于他所采取的理性的、中央集权的财政措施遭到了以儒教官吏为代表的传统势力的激烈反对);而清教为了理性地支配这个世界,主张对此世进行剧烈的变革。道教认为宇宙中存在着自然与社会的永恒和谐的秩序,在这个和谐的秩序中,本质上不存在真正的道德恶灵与缺陷,所以也用不着去改造它。这和清教策励人们去改变既有世界的教旨形成鲜明对照。

第 一 篇

社会学的基础

第一章 城市、诸侯与神明[①]

一、货币制度

　　与日本形成鲜明对照的是,中国在相当于我们的史前时期就已经是一个具有大的墙垣城市的国家。只有城市拥有按宗教法设置的供人

---

① 有关儒教与道教的文献,我们引用了由雅理各(J. Legge)翻译、编辑出版的《中国经典》(*Chinese Classics*)丛书。此丛书包括中国主要古典经籍巨著,并逐文附加评注。其中的部分书籍也被收入到马克斯·米勒(Max Müller)所编的《东方圣典》(*Sacred Books of the East*)中。在本书各个段落的引文中,我们将不一一注明所引用的这些中国主要经典巨著之出处。

　　关于孔子及其真传弟子的个人见解或被认为是其个人见解的入门书,则以雅理各编辑并附导论的一部小书《孔子的生活与教导》(*The Life and Teachings of Confucius*, London, 1867)最便。此书包含了三个典籍:《论语》、《大学》以及《中庸》。此外,尚有著名的鲁国史籍《春秋》。有关孟子著作的译介,参见《东方圣书》和法贝尔所著《孟子的思想》(Farber, *The Mind of Mencius*)。据认为是老子所著的《道德经》已有多种译本,其中最杰出的属斯特劳斯(V. Strauβ)的德译本(1870)和卡鲁斯(Carus)的英译本(1913)。同时,威廉(Wilhelm)也编译并在迪德里希斯(Diederichs)与耶那(Jena)出版了一本有关中国的神秘主义者与哲学家的好选集。近来,对道教的研究几乎成了一种时髦。威廉斯(Williams)以前挺受欢迎的著作《中央帝国》(*The Midden Empire*),现今仍为关于中国政治、社会情况的一本有用的通俗作品。其次,李希特霍芬(Richthofen)以地理学方面的知识为主的那本巨著,也考虑到了这些政治、社会方面的情况。奥托·弗朗克(Otto Franke)在其所著《当代的文化》(*Kultur der Gegenwart*)的第二卷、第二部之第一章中,以文学的形式对中国的文化作了一幅极佳的素描。

　　有关中国城市的作品,参见普拉特(Plath)所著《论中国最早三个朝代的宪法与行政》(*über die Verfassung und Verwaltung Chinas unter den drei ersten Dynas-tien*)(原载*Abhandlungen der Koeniglichen Bayrischen Akademie der wissenschaften*, 1865, I. Cl. X, Abt. 2. p. 453ff)。至今,有关(现代)中国城市中之经济生活的最佳研究论著,是卡尔·毕希尔(Karl Bücher)的门生 Dr. Nyok Ching Tsur 所写的《宁波市的工商业经营形式》(接下页)

（续上页）（*Die gewerbl. Betriebsformen der Stadt Ningpo*）（原载 *Zeitschrift für die gesamte Staatswissenschaft*，Tübingen，1909）。

关于中国古代宗教（所谓"Sinismus"），参见 E. Chavannes，*Revue de L'Histoire des Religions*，Vol. 34，p. 125ff。关于儒教与道教之宗教与伦理，值得推荐的是德沃夏克（Dvorak）的两篇尽可能地引用孔子和老子原话的论文（原载 *Darstellungen aus dem Gebiet der nichtchristlichen Religionsgeschichte*）。此外，也可参见各种各样的宗教史读本，例如 A. Bertholet 于 1908 年编写、于同年在 Tübingen 出版的宗教史读本，其中有一节是威廉·格鲁贝（Wilhelm Grube）所写的论文《古代中国人的宗教》（*Die Religion der alten Chinesen*）；Chantepie de la Saussage 编写的宗教史读本，其中有 E. Buckeley 论中国的那一篇。目前（指 1920 年），德·格罗特（de Groot）有关官方宗教的著作是最出色的。他的主要著作《中国的宗教体系》（*The Religious System of China*）主要涉及中国的礼仪，尤其是丧葬礼仪。他的充满激情的论战文章《中国国内的宗派主义与宗教迫害》（*Sectarianism and religious Persecution in China*，原载 *Verh. der Kon. Ak. van Wetensch. te Amsterdam*，Afd. Letterk. N. Reeks，N，1，2），论述了儒教的宽容。他发表于 *Archiv für Religionswissenschaft* 第七卷（1904）中的论文，涉及宗教局势的历史。有关此文的评论，见 Pelliot 所写的 *Bulletin de L'Ecole francaise de L'Extreme Orient*，vol. Ⅲ（1903），p. 105。关于道教，亦见 Pelliot，loc. cit.，p. 317。关于明朝缔造者朱元璋的圣谕（1671 年之"圣谕"的先驱），见 *Chavannes，Bulletin de L'Ecole fransaise de L'Extreme Orient*，Vol. Ⅲ（1903），p. 549ff。

陈焕章的博士论文《孔子及其学派的经济原则》（The Economic principles of Confucius and his School，哥伦比亚大学，纽约，1911）从康有为近代改革派的观点出发阐述了儒教的学说。

威廉·格鲁贝的精彩文章《关于北京的民俗学》（Zur pekinger Volkskunde）非常生动地反映了各种宗教体系对生活样式的影响。该文原载 *Veröff. aus dem Kgl. Mus. f. völkerk*. Berlin Ⅶ，1901。另参见格鲁贝的文章《中国人的宗教与文化，论中国的哲学》（Religion und Kultur der Chinesen，über chinesische Philosophie）（原载《文化与当代》（Kultur und Gegenwart，Ⅰ，5）。另参见格鲁贝所著《中国文学史》（*Geschichte der chinesischen Literatur*，Leipzig，1902）。

传教士的文献颇具价值，因为它们重视了许多的对话，例如 Jos Edkins 所著的《中国的宗教》（*Religion in China*，第 3 版，1884）。Douglas 所著的《中国的社会》（*Society in China*）也包含了一些珍贵的材料。关于进一步的参考文献，请查阅英、法、德等著名的大型期刊，诸如《比较法学杂志》（*Zeitschrift für vergleichende Rechtswissenschaft*）及《宗教学档案》（*Archiv für Religionswissenschaft*）。

李希特霍芬男爵的《来自中国的日记》（*Tagebücher aus China*）以及 Lauterer，Lyall，Navarra 等人的著作，形象地介绍了中国近代的情况。关于道教，请参见下面第七章的注释。

有关中国近代发展史（古代）的材料，请参见 Pflugk-Harttung 主编的《世界史》（1911）第三卷中 E. Conrady 的论著。格罗特（de Groot）的新作《普遍主义——中国之宗教、伦理、国家制度、科学的基础》（*Universismus，Die Grundlage der Religion und Ethik，des Staatswesens und der Wissenschaft Chinas*，Berlin，1918），直到本书付梓时，笔者方才获阅。在诸多简要的入门小品中，特别值得一提的是罗斯特霍恩男爵（Freiherr von Rosthorn）这位最优秀的专家之一的小册子《中国人的社会生活》（*Das soziale Leben der Chinesen*，1919）。这方面较早的文献，请参见 J. Singer 所著的《论东亚的社会情况》（*über soziale Verhältnisse in Ostasien*，1888）。

对皇帝谕令的细心加工整理，比众多的论著更富有启发意义。这些命令是皇帝下达给帝国官吏的，原来只供内用，但数十年来一直受到英国人的注意，并将之冠以《京报》（Peking Gazette）之名而翻译出来。其他的文献与翻译的原始材料，我们在下文引用时会注明。诸多文献资料与碑铭，被翻译过来的不过是其中的一小部分。这种情况对于一个非汉学家而言，真是个大障碍。遗憾的是，没有一位汉学专家能帮助我检查此书。因此，笔者满怀顾虑之心，以最为保留的态度将本书交付印行。

祭祀的地方守护神。诸侯理所当然的是城市的统治者。在大诸侯国的官方文献里,甚至以城市来指称"国家",称之为"贵都"或"敝邑"。到了19 世纪最后 30 年,苗族的彻底平定(1872)也是通过强制性的聚居(Synoikismus),即将苗人集体迁徙到城市中居住的办法实现的,这和古罗马在 3 世纪前采取的办法完全一样。事实上,中国行政部门所采取的税收政策极度有利于城市居民,而有损于广大的农村地区。[1] 同样,中国自古以来是个内陆贸易的场所,这对于满足广大地区的需求是不可缺少的。然而,由于农业生产重于一切,致使货币经济直到近代几乎达不到埃及托勒密王朝[2]时的发展水平。在这方面,货币制度——诚然,部分地可视为货币制度崩溃的结果——足以为证:铜钱和银锭——后者的铸印操纵在行会的手里——的汇兑率因时因地不断地发生变化。[3]

中国的货币制度兼有极古老的和明显的现代特征。[4] "财"这个字至今仍含有"贝"(贝壳)这个古老的意义。"硬币"一词,原意是"龟甲"。[5]直到 1578 年,云南(一个产矿的省份!)还以贝币为贡品。"布帛"(Pupe)

---

[1] H. B. Morse 在其所著《中国帝国的贸易与行政》(*The Trade and Administration of the Chinese Empire*, New York,1908,p. 74)一书中也有同样的结论。此结论根据以下事实:没有消费税及任何的动产税,一直到近代为止,关税极低,粮食政策完全从消费的角度出发制定。此外,考虑到官僚阶层的特点,富商确实是有路子可以弄到钱的。

[2] 埃及托勒密王朝存在的年代为公元前 332—公元前 30 年。

[3] 当然,正是由于皇帝采取的贬低钱币成色与发行纸币的措施,才导致了向这种制度的转变(相当于德国的银行本位,如汉堡银行所显示的)。因此,这算是第二次的币制转变。正如刊登在 1896 年 6 月 2 日的《京报》上的皇帝谕令及报告所显示的,直到最近,某地的铜币一旦突然短缺,就可能引起一场大混乱:地方上的银行券因此增加了发行数量,从而造成升水差额(Agiounterschiede)与银块投机的现象;此外,造成政府采取完全不当的干预措施。关于通货情况,请参见 H. B. Morse 的论文《中国帝国的贸易与行政》(纽约,1908),第五章,第 119 页。此外,还可参见 J. Edkins 的文章《中国的金融与价格》(Banking and Prices in China,1905)。至于中国古代的文献资料,见 Chavannes 编选的《司马迁》,第三卷,第三十章。

[4] "货"这个字也可用来表示货币,亦即交换手段的意思。"宝货"则指有价值的交换手段。

[5] 有关中国古代货币的知识,除参考了 Morse 著作中的有关章节以及 Jos. Edkins 的《中国的通货》(*Chinese Currency*, London,1913)以外,还参考了 Biot 的论著 *Journal Asiatique*(3. Serie, Vol. 3, 1837),此作主要以马端临的作品为依据,至今仍有参考价值。本书进入校对阶段时,我另参见了 W. P. Wei 的纽约博士论文《中国的货币问题》(*The Currency Problem in China*)第一章里所包含的一些材料。该博士论文原载 *Studies in History*, *Economy*, *etc.* No. 59, New York,1914。

据说在周代时就有,这种以丝绸当货币缴税的流通形式通行于各个时代。珍珠、宝石和锡在古代也具有货币的功能。就连那位篡位者王莽(从 7 年起)也曾徒劳地想要建立起一个以金、银、铜以及龟甲和贝壳为支付手段的货币等级制。与此相反,根据一则不大可靠的记载,理性主义的帝国统一者秦始皇下令以铜和金来铸"圆的"硬币(镒与钱 Y und Tsien),其他的交换或支付手段一律禁止,不过他的愿望同样没有得到实现。银作为铸币金属似乎要到晚一些的时候(汉武帝统治时期,公元前 2 世纪末)才出现,而银作为南方诸省的税收支付手段,要到 1035 年才出现。这无疑首先是由于技术上的原因造成的。金以往是砂金,铜的开采在技术上本来较为容易,可是,银的开采需要一整套独特的采矿技术。而中国人的采矿技术与铸币技术却一直停留在相当原始的阶段。传说早在公元前 12 世纪就有钱币的铸造,实际上可能要晚一些,即从公元前 9 世纪起;大约在公元前 200 年,方有文字的记载。那时的钱币是浇铸的,而不是压制。因此,很容易仿制。此外,它们的含量也不相同,甚至比欧洲 17 世纪的钱币含量的差异还要大(例如英国 5 先令的银币,其含量相差约 10%)。有 18 枚同时于 11 世纪发行的中国铜币,根据比欧(Biot)的称量,其重量相差在 2.70~4.08 克之间。6 枚于 620 年发行的铜币,其重量相差在 2.50~4.39 克之间。仅此而论,这些货币就不足以成为明确而可行的流通标准。黄金的储备,主要由于鞑靼人的劫掠所得而突然增加,但很快又低落下来。因此,金和银早就变得非常稀有,尽管在当时的技术条件下,银矿还是很有开采价值的。[1] 铜向来是日常

---

[1] 每次发生地震,风水迷信(下面会谈到)就会导致对开采的压制。不过,Biot 在前引书里将这些矿山比作 Potosi 的矿山(Potosi 是南美玻利维亚南部的旧银矿开采中心——译者),则是个可笑的夸张。李希特霍芬对此有一最后的定论。云南的银矿,虽然相对而言有 15% 较低的矿区使用税金,但从 1811 年到 1890 年间,也只有大约 1 300 万两银钱的产量。甚至到 16 世纪(1556),一个花费了 3 万两银钱来开采的银矿,后来也不过生产了 2.85 万两银钱。铅矿开采的一再禁止,也阻碍了作为副产品的银的采掘。直到中国统治了富产银矿的后印度地区(高棉、安南、缅甸)之后,银的供给量才持续地和大量地增加。另外,越过布哈拉(Buchara,中亚细亚之一城名——译者)与西方进行贸易之后,尤其是在 13 世纪,借助丝织品的输出,也带来了银的大量增加。同样,自 16 世纪与欧洲人进行贸易起,再次使银货增加。根据史书推断,银的供给之所以如此的不稳定,除了技术上的缺陷之外,银矿的利润大都很低也是一个重要的原因。

交易的流通货币。西方贵金属的流通量远比中国的大，这点，中国的编年史家，尤其是汉朝的史学家是非常熟悉的。庞大的运送贡物的丝绸商队（每年有大批这样的商队）将西方的黄金带入国内（罗马金币的发现便是这方面的证明），但是，自罗马帝国灭亡之后，黄金的流入便中断了，直到蒙古帝国的时期，情况才有所好转。

　　中国与西方的贸易，在墨西哥与秘鲁的银矿被开采之后，进入了一个转折时期，那儿所产的银有相当一部分流入中国，用以交换生丝、瓷器与茶叶。从以下的银与金的兑换率中，可见银价显然下跌：

1368 年……4∶1	1574 年……8∶1
1635 年……10∶1	1737 年……20∶1
1840 年……18∶1	1850 年……14∶1
1882 年……18∶1	

　　但是，银的贬值并没有妨碍它在和铜的竞争中处于有利地位。由于对作为货币的银的需求量增加，银的价值上升，致使铜对银的比价下跌。采矿与铸币均是政府部门的经济特权[1]：在《周礼》中所提到的 9 个具有半传说性的官方部门中，就有一个是执掌铸币的。矿产的开采一部分靠政府摊派的徭役，[2]一部分靠私人，但是所产的矿物则由政府垄断收买。将铜运往北京铸造局的高昂运费——铸造局将国家铸币需求所多余的铜全部出售——大大地增加了铸币的成本，而这些成本本身就已非常庞大。在 8 世纪（据马端临所记，752 年），当时的 99 家铸币厂，据报每年每厂大约出产 3 300 缗（每缗 1 000 枚）的铜钱。为此，每厂需要使用 30 个工人，2.12 万斤（每斤 500 克）的铜，0.37 万斤的铅，500 斤的锡。每 1 000 枚铜钱的铸造成本为 750 钱，亦即 75% 的成本支出。此外，还要加

---

[1] 此处的特权（Regal）是指家产制国家里属于君主的收入特权。
[2] 乾隆皇帝所写的明代史（Delamarre 译为 *yutsiuan tung kian kang mu*《御撰通鉴纲目》，Paris，1865，p.362）中便有大量征发徭役以开采金矿的记载。在 1474 年，据说有 55 万(?)人被强募来服这类的徭役。

上垄断性的铸造局所要求的高昂的铸造利润①,名义上为 25%。这使得持续好多个世纪的反对利润高得惊人的重铸硬币的斗争变得毫无希望。

矿产地区常受到外敌入侵的威胁。政府从外国(例如日本)购进铸币所需的铜,或者没收私人所拥有的铜以确保铸币对铜的巨大需求,则是司空见惯的事。经济特权和私营企业一时遍及所有的金属矿产。银矿的开采要支付一笔巨额的矿区使用费(Royalty)给有关的官吏(19 世纪中叶,在广东省这笔使用费高达 $20\%—33\frac{1}{3}\%$,连带铝矿,则达 55%)。这些官吏将所得的矿区使用费中的一定数额上缴给政府,余下的部分全归自己,成为他们收入的主要来源。金矿主要在云南省,和其他的矿产一样,它们被划分成小地区交给采矿工匠(手工业者)去做小规模的经营,每人依产量上缴使用费,最高可达 40%。直到 17 世纪,由于技术落后,这些矿区没有得到很好的开采。其原因除了土占(Geomantik)所造成的困难以外(见第七章,第九节)②,还在于中国的政治、经济和精神结构中普遍存在的传统主义。这种传统主义每每使一切认真的货币改革归于失败。据史书记载,早在楚庄王时代,就发生过降低货币成色和强迫使用低成色货币却未成功的情况。到了汉景帝时代,首次出现金币质量下降的现象——从此以后,这种现象屡屡发生——以及由此引起的交易上的大混乱。显然,主要的祸根在于铸币金属储备的不稳定。③ 在这种情况下,必须抗击草原蛮族入侵的北方,要比南方经受更多的痛苦,后者因为是贸易重镇,所以金属币的流通手段向来比北方要充

---

① 根据 W. P. Wei 前引书第 17 页所说的,在中国早期的铸币政策里并没有铸币利润这回事。果真如此,则人尽皆知的大量盗铸便无利可图了。可知这样的传闻是不可信的。况且史书里恰好有相反的记载(见下文)。

② 有关风水的影响,参见 *Variétés Sinologiques* No. 2 (H. Havret, *La Province de Ngan Hei*, 1893), p. 39。

③ 根据 Biot 所翻译的一条《文献通考》上的记载(*Journal Asiatique*, 3. Serie, Vol. 6,1838, p. 278),在汉元帝(公元前 48 年—公元前 30 年)治下,全国的货币储备估计约 730 000 万(万为 1 万钱,即 1 万铜币),其中 330 000 万为国库所持有(!)。马端临认为这个数目还太小了。

裕得多。每当发生战争,就需要有大量的资金供给,这必然导致强行的货币改革,把铜币改造为武器(这种情况类似于德国第一次世界大战时的镍币)。当和平恢复时,由于"复员"的士兵任意地使用战争物资,铜则到处充斥。任何政治的动乱都可能迫使矿场封闭。货币的不足或过剩所造成的价格浮动,根据资料看来——即使这些资料不免有所夸大——委实相当惊人。私人办的仿造货币的作坊——无疑是得到官吏的容许的——层出不穷地大批出现,个别的贪官污吏也经常嘲讽政府的垄断。由于国家对货币的垄断在执行的过程中屡遭挫折,政府被迫允许私人根据已有的模型私铸货币。第一次是发生在汉文帝统治时期(公元前175年),其结果自然是货币制度的一团混乱。在第一次这样的试验之后,武帝很快地又恢复铸币的垄断。他不仅禁绝私人的铸币作坊,还通过改进铸造技术(铜币具有坚固的边)重新提高了国铸货币的威信。但是,由于对匈奴征战需要大量的资金——这总是造成货币混乱的一个原因——他不得不发行白鹿皮制的信用货币,而且由于他的银币容易被仿造,结果这次尝试也最终归于失败。可能是由于政治上的不安,元帝在位时期(大约公元前40年前后),铸币金属空前短缺。①　往后,那位篡位者王莽曾从事他的徒劳的货币等级制的实验(货币种类竟达28种!②)。从此以后,金币和银币由政府制造这种现象——本身只是一时的现象——似乎不再有所记载。不过,自807年起,政府仿效银行的流通手段③,开始发行国家的流通手段④,此举在蒙古人统治时期欣欣向荣。起先,国家也和银行一样,以金属为保证金发行票券,但后来却越来越少如此做。由于

---

① 据史书(马端临)所载,汉代时,一般而言,铜的价值是米的1~8倍;而元帝时,以重量计,铜的价值是谷类的1 840倍(其他资料记的是507倍)。同样,罗马共和时期的最后100年里,铜对小麦的对换比也是相当惊人的。

② 即《汉书·食货志》所载的二十八品。

③ 甚至在11世纪时,四川的笨重铁钱也致使16家行会联合发行交子(tschiao-tse,即当今的股票),亦即银行通货,但是,这些交子后来由于无力偿现而变成无法兑换。

④ 10世纪时的"便钱"(pien-tschen),即纸币,便是由国库来兑换。

这种票券汇兑的贬值,加之人们对货币成色降低的记忆,商币(Banko-Währung)①崛然确立。商币是大宗买卖的支付手段,它以存入的银块为基础,以"两"(Taël)为计算单位。铜币有价格低廉的优点,但由于铸造成本大幅度增加,加上高昂的货币运输费用,所以对交易和货币经济的发展来说,它都是一种很不实用的货币形式。原先,每串1 000枚的铜钱,相当于1盎司的银,后来则为1/2盎司。可供使用的铜,即使是在和平时期,由于工业和艺术上的用途(例如铸造佛像),其数量变动也非常之大,这显然会影响到物价和纳税。铸币价值(币值)的大幅度变动及其对物价的影响,往往使得想在纯粹(或大体纯粹)的货币赋税基础上建立起统一预算的企图归于失败,不得不再次回复到(至少部分地)实物租税,其结果必然是经济的呆滞。② 除了直接的军需和其他纯国库上的动

---

① 银行本位(Banko-Wänrung),亦即银行货币(Bankgeld)。Banko一词源于意大利文的 Banco,原为银行通货的一种。中国的银行通货为秤量的银。举凡国际贸易的计算、大宗的买卖、政府债务等,皆以有品质约定的、足数计量的银两来达成支付清算的目的。

② 根据史书(马端临)所载,早期中国的一份国家岁入清单大致如下(以千为单位):

	997 年	**1021 年**
谷物	31 707 石	32 782 石
铜钱	4 656 贯(每贯为1 000钱)	7 364 贯
绸	1 625 匹	1 615 匹
绢	273 匹	182 匹
丝线	1 410 两	905 两
纱罗	5 170 两	3 995 两
茶	490 斤	1 668 斤
干草(新鲜的和晒干的)	30 000 围	28 995 围
薪	280 束	?
炭("泥炭")	530 秤	26 秤
铁	300 斤	—

997年,除上列项目外,另有箭杆、鹅翎、杂翎及蔬菜等。

然而1021年,即增加了皮革(816 000斤)、大麻(370 000斤)、盐(577 000石)、纸(123 000幅)。

1077年,亦即王安石之货币经济与商业独占等改革时,国家的岁入情况如下:

银	60 137 两
铜钱	5 586 819 贯
谷物	18 202 287 石(应为17 887 257石)(接下页)

机之外,中央政府在处理它与货币制度的关系时极为重视物价政策。为了刺激铜钱的生产,政府取消了自己对铸币的特权;但是如果这一措施有导致通货膨胀的倾向,政府又会采取封闭部分铸币所的反通货膨胀措施。① 出于对外汇的考虑,政府决定禁止私人从事对外贸易,由自己控制外贸,其原因在于:若是开放进口,担心货币流失;若是开放出口,则又忧虑外国货币的大量涌入。② 同样,对佛教徒和道教徒的迫害,本质上当然是基于宗教政策的缘故,但国家对货币的考虑也常常是决定性的因素。在寺院艺术的刺激下,货币原料被用于艺术的目的,例如造佛像、花瓶、礼拜堂之装饰品。这一再引起货币危机。钱币被大量熔化,导致通货极度短缺,铜的囤积与物价降低,结果是实物交换的自然经济肆行。③ 国家于是有计划地掠夺寺院,规定铜制品的税率,④最后则试图垄断青铜器与

(续上页)	绸	2 672 323 匹
	丝线与匹帛	5 847 358 两(应为 5 850 355 两)
	干草	16 754 844 束

　　除此之外,尚有茶、盐、干酪、糠、蜡、油、纸、铁、炭、红花、皮革、大麻等各种各样的捐税,记载者不知基于何故将之统计于一总量(3 200 253 斤)下。至于谷物,据他处所记,每人每月所需为1.5 石。(不过,"石"的变动幅度相当大。)在前面两次岁入表中未见到的银收入,出现在后一表中,可以解释为商业独占的结果,或者是收税人将铜钱换算成银(一如沿用至今的办法)所造成的;或许也可以后者是最后的净收入而前者为预估的算额(?)表加以解释。

　　与此相反,1360 年明朝第一个决算,却只出现三个项目:

谷物	29 433 350 石
货币(铜钱与纸币)	450 000 两(银)
绢布	288 546 匹

　　这说明银货有了可观的增加,而众多的——开列的实物却不见了。在当时,天然实物显然只用于地区的财政预算,由于我们无法确切地知道其中的扣除额,所以也无从对这些数字作太多的讨论。

　　从1795 年到1810 年,中央政府共收到 4 210 000 000 石的谷物(每石为 120 中国斤)。与之相比,国家的银收入有了绝对的大量的增加,这是由于上帝赐予美洲银产之后,中国与西方国家对外贸易的大幅出超所促成的。(最近的发展情况则不在本文讨论之列)

　　据史书所载,古时的惯例是,距京畿近的地区向国家缴纳价值不高的天然产物,距京畿远的地区则缴纳价值高的物品。关于租税及其影响,请参见下文。

① 据马端临之记载,这样的事在 698 年就已发生。
② 参照 683 年对日本的谷物输出(当时的日本已盛行铜币铸造)。
③ 据史书记载,这事在 702 年发生过。
④ 最初一次在 780 年。

铜制品的制造。① 尔后,此种国家垄断措施也涉及所有的金属制品的生产,目的是想制止私人假造货币。不过这两项措施终告失败。政府三令五申不许官吏积累土地(下面将提到),这个禁令虽然有时生效,有时不起作用,但是却使官吏不断地聚集铜钱,因为只是在货币短缺时,政府出于物价政策与国库财政的考虑,才对拥有货币的官吏课以很高的赋税,并规定拥有货币的最高限额。② 尽管一再试行用铁钱代替(一度与铁钱通用的)铜钱,但并不能使情况有所改善。在世宗时代(10世纪)的一份官方的呈文里,要求放弃铸币的利润,并不准利用金属谋利(为了避免金属制品的价格垄断以及因此而对其工业利用所产生的刺激),但这一建议并未被实行。

纸币政策的制定,情况也大致如此。银行票券的发行原先显然带有股票的性质,即确保批发贸易在金属币混乱时期仍不受干扰的一种惯用的交易手段;尔后,银行票券本质上即成为便利地方间互相汇兑的流通手段。不过这些银行票券也遭到仿造。其印造的技术前提是2世纪时所引进的造纸工业,以及一种适宜的木板印刷术③,特别是压凸印刷(浮雕印刷),而不是原来的凹版印刷方法。早在9世纪初,国库就开始将有利可图的兑换货币的营业从商人的手中夺过来。起初,国家采取了1/4～1/3的兑现证券的原则,后来则以国库所垄断的银行储金为基础发行钞票。但这种做法当然不能持之以久。起初以木版、稍后则用铜版印刷的钞票,由于纸质粗劣,很快就破损不堪。至少由于连年的战争和铸币金属短缺,钞票的票面变得模糊不清,难以辨认。把辅币(Appoint,即硬币)的面额缩减到小得不能再小的地步;拒兑破旧得无法辨认的纸币;

---

① 在8世纪时,铸币厂厂长断言,以1 000个铜钱所精制的艺术品(瓶),价值相当于3 600钱,可见,铜用于工艺比当作货币来使用更有好处。
② 817年以及自此之后,即不准超过5 000贯(每贯1 000钱)。根据铜钱占有的多寡而有种种出售铜钱的期限的规定。
③ 显然这最初是用来制作官印。自始皇帝执政后,这成为从封建制转变为家产制国家的外在标志。

提高印制新钞的费用;①削除金属储备;②或者把兑换所转移到内地而使得纸币的兑现更加困难;③或者把原先较短的回收期限若干倍地延长(22~25年)。这样一来,旧钞在兑换新钞时券面额往往降低。④ 由于回收的旧钞票面价值降低,⑤政府至少部分地拒绝接受旧钞作为纳税的手段。上述这些措施一再使纸币的信誉受损。政府虽一再下令,规定在每一笔巨额的付款中必须用一定比率的纸币支付,⑥或者时而全面禁止金属的支付手段,但自然是无济于事。另一方面,一次次地彻底回收所有的纸币,必然会导致货币短缺和物价下跌。政府虽一再地想要有计划地增强流通手段,但每每由于无法抑制的通货膨胀——基于国家财政的缘故——而宣告失败。在正常的情况下,纸币与金属货币的流通比率,大约相当于18世纪时的英国(1∶10,或者更少)。通货膨胀的起因主要是战争,以及矿区被蛮族所侵占。其次,在财富大量积累、捐资兴建佛教寺院的那些时代,金属被用于工业(更确切地讲:工艺美术的),这对通货膨胀无疑起到推波助澜的作用。伴随战争而来的,总是纸币的破产。蒙古人(忽必烈)曾试图发行不同等级的金属证券(?)⑦,众所周知,这一措施令马可·波罗惊羡不已,⑧不过却引起了一次规模巨大的通货(纸币)膨胀。早在1288年,纸币就已贬值了80%;以后由于银的大量流入,又使银子流通起来。当时,人们曾试图规定金、银与铜的兑换比(金银之

① 在1155年里,中国北方的鞑靼族统治者即征1.5%的工墨钱。
② 就在1107年,纸币因通货膨胀而贬值为票面的1%。
③ 在1111年,纸币乃为了边境上的战争而发行。
④ 这种有规则的回收形式起初是由商业得益者推荐的。这些纸币具有无息国库债券的性质。
⑤ 旧的或用坏的纸币有时以票面价值的1/10~1/3来兑换。
⑥ 甚至在1107年,由于与辽、金战争,超过1万钱的一笔付款,半额必须以纸币支付。同样的事经常发生。
⑦ 元代纸币称为交钞,1287年有名为"至元宝钞"的纸币发行。
⑧ 马可·波罗的描述是不可接受的。以3%的折扣回收用坏的钞票以兑换新的(纸钞!),以及以"金"和"银"满足任何人兑现钞券的要求,这是不可能的。即使我们设想马可·波罗可能考虑到金、银在工业上的用途——至少就其文意得容许的范围内,这是可能的——他的描述是无法让人接受的。马可·波罗同时也报道了强制卖出贵金属以换取纸钞的情形。

比是 1：10,实际上是1：10.25。1 盎司的银相当于 2 005 钱,这就是说,铜贬值了 50％）。私人禁止拥有金条银块,而贵金属只被用来当作证券的准备基金。贵金属与铜的工业,均收归国有,并且不再铸造硬币。实际上,这造成纯粹纸币本位的局面。随着该王朝的倒台,此制也就废止了。

明朝有秩序地恢复了硬币的铸造。① 据闻,金银的兑换率是 1：4,此乃贵金属价位比率之不稳定的一个典型例子。不久,明朝便禁止将金银（1375 年）、铜（1450 年）作为货币,因为同时流通的纸币发生贬值现象。② 从此,纯粹的纸币本位似乎成为最终的货币制度。然而,1489 年却是史书上言及纸币的最后一年。16 世纪时,还看到大力推动铜币铸造的尝试,不过这些努力也同样没有成功。16 世纪时,由于开始同欧洲进行直接贸易,银大量地涌入,使上述情况有所好转。16 世纪末,按重量计算的银本位（银块,实际是商币）为批发贸易商所采用。铜钱也恢复使用,不过铜银比率大幅度变动,对铜钱大为不利。③ 各种纸币在明朝于1620 年禁行之后,完全遭到压制;此一禁令也为清朝所承袭。此后,金属储量缓慢但却可观地增长,这明显地表现在国家结算中货币经济的成分逐渐增长。国家于第二次太平之乱时发行的钞票,最终仍以贬值和无法兑现而告终。④

不过,以银块作为流通手段毕竟招来很大的麻烦。⑤ 每一次交易都得称重量,而且地方上的银行业者总是用另外的秤——不是海港城市通用的秤——来弥补自己较大的支出,这被认为是合法的。银的纯度也必

---

① 明太祖铸造洪武通宝,再次定铜钱为通货。
② 由于铜的欠缺,加之盗铸现象日甚,故于洪武八年(1375)又恢复印造纸币。当时,钞 1 贯相当铜钱 1 000 文或银 1 两,钞 4 贯相当金 1 两。
③ 至 19 世纪中叶,铜与银的比价据闻从 500：1 降至 1 100：1。
④ 咸丰三年(1853),太平军兴起,清廷财政困难,乃发行银票,到了年底继之以大量的钱票。由于没有完整的回收计划,到了咸丰十一年(1861),纸币几乎已成废纸。
⑤ 银块为秤量货币,而非计数货币,银块的形状因地而异,这无疑给流通带来麻烦。

须由银匠测定。由于以银作为支付手段的比率大幅度增加,中央政府便要求每一块银锭都要出具原产地与检验局的证明。银块是被铸成靴形的,其重量因地而异。

显而易见,这些情况必然导致银行本位(Banko-Währung,即商币)的确立。在大商业城市里,银行业者的行会(钱庄)所发行的期票到处均可以兑现。这些行会鼓励其他的城市也成立这样的组织,并且强制执行以商币来支付所有的商业债务。当然,在 19 世纪,仍然有人提议重新采用国家纸币(1831 年的呈文)。[①] 其论据之陈腐,与 17 世纪初和中世纪时如出一辙,亦即:把铜用于工业会危及货币的流通,连带也会危及物价政策,而且银行本位被说成是将货币管理权让给了商人。不过,此呈文里提出的建议并未获得采纳。官吏——最有权力的得益者——的薪水,基本上是以银来支付的。正因为他们的收入依赖于商业,因此他们和商人站在一起,共同反对北京政府在货币制度上的干涉。不管怎样,所有的州省官吏一致反对中央政府任何强化财政权,尤其是强化财政监督权的措施。

小市民和小农民群众对于改变现状并没有多大兴趣,甚至一点也没有兴趣。尽管(部分也是因为)铜的购买力大为降低——数个世纪以来缓慢而持续地降低——他们也是如此。有关中国支付和信贷往来的银行技术细节,这里不拟详加讨论。我们只打算谈谈作为称量计算单位的"两"的三个主要形式及其若干从属形式。此外,还将谈及附有银行印记而铸成靴状的银块,其重量非常不足以信赖。很久以来,政府已不再强制征收铜币的关税。在内地,铜本位是惟一有效的货币,但银的存量,特别是自 1516 年以来,其流通比率的增长,还是相当重要的。

现在,我们面对着两个特殊的事实:

1. 贵金属拥有量的剧烈增长,无疑导致了货币经济的大幅度发展,

---

① 参见 J. Edkins 的《中国的通货》,1890,p. 4。

特别是在国家财政方面。但是,这种发展并没有冲破传统主义的束缚,相反倒是强化了它。从这里可以看出,资本主义的现象并没有明显地被激发出来。

2. 人口的极大增长(下面将谈及),并没有受到资本主义发展的刺激,也没有刺激资本主义经济的形成。这种现象毋宁说(至少!)是与一种停滞的经济形态联系在一起的。对此需要作出解释。

二、城市与行会

西方古代的城市、中世纪的城市与罗马教廷以及由此而产生的国家,乃是财政理性化、货币经济以及以政治为取向的资本主义的承担者。但是在中国,寺院简直是金属币制的祸害。中国并没有像佛罗伦萨这类的城市创造出一种标准的货币,并给国家的货币政策指引道路。而且,如前文所述,中国在通货政策以及实施货币经济这两方面全都失败了。

直到最近,寺禄和其他许多俸禄都还以实物支付为主要方式。① 中国的城市尽管与西方的城市有类似之处,却也有其决定性的差异。汉语里的"城"字,包含有"要塞"(Festung)的意味,这和西方古代与中世纪的城市含义是一样的。中国城市在古代是指诸侯国都②,而直到现在仍然主要是总督和其他官府要员的官邸。在这类城市里,正如在西方古代的城市或农奴制时代的莫斯科一样,主要的收入来源是年金(Rente)——一部分是地租,一部分是官俸及其他直接或间接借政治力量而取得的收

---

① 秦汉两代的官职俸禄(见 Chavannes 所编的《司马迁》,卷二,附录一)依次分为 16 个等级,部分以定额的货币,部分以米粮作为实物津贴来支付。官吏若得不到作为实物俸禄的祭肉,则是失宠于君王的一种标志。在司马迁所写的孔子传中(即《史记·孔子世家》),鲁侯未将祭肉送予孔子,说明后者已失宠。的确,在当时中国的土耳其斯坦(Turkestan,即新疆——译者)已发现有记载着纯粹是货币计算的文献。
② 只是在公元前 4 世纪时,石造建筑才取代了木造建筑。在此之前,君侯的京城往往是用栅栏围成的,易于迁徙。

入。当然,城市往往也是商业和手工业的中心,但后者的发达程度显然不如西方中世纪的城市。村落在村庙的保护下也拥有开市权,但是缺乏在国家特权保证下的城市的市场垄断。①

　　和西方完全不同的是,中国以及所有东方的城市,缺乏政治上的特殊性。中国的城市,既非古希腊等地的"城邦国家"(Polis),也没有中世纪那样的"都市法",因为它并不是具有自己政治特权的"政区"。城市里没有西方古代城市特有的市民阶级——一个武装起来的居住在城市里的军人阶层,也没有像热内亚的"共济会"(Compagna communis)或其他像"兄弟会"(Conjurationes)那样的军事同盟。中国的城市缺乏西方城市所特有的政治力量:领事(Konsul)、参议会(Rat)、按照拥有军事独立权的商人行会(Mer canza)②的方式组织起来的商人与工匠的政治组织。这些政治力量依靠市政区自己独立的武装力量,有时和城市的封建领主开战,有时又和后者结盟,以争取城市的自主权。中国的都市居民常以暴动迫使官吏逃入卫城,但是他们的目的仅在于驱逐某一个具体的官吏,或排除某一项具体的法令,特别是一项新税,而从来不是为了争取得到一纸特许权状,以确保(相对而言)城市的自由。中国的城市之所以难以获得西方城市所获得的那种自由,原因在于宗族的纽带从未断绝。由农村迁入城市的市民(主要是有钱人),与其宗族、祖产、祠堂所在的故乡保持着千丝万缕的联系,也就是说,和他出生的村庄保持着所有礼仪和人际上的重要联系。这就好比俄国的农民,即使他长久定居于城市,成为工厂的工人、伙计、商人、工厂主、文人,但仍然保有在米尔(Mup,农村公社)中的公民权(及所有附带的权利与义务)。在西方,古雅典阿提喀

---

① 耶稣会士 L. Gaillard 关于南京城的论述(见 Var. Sinol, 23, Schanghai, 1903),对我们认识中国的城市制度不十分有用。

② 下面我们将会谈到中国行会的巨大意义。读者将更加清楚地看到中国行会不同于西方行会的原因。在中国,行会的社会影响力是巨大的,它不仅控制着个人的社会生活,而且对社会的经济生活发生着重大的影响,在这方面,西方的行会是无法比拟的。

公民的宙斯神祭祀(Zeus erkeios)①,克莱斯提尼斯(Kleisthenes,公元前
6世纪雅典政治家,雅典民主的创始人——译者)以来的聚落区(De-
mos)②,或者萨克森人的自由人世袭财产(Hantgemal)③等,都是类似状
态的痕迹④。但是西方的城市是个"政区"(Gemeinde),在古希腊罗马同
时是祭祀的团体(Kultverband),在中世纪则为誓约兄弟会(Schwur-
bruderschaft)。这类的团体在中国只有萌芽,而未发展成熟。中国的城
市神只是地方的守护神,而不是团体的神,并且往往是一个被尊封为神
的城市官员。⑤

　　中国的城市完全缺乏由武装的市民组成的政治性誓约团体。一直到
现代,中国都有外形上类似英国的商人基尔特(Gilda mercatoria)的手工业
者与商人的行会、城市联盟会以及有时甚至是一种"城市基尔特"。的确,
皇帝的官吏不得不十分认真地对待各式各样的都市团体。实际上,这些团
体广泛地握有调节都市经济生活的实权,它们的支配强度大大地凌驾于帝
国行政之上,并且其支配性在许多方面比西方一般所见的团体要来得强
固。就某些方面而言,中国城市的状态,令人想到英国城市在包税市镇
(Firma burgi)⑥时代与都铎王朝时代的状态。然而最显著且紧要的不同
是:即使在当时,英国的城市拥有保证其"自由"的"特许状",而在中国却缺
乏类似的情况。⑦ 与西方形成强烈对比而与印度的情况相一致的是,作为

---

① 在当时,能够参加守护神宙斯的祭典,是有资格就任正式官职的必要条件。
② 克莱斯提尼斯通过重新划分聚落区(Demos)而确立古希腊的民主制。
③ Hantgemal是指参审自由人士所持有的世袭财产。
④ 当然,在中国,并非每一个城市居民都与故乡的祖庙保持着联系。
⑤ 在官方的万神殿里,财神被看作无所不包的城市神。
⑥ firma原为"实物贡租",后来转变为贡租之"承包征收"。英国在都铎王朝以前,城市居民将
　国王派来的官吏驱逐后,从国王那儿争取到自己来征收租税的权利。
⑦ 有关中国城市的情况,请参见Eugene Simon所著《中国的城市》,(*La Cité chinoise*,Paris,
　1885,不精确)。

帝国堡垒的中国城市所得到的有法律保障的"自治"比村落还要少。① 城市在形式上是由各个受不同的地保(长老)管辖的"乡镇区"构成的。② 它往往隶属于数个由个别的政府部门管辖的区域③——从层次较低的县到层次较高的府——这对盗贼相当有利。中国的城市,单从形式上看,不能像村落那样得以缔结私法或政治条约,也不能擅自进行诉讼,总之,它不能像团体那样行动。在印度(以及世界各地),偶尔发生强大的商人行会实际上支配某一城市的情况,但在中国却没有这种现象。

究其原因,在于东西方城市的起源不同。西方古代的城邦国,无论其依附于土地贵族的程度有多强,基本上是从海外贸易发展起来的,而中国主要是个内陆地区。单就航海方面而言,中国平底帆船的续航距离有时相当的远,而且航海技术(指南针与罗盘)也高度发达。④ 然而,与幅员广大的内陆本体相比,海上贸易就微不足道了。况且,中国数百年来已放弃自己的海军,而对主动贸易(Aktivhandel)来说,这是不可缺少的基础。最后,尽人皆知,中国为了维护其传统,把对外关系限制在惟一的一个港口(广州),并且只限于为数不多的国家许可的商行,即十三行。这样的结果绝非偶然。甚至连"大运河",如所有的地图与保存下来的记载所显示的,修筑的惟一目的只是为了把南方的米粮运往北方,因为通过海道运粮很不安全,一方面是因为海盗猖獗,另一方面更重要的是有遭受台风侵袭的危险。直到最近,官方的报道还指出,经由海路运输所损失的钱财足可抵得上改建运河所需的巨额费用。另一方面,中世纪西方特有的内陆城市,和中国与中东的城市一样,通常是由诸侯及封建领

---

① 因为政府派到地方维持治安的名誉官吏(H. A. Giles 在其所著的《中国与中国人》(*China and the Chinese*,New York,1912,p. 77)中把这种官吏称之为"headborough")通常只扮演传递申请书与作为公证人的角色。他虽有一颗(木制的)印玺,但并不被认为是一名官吏,并且排名于地方上最低职级的官吏之下。此外,城市里并没有特殊的市税,有的不过是政府所公布的学捐、救贫捐、水利捐等等。

② 地保乃地方自治团体之长,例如里正、亭长之类。

③ 北京城即由 5 个行政区所构成。

④ 当然,指南针与罗盘主要用于国内交通。

主建立的,为的是收取货币地租与各种赋税。不过很早以来,欧洲的城市就已转变成具有固定权利的高度特权化的团体。这些权利之所以能够而且实际上被有计划地扩大,原因在于当时的城市封建领主缺乏管理都市的技术手段,再加上城市本身是一个军事团体,有能力关起城门成功地抵抗骑士军队。相比之下,中东的大城市,例如巴比伦,早就因为王室对修筑运河的管辖而完全处于王室官僚的管制之下。中国的城市也是如此,尽管中国的中央管辖的强度相当微弱。中国城市的兴盛,主要并不是靠城市居民在经济与政治上的冒险精神,而是有赖于皇室统辖的功能,特别是治河的行政管理。[①] 西方的官僚体制颇为年轻,部分是从自主城邦的经验中学习而来的。中国的皇权官僚制则年岁已久。中国的城市,就其形式上所显示的,主要是理性管辖的产物。首先,城有栅栏或城墙。其次,不足的居民通常集聚到城墙之内的地区,有时或许是强制性的。[②] 和埃及一样,改朝换代即意味着迁都或至少更换都名。北京虽然最终成为长期首都,但是直到近代,它只在很小的程度上是一座商业和出口工业的城市。

皇室统辖力的微弱,造成了居住在城乡的中国人实际上的"自我管理"的局面。就像宗族在乡村地区所扮演的角色一样——在乡村地区,宗族将那些不属于任何宗族者,或至少不属于任何古老且有力的宗族者都纳入控制的范围——城市里的行会对其成员的整个生存握有绝对的控制权。除了印度的种姓制度以外,世界上再没有任何地方像中国一样,个人如此无条件地依存于手工业与商业行会(Gilde 和 Zunft 这两个

---

① 参见 Plath 所著《4 000 年前的中国》(*China vor* 4 000 *Jahren*, München, 1869, S. 125)。Plath 在此处指出,在法老时代的埃及,手持管徭役工的鞭子是"统治"的象征;在中国,"治"这个字与执掌棍杖有关,在古老的术语中则与"治水"有关,"法"这个概念则与"排水"有关。

② 根据传说,例如皇帝曾强迫全国 12 万户(?)富裕的家族集中于其首都。乾隆皇帝所写的明代史中记载了 1403 年将富人集中住到北京的史实。参见 Delamarre 所译《御撰通鉴纲目》(*yu tsiuan tung kian kang mu*, p. 150)。

术语在中国并没有分别)。① 除了少数官方认可的垄断性行会之外,其他的行会尽管向来未经政府认可,事实上却往往对其成员握有绝对的审判权。② 行会控制所有与其成员有关的重要经济事务,例如:牛庄(Niut-schwang)的"总行会"控制度量衡与货币(给银块打印),还对道路的维修与会员的信用业务进行监督;类似"汉萨同盟"的会馆基尔特(Hwei-Kwan-Gilde)这种"条件性的卡特尔"(Konditionenkartell),有权确定交货期限(例如梧州的鸦片行会就能决定鸦片上市的日期)、储藏与付款期限以及制定保险标准与利率(例如宁波、上海及各处的银行业者行会决定利率,上海的茶商行会则制定仓储费与保险费);行会还制止伪诈的或其他非法的交易,当营业转让时为债权人提供正当的赔偿(例如温州的药商行会所做的);调整货币的交换汇率(银行业者行会所做的);预贷长期库存品(例如鸦片行会,为了上面已提及的上市季节的调节);尤其是手工业者行会,不仅有权调整和限制学徒的人数(甚至连自家的子弟都

_____

① 关于中国的手工业与商业行会,参见 H. B. Morse 所著《中国的行会》(*The Gilds of China*, London, 1909)。较早的文献见 Mac Gowan 的《中国的行会》(*Chinese Guilds*, *Journal of the North China*, *Branch of the Asiatic Society*, 1888. /9)及 Hurter 的《1821—1844 和约签订前的广州》(*Canton before treaty days* 1821—44, London, 1882)。

② 这种情况特别见诸(类似我们的"汉萨同盟")由来自其他省份的官吏与商人组成的会馆基尔特。这种基尔特产生于 10 世纪,更确切地说,产生于 8 世纪。从它的章程的前言里我们可以看出,成立的目的是要保护这群人以对抗当地的商人。的确,这种会馆基尔特实行强制入会(谁要想做生意,就得冒生命危险参加基尔特),拥有俱乐部;官吏与商人必须根据其薪俸与营业额向基尔特交税;会员之间禁止相互起诉,违者受罚;如会员与非会员发生纷争,所需的诉讼费由基尔特承担;若与地方当局发生争执,基尔特设法向中央当局提出上诉,例如在 1809 年,基尔特向中央当局上诉,反对地方当局不许输出稻米的禁令,当然,向中央当局贿赂所需的各种礼物得由基尔特负责准备。此外,基尔特也为其成员提供一块特别的基地,以取代家乡的土地。除了外地的官吏与商人组成的这种会馆基尔特之外,也有非本地的手工业者所组成的行会,例如在温州,就有来自江苏与台州的制针业者所组成的行会,而金箔行会的成员则全部来自宁波一地。这些手工业者的组织是家族手工业组织的残余。在所有这些事情上,基尔特的绝对权力,是由于其成员处于陌生部族的环境下始终感到朝不保夕所造成的。这和在伦敦与诺沃戈罗德(Nowgorod 俄罗斯一城市——译者)的汉萨同盟所具有的严格(但远非如此苛酷的)纪律是一样的。不过,本地的手工业者与商业行会(Kung so 公所)也通过开除、抵制、私刑(19 世纪时,有一个行会成员就因为触犯了收学徒最高限额的规定而活活被狗咬死)等方式,对其成员行使几乎是绝对的支配权。

在限制之列),有时还负责保管生产机密。(例如在温州,由宁波出身的金箔师所组成的行会即不接受当地人入会,并且也不传授技艺给他们。从这里不难看出种族间的祖传手工业生产的由来。)个别的行会拥有高达百万的财产,而这笔财产往往被投资到共同的地产上。它们向成员征税,并向新会员收取入会费和(确保品行端正的)保证金,为贫困的会员提供丧葬费,举办戏剧演出事宜。①

大多数的行会是对所有从事该职业的同仁开放的,而且入会通常是一种义务。在中国,不仅残存着许多的古老宗族和部落小工业,它们实际上是一种垄断性的祖传手艺,或者甚至是祖传的秘方秘术。② 此外,也有一些垄断性的商人行会,它们是国家基于财政上的利益或排外政策而创立的。在这方面值得特别一提的是广州的公行基尔特(Ko-hong-Gil-de),这个行会拥有的 13 家商号,直到南京条约缔结之时还垄断着全部对外贸易,这是经政府特许正式建立的少数行会之一。中世纪时,中国政府为了满足社会的需要,一再定期地试图向赋役制(Leiturgisch,源于Leiturgien,系指古希腊雅典时代由富人提供金钱或劳役来支持一些公共事务的制度——译者)过渡。我们似乎可以认为,这意味着从迁徙流动的宗族与部落手工业(族与族之间的专业分工)向定居手工业——准许自由招收学徒——的过渡。对某些行业来说,这一过渡是经过中间阶段——政府强迫手工业者建立手工业者联合会,以执行政府的任务——而实现的。结果,一大部分的手工业本质上仍保留了宗族与部落手工业的性质。在汉朝时,各种各样的手工业经营仍然是严格的家族秘密。例

---

① 至于捐助事业与宗教性质(共同的宗教崇拜),就我们所知,并不像欧洲的行会那么发达。如果会员的入会金是支付到一位神明的名下(寺庙的储金),那么此一安排(原先)是为了避免被政治当局所掠夺。如果某一寺庙被用作集会场地,那么到这里来的通常是一些穷困的手工业同业公会,因为它们没有自己的俱乐部。剧团所上演的是世俗剧(Profan),而不是西方的宗教剧(Mysteria)。宗教性的结金兰团体(Hwei 会)对宗教并无强烈的兴趣。
② 宁波出身的金箔师所组成的行会概不接受当地人入会,以免技艺落入外人之手。类似的情形比比皆是。

如福州漆器的制造技术,在太平天国之乱中完全失传了,这是因为保有这一秘密的宗族被灭绝的缘故。一般而言,中国并没有城市的手工业垄断组织。城市与乡村的地区性分工,即我们所谓的"城市经济",也和世界其他各地一样有所发展,也有个别城市经济政策的措施。中世纪的西方,行会一旦掌握支配权,就会实际地寻求实现"城市经济政策"。而在中国,尽管有过许多这类有组织的城市政策的萌芽,但却从未臻于完善的境地。诚然,中国官方当局也曾一再地试图回复到赋役制度,但却无法创建出一套可与西方中世纪相比拟的行会特权制度。正因为中国的行会缺乏这种法律上的保障,所以它们只好不顾一切地走上自救之路。也正是因为这个缘故,中国缺乏像西方那样的一种自由的、通过协作来调节的商业和手工业所拥有的一套稳固的、得到公认的、形式的并且可以信赖的法律基础。正是这样的法律基础,助长了西方中世纪手工业里的小资本主义的发展,而中国之所以缺乏这些,乃是由于城市与行会并未拥有自己的政治与军事力量的缘故,而这一事实,又可以用军队和行政中的官僚组织(与士官组织)的早熟来加以说明。

三、诸侯的行政与神的观念:与中东相比较

治水的必要性,在中国,和在埃及一样,是一切合理的经济的决定性前提。回顾一下中国整个的历史,便不难发现,治水的这一必要性是中央政权及其世袭官僚制之所以成立的关键所在。明显的一个例证是在《孟子》一书中所提到的发生在公元前 7 世纪的一项诸侯会盟的协定。[①]当然,中国的情况与埃及和美索不达米亚有所不同,至少在中国北方——帝国的政治生殖细胞——首要的任务是筑堤以防水患,或开凿运

---

① 《孟子·告子下》记载了公元前 651 年的葵丘之会。会盟的目的在于:"凡我同盟之人,既盟之后,言归于好。"

河以通内河航行,特别是输送粮秣,灌溉的目的反倒在其次。而灌溉的目的在美索不达米亚则是开垦沙漠地区的先决条件。治水官吏与"警察"(Polizei)——根据古老的文献,在当时,警察是一个阶级,其社会地位次于"生产阶级"(Nährstände),但在"宦官"与"搬运夫"之上——乃是文献记载之前时期的纯粹世袭官僚制的萌芽。

问题是这些状况在何种程度上,不只是政治因素——这是毫无疑问的——而且也是宗教因素所造成的结果。中东的神是以地上的王为模型而构成的。美索不达米亚和埃及的臣民对雨鲜有所知,认为一切的吉凶祸福,特别是作物收成,均仰仗于国王的活动及其统辖。国王直接"创造出"收成。中国南方的某些部分,治水的重要性也多少类似于此(虽然绝非等同——正是极为重要的治水使得锄耕直接转变为园艺耕作)。在中国的北方,尽管灌溉相当发达,但自然的因素,特别是降雨的问题,对收获而言显得更为重要。中东古老的中央集权官僚行政,无疑有助于这样一种观念的产生,即最高的神是一位天王,他将世界和人从虚无中"创造出来",此外,他也是一个超世的伦理统治者,要求万物尽其义务与责任。只有在中东,这样的一种神的观念才能如此的强而有力。不过,必须同时加以补充说明,这个事实不能纯粹归诸经济的条件。在中东,这个天王同样也被置于至高无上的地位,而最后——当然,这点在放逐期的"申命记"(Deuterojesaja,旧约摩西五经的第五篇——译者)中才开始出现——被推崇得具有超世的权力。在巴勒斯坦,与沙漠地区相对比的是:雨水、阳光这些丰饶之源,都是这位神的恩典所赐。关于这点,耶和华曾明白地告诫过以色列人。显然,中国和中东关于神的观念之不同,除了经济因素之外,起重要作用的还有对外的政治因素。关于后者,我们还须加以详述。

中东与远东的关于神的观念,其差异向来不那么尖锐。一方面,在中国古代,每一个地方团体都有一位二元的神祇(社稷),它融沃土之神(社)与收获之神(稷)于一体。这个神祇已具有施行伦理性惩罚的神格。

另一方面,祖先神灵的庙宇(宗庙)也是祭祀的对象。所有这些神灵(社稷宗庙)便是农村地方祭典的主要对象。社稷宗庙原先也许是自然神论所想象的作为乡土守护神的一种半物质性的巫术力量或实体,其地位与西亚的地方神大体相同,只不过后者本质上很早就更为人格化。随着诸侯权势的增长,耕地之神便转变成诸侯领地之神,通常,当中国发展出一个贵族英雄阶层时,自然也产生出一位人格化的天神,大体相当于希腊的宙斯。周朝的缔造者所崇拜的,便是由这位天神和地方神合二为一的神祇。随着皇帝的权力的建立——起初,它是作为诸侯之上的封建宗主权——祭天之礼便为被当作"天子"的皇帝所垄断。诸侯祭祀的是领地神与列祖列宗,而家长则祭祀其家族的祖先。诸神的特性通常都掺和着泛神论与自然神论的意味。这对于那位天上之神(上帝)而言,尤其是如此:它既可被当作是上天本身,也可被看作是天上之王。以此,中国的神祇,特别是那些最强有力且最广泛的受人信仰的神祇,逐渐具有一种非人格化的特性。① 这与中东的情形恰好相反,在那儿,那位既是人格化的超世的创造者又是尘世王国的君主,被抬高到所有泛神论的半人格化的神与地方神之上。长久以来,中国哲学家们的神的观念异常矛盾。对王充而言,神虽然不能用人神同形的观点去理解,但神毕竟有一个"体",仿佛是一种流体。另一方面,同样是这位哲学家王充,又用神的完全"无形"否定不死的说法,因为人的精神——类似以色列人的"气息"(Rauch)——在人死后返回到无形。类似的观点也可在铭文中见到。但是,超世俗的最高权力的非人格化越来越受到强调。在儒家哲学里,11世纪还风行一时的人格化的神的观念从12世纪起就已经消失,这是由于唯物论者朱夫子(Tsche fu tse)的影响所致,"圣谕"的编者康熙皇帝仍

---

① 雅理各(Legge)也认为:在周代时,人格化的天神与"六位高德者"并列,但据说后来他们被非人格化的"皇天后土"之祭祀所取代(参见雅理各所译《书经·序说》[Shu Ching, Proleg, p.193ff])。皇帝及其臣属的圣灵,由于美德善行而升天,从而能对下民有所警示(Legge, p.238)。地狱是没有的。

把朱夫子看作权威。这种从人格化的神向非人格化的神的发展过程①——其间,不断地留下人格化观念的残余——下面还将谈及。但是,在官方崇拜里,非人格化观念仍占优势。

同样的,闪族(古代包括巴比伦人、亚述人、希伯来人和腓尼基人等,近代主要指阿拉伯人和犹太人——译者)所在的东方,肥沃的土地,即具有天然水源的土地,最初乃是巴尔神的土地(Baal,古代腓尼基人所崇拜的偶像——译者),同时也是他所居之处。农民的土地神巴尔——指可以获取收成的土地——同时也成为故乡政治团体的地方神。但是在此处,这块土地被视为神的"财产";而"上天"在古代闪族人那里并不像中国人所构想的那样,既是非人格化的,又具有灵气,也就是说,它似乎是作为天主的竞争者而登场的。以色列人的耶和华原先是一位居于山上的风暴和自然灾害之神。当战争发生时,他通过云雨和雷电来帮助战场上的英雄。他是好战的誓约会联盟的邦神,联盟的结合以祭司为中介,与耶和华订立圣约而受其庇护。因此,对外政策一直是耶和华的专管领域,这一领域同时也受到他的先知群中所有最伟大的先知的关注。在美索不达米亚的强大的强盗国家造成以色列人极大不安的时代里,这些先知都是政论家。耶和华最终的形象便是由这种形势造成的。对外政策是他的活动的舞台,他所关心的是战争和处在生死关头的各族人民的命运。因此,他首先主要是(而且一直是)一位主掌非常事件的神,即是他的人民在战争中的命运之神。但是,他的人民并没有能够创造出一个他们自己的世界帝国,只成为世界列强中的一个小国,且最终屈服于列强之下。因此,耶和华也只能成为超世的命运操纵者,一个"世界之神"。在他面前,即使是他自己选定的子民,也只具有创造物的意义,视他的态

---

① 向非人格化的神发展的过程总是动荡不定,这可见诸下面一例:312年,秦王以作证人与复仇者的姿态,对那据说违犯礼法与盟约的楚王发出诅咒。在铭文中秦王召唤的是:一、天;二、在上面的统治者(亦即一人格性的天神);三、河伯(盟约被认为是在他那儿订立的)。秦王的诅咒铭文参见 *Ef. Chavannes ed. Se Ma Tsien*, Vol. Ⅱ, App. Ⅲ, *und Cha—vannes*, *Journal Asiatique*, Mai/Juni, 1893, p. 473f。)

度而定,子民们有时可能得到祝福,有时也可能遭到斥逐。

相反,中国尽管战事频仍,但进入历史时代后即逐渐成为一和平化的世界帝国。不错,中国文化的发展最初是以纯粹黩武主义为标志的。后来成为官吏的士,起初是"英雄豪杰"。根据礼仪,皇帝亲临讲解经典作家著作的场所"辟雍宫"原先似乎是个"男子之家"(Männerhaus),世界上所有的战争民族与狩猎民族中几乎都有这样的"男子之家"。在这里,"驻扎着"由远离家族的年轻战士组成的兄弟会,当然,这些年轻的战士在入会之前,必须通过能力的考验,经过"冠礼"(Bekappungszere-monie)——现今仍保存着——的洗礼,然后按年龄阶段分别驻扎于此处。有关典型的年龄层制度到底发展到何种程度,当然还是个问题。根据语源学上的推定,妇女原先似乎只专管耕作之事,而从未参与家庭之外的祭礼。显然,男子之家乃是具有神性的(Charismatisch,源于希腊语Charisma,原始部落中总有一人被认为具有神性而受公众之崇拜——译者)战斗首领的住所,外交活动(例如敌人献降)在此地进行,武器也保管于此处,战利品(如敌人被割下的耳朵)也集中于此。作为训练的场地,兄弟会的年轻战士定期地、有纪律地在这儿练习射箭,也让诸侯能根据他们的弓射成绩来选拔他的随从与官吏(直到现在,射箭仍然具有仪式性的意义)。可能——尽管不可靠——祖先的神灵也会驾临指点。如果这一切都符合实际情况的话,那么有关原初母系衍生的报道就与此相符:"母权制"似乎一开始到处都有,就我们今天所知,这是由于父辈的尚武精神而疏远了家庭生活所造成的结果。[1] 这些都是历史上非常久远的事了。将马匹用于单人的武士战斗——中国和世界各地(直到爱尔兰)都一样——导致以步兵为主的男子之家的瓦解。马匹最初是用来拖战车的,有助于武士在战斗中获取优势。受过高度训练、身披铠甲的个别

---

[1] 有关这方面的情况,请参见 M. Quistorp(Con-rady 的门徒)杰出的莱比锡大学博士论文:《古代中国的男子社会与年龄等级》(*Männergesellschaft und Altersklassen im alten China*, 1913)。Conrady 认为,图腾制曾盛行于中国,是否如此,只有汉学家才能够断定。

武士获得重视。中国的这段"荷马"时代,也是历史上很久远的事了。中国与埃及和美索不达米亚一样,骑士的战斗技术从未导致像荷马时代的希腊或中世纪时代的西方那样的个人主义的社会状况。我们猜想,对治水的依赖,以及由此而来的对诸侯的官僚主义专制的依赖,在这方面起到决定性的抗衡作用。就像印度一样,各个地区都有义务提供战车与甲兵,所以根本没有像西方领地团体那样的个人契约。在古代中国,依照规定,各个地区有义务根据拥有田亩的多少供应武士,这也是骑士军队的基础。孔子所说的"君子",原先指的是受过军事训练的骑士。但是,静态的经济生活的压力,使得中国的战神从来无法得到像奥林匹斯诸神那么崇高的地位。中国的皇帝亲行耕作的仪式,他早就是农民的守护神,也就是说,他早就不再是一位武士的君主了。纯粹的大地神话信仰①从来就不具有支配性的意义。随着文官当政,意识形态自然地转向和平主义,反之亦然。

现在——尤其是在封建主义被消灭之后——天神在民众的信仰里(完全和埃及的神一样)被看作一种理想的抗告法庭,用以抗议尘世的官吏——上至皇帝,下至级别最低的官吏。在中国,由于有这种官僚制的观念,人们特别惧怕被压迫者与贫困者的诅咒。这同样发生在埃及与美索不达米亚,不过在美索不达米亚,情况不那么明显。我们将会看到,这种观念是如何反作用于邻近的以色列的伦理学的。这种观念一旦产生,便作为一种大宪章(Magna charta,1525 年英国贵族逼迫国王承认的自由特书,是英国宪法的基础——译者),作为一种非常可怕的武器,帮助臣民有效地对抗特权阶层、官吏以及有财势者。这正是中国官僚主义的,同时也是和平主义的思想的一个非常独特的标记。

在中国,任何真正的全民战争无论如何都是古老时代的事了。当然,在官僚制的国家体制下,中国的好战时期也未中断过,它的军队也曾

---

① Quistorp 在前引文中发现,在老子的学说中存在着某些神话信仰的残余。

进入小亚细亚一带,甚至深入到土耳其斯坦的中部。早期的文献史料特别颂扬战争勇士。然而,进入历史时代后,根据官方的观点,只有一次军队拥立过一位常胜将军为皇帝(基督纪元前后的王莽)。当然,实际上发生的次数要多得多,只是采取的方式不同罢了,例如通过仪式上必要的形式,仪式上受到承认的征服,或是对一位在仪式上有谬误的皇帝的反叛。在公元前8到公元前3世纪这段中国精神文化形成的关键时期里,帝国只是个非常松散的诸侯联盟。各诸侯形式上承认在政治上已无足轻重的皇帝的宗主权,但却不断地为争取霸主的地位而互相斗争。

中国与西方的神圣罗马帝国的主要区别在于,中国的皇帝不仅是最高的领主,同时也是最高的祭司。此一重要事态可以追溯到史前时代,而且可与西方的教皇(例如包尼法斯八世 Bonifaz Ⅷ)所要求的地位相比拟。正是最高祭司这个不可缺少的职务维持了皇帝作为最高领主的地位。扮演最高祭司角色的皇帝,是各诸侯国——幅员与势力皆各不相同,而且经常发生变化——之间文化结合的一个重要因素。而礼仪上的一致(至少在理论上)是这种结合的黏合剂。在中国,和西方中世纪一样,这种宗教上的统一性保证了贵族世家通过宗教仪式可以自由移居列国。贵族政治家凭借这种统一的宗教得以自由出仕于此国又入仕于彼国。公元前3世纪以来统一的帝国的建立——尽管有短时期的中断——至少在原则上和理论上使帝国内部恢复安宁。从此以后,在帝国内部不再会发生"合法的"战争。对蛮族的防御与征服,只是政府的一项纯粹由保安警察执行的任务。因此,中国的"天"不可能具有英雄神的形式,因为英雄神是一个在战争、胜利、失败、流放与思乡中受到崇敬的神,是对外政策的命数无法理喻时显现自身的神。除了蒙古人的入侵外,自从长城筑成以来,这种对外政策上的命数原则上已不再重要,也不再具有那般非理性的性质。正是在宗教思辨平静地发展的时代里,这些非理性的对外关系上的命数,已不再是时时浮现在人们眼前的一种威胁性的或被克服的命数。换言之,它们已不再是整个生存的中心问题,也不再是平民百姓所关心的事。对于百姓来说,篡位或外族成功的入侵,不过是更换主人而已,或者只不过意味着换个收税者,而社会秩序依旧不变。因此,奥托·弗兰克(Otto Franke)曾强调指出:满洲人的统治并没有被当作是一种"异族统治"。不过对革命动乱时代而言,这点就有修正的必要,例如太平军的宣言便是这方面的一个活生生的例证。因此,中国几千年来牢不可破的国内政治与社会生活秩序,被归于神的保护,被认为是神的启示。以色列的神也关注其国内的社会关系:他利用战场上的失利来惩罚其子民,因为他们破坏了他所制定的古老的联邦秩序。不过子民们对社会秩序的破坏,较之更为重要的对偶像的崇拜,只是众多的罪孽中的一种。然而对于中国的天威而言,这些古老的社会秩序是仅有的一种。上天是这些古老的社会秩序的保护者,有了上天的管辖,它们才得以恒久地、不受干扰地发展下去。此外,上天还是合乎理性规范的统治所保证的安宁的保护者,而非令人忧虑的、非理性的或所期望的命运急转(Schicksalsperipetien)的根源。这种命运的急转,在中国人看来,意味着骚乱和无序,特别被认为是邪恶的起源。而安定的内部秩序,只有在一种非人格的、特别是超世俗的万能的力量(即天)的保护下,才能得到可靠的保证。这一力量必须摆脱激情,尤其是"愤怒",而后者恰恰是耶和华的最重要的标志。中国人生活的这些政治的基础,促进了鬼神信仰因素的胜利,这些因素在所有发展成为祭祀的巫术里就早已形成;但是在西方,它们的发展受阻于英雄神崇拜,最终则受阻于平民阶层对一人格的、伦理的救世神的信仰。当然,在中国,纯粹的大地信仰及其典型的狂欢痛饮现象,都被武士贵族和后来的文人贵族铲除了。① 无论是舞蹈——古老的战舞已消失了——还是性的狂喜、音乐的狂喜,或是其他

---

① 黄帝的六名大臣之一"后土"(Hou tu),后来被神化为"大地的守护神"(参见由 Michels 编译并加注解的《十六国疆域志》〔*Histoire géographique des* XVI *Royaumes*,Paris,1891,p. L11,Note 215〕)。据此,当时几乎不可能出现大地信仰,或者这样一个名讳带有渎神的意味。

的陶醉形式,都不见踪影,甚至连一点痕迹也没有留下。惟一留下来的仪式行为似乎采取了"圣礼的"性质,而它恰恰完全是非狂喜的。这里,天神也是胜者。哲学家们根据司马迁的"孔子世家"指出,统治世界的是山川之神,因为雨自山而降。但是,天神之所以是胜者,是因为它是天辰秩序之神,而非天使(Die Himmlischen Kriegs-Heerscharen)之神。这种宗教意识的转变,是中国所特有的;在印度,由于其他的原因,宗教意识以一种相异的方式保有优势地位。中国的宗教意识把用以制服鬼神的巫术性宗教仪式和为农耕民族制定的历法结合起来,并赋予它们以同等的地位和神圣不可侵犯的性质。换言之,它把自然法则和仪式法则合二为一,融于"道"的统一性中①,把超时间的和不容变更的东西提高到宗教上至高权力的地位。作为终极的、至高无上的道,不再是一个超世俗的创世主,而是一种超神的、非人格的、始终可与自己同一的、时间上永恒的存在,这种存在同时是永恒的秩序的超时间的表现。非人格的天威,并不向人类"说话"。它是通过地上的统治方式、自然与习俗的稳固秩序——也是宇宙秩序的一部分——以及所有发生于人身上的事故(世界各地皆然)来启示人类的。臣民的幸福显示出上天的满意与秩序的正

---

① "道"这一观念中的"天人合一观"显然源自此种融合。这个观念后来被发展成为一种"相似物"(Entsprechungen)的宇宙体系。这个宇宙体系比起古巴比伦经由"观察肝脏"(Leberschau,古巴比伦人认为肝脏是宇宙之镜——译者)得来的概念或古埃及的"形而上学的"观念要细密得多。其哲学上的解释,见下文第七章以及德·格罗特在其以天人合一观为主题的书中(前引书)所作的详细探讨。此书纯粹是系统性的,并未论及这一问题的起源。然而,有一点是明确的,即对历书之制定以及历书本身的时占术解释,以及礼仪的绝对的定型化(Stereotypierung),显然都是后起的。与此两者相关连的,理性的、从神秘主义出发的道的哲学同样也是后起的。关于神秘主义,下文将会讨论到。最古老的历书(Hia Siao Tsching 夏小正,即"小的调整器")似乎与这种神学的讨论(Theologumena)很少发生关系。显然,这种神学的讨论是在始皇帝的历书改革后才开始发展起来的。政府后来制定了一本时占术的基准书,即时宪书(Schi Hien Schu)。此书系通俗书籍,被大量翻印,为"日师"(职业的时占师)提供所需的素材。由太史("身居高位的著作者")领导的非常古老的历书编定当局,不仅是天文历算者(历书制定者)与占星师(凶兆解释者)当局的历史渊源,而且也是被纯粹设想为示范性的宫廷史书编纂的起源,而且,宫廷史书编纂原先就是历书编定,换言之,史书编纂者原先就是历书制定者。有关的情况,请参照下文。

常运转。相反,一切坏的事情都是天意的天地和谐受到神秘力量之干扰的征兆。这种乐天的宇宙和谐观对中国人而言是根本的,也是从原始的鬼神信仰逐渐蜕变而来的。和其他地方一样,中国原先也有善良的(有益的)与邪恶的(有害的)"神"(Shen)和"鬼"(Kwei)二元论。① 这两者遍布于整个宇宙,表现于所有的自然现象与人的行为和境况之中。人的"灵魂"也被认为是由来自天的神与出自地的鬼的物质所组成,在人死后即再度离散。这一点与广泛流传的看法——宇宙间存在着众多富有生气的力量——相吻合。各哲学流派持有共同的看法,即认为"善的"神体现了(天上的、男性的)"阳"的原则,而"恶的"神则体现了(尘世的、女性的)"阴"的原则,两者的结合乃世界之起源。这两个原则,如同天地一样,都是永恒的。但是在中国,几乎与世界上所有的地方一样,这种彻底的二元论由于乐观主义而受到削弱:给人带来幸福的巫师和英雄所具有的神秘的神性与来源于阳(造福于人的天威)的降福的神灵,两者被认同为一。由于具有神性的人显然有超越恶怪(鬼)的能力,而天威也是社会秩序的善的和最高的管辖者,所以,内在于人与内在于世界的神灵在其功能方面必须获得支持。② 因此,就须镇住邪恶的鬼怪,以使在上天守护下的秩序得以正常地运行。因为没有上天的允许,鬼怪是不会为非作歹的。神与鬼都是有威力的。然而,没有任何单个的神、被尊奉为神的英雄或威力强大的鬼是"全知的"或"全能的"。儒教徒冷静的处世之道公允地告诉人们,虔敬者之遭逢不幸,只是由于"神的意志常常不定"(即天命靡常)罢了。所有这些超人的本质虽然强于凡人,但却远低于非人格的最高的天威,也低于承天恩宠的帝国大祭司(皇帝)。只有这些以及类似的非人格力量——作为这些观念的后果——才被超人的共同体当作

---

① 以下所述,参见德·格罗特的《中国人的宗教》(de Groot, *Religion of the Chinese*,尤其是第33页,35页)。

② 此一主张往往成为反对皇帝的妾(情妇)权力过大的根据。女人当政被认为是阴盛阳衰的表现。

崇拜的对象,并且也是超人共同体命运的决定者。① 不过,可以用巫术影响的个别鬼怪,也可能决定个人的命运。

　　最初,人类采用一种原始互惠的办法和这些鬼神打交道:以如此这般的仪式供奉来换取如此这般的善行。如果一名守护神享尽品德高尚的人们的一切供奉而却无法保护后者,那么他就会被更换,因为只有被证明是真正强有力的神灵才值得崇拜。这种更换历史上的确常有发生,特别是皇帝,他有时承认那些被证明有效的神灵,对它们顶礼膜拜,还授予他们封号与官阶②,有时又会废黜它们。只有被证明是具有神性的神灵,才是合法的,须知,皇帝对灾难是要负责任的。也有这样的情况,要是某一神灵通过签的神示(Los-Orakel)或其他的指示引起一次失败了

① 格罗特在其《普遍主义》一书中,清楚明白且具体精确地论述了国家祭典中所崇奉的对象:
　　1. 天。据格罗特的说法,在盛大的献祭品活动中,天与皇帝的祖灵名列第一位。2. 地("后土")。3. 皇帝的祖先及其宗庙。此外,还有下列诸神:4. 社稷(亦即土地与谷物的保护神)。5. 日月。6. 神农(农耕术之鼻祖)。7. 蚕桑之主嫘祖(由皇后献牲主祭)。8. 先圣先王。不过自1722年起,这项祭祀包括列朝的所有皇帝,只是那些横死的或被反叛推翻的皇帝皆不在此列,因为这乃是缺乏神性的标志。9. 孔子及其学派的某些泰斗。原则上,所有这些都由皇帝亲行祭祀。除此之外,尚有:10. 风、雨神(天神)及山、海、河神(地祇)。11. 历神木星(监岁的大神灵)。12. 医术之主与春神(或许,这就是巫术治疗起源于大地狂欢祀典的征兆)。13. 战神(被神化的将军关帝,2—3世纪)。14. 经学之神(对抗异端的庇护神)。15. 北极星(1651年加入神列)。16. 火神。17. 火炮神。18. 要塞神。19. "东方的圣山"(即东岳泰山)。20. 龙、水神或屋宇、瓦砖、粮仓之神。21. 被封为神的地方官吏。所有以上这些神祇(通常)由主管的官吏来供奉。从上述情况中我们可以看到,国家的整个外部组织几乎都被神格化了。不过,最高的祭祀牺牲显然是献给非人格神的。
② 《京报》里就有大量有关官吏提议封神的记载。官吏被封神后,必须一步步地晋升并且更进一步以奇迹来证明其灵验,这和天主教里的程序是一致的。例如,1873年,当河水有氾滥之虞时,一名官吏即以"黄河主事神"(Presiding Spirit of the Yellow River)的姿态提出报告。他提出的将此神列入祭祀的事虽得到批准,但对之授予尊号的提议却悬而未决,要等到他提出进一步的立功报告后再加以决议。1874年12月17日的《京报》报道,由于制作了他的肖像而平息了洪水泛滥之危,这名神灵便取得了应有的尊号。1874年7月13日的《京报》登载了一则承认河南龙神庙之神奇力量的提案。1878年5月23日的《京报》上载登了这个"龙神"被授予新称号的消息。同样地,在1883年4月26日的《京报》上载登了这样一则消息:主管的官吏们提议给一名已被封为神的已故大官晋升官阶,因为人们看到他的神灵浮游于水面上,在万般危险的情况下,奋力地平息了河水。为欧洲人所熟知的官吏(李鸿章便是其中之一)也经常在《京报》上提出类似的议案(1878年12月2日的《京报》上就有李鸿章提出的议案)。1883年11月31日,一名御史犹如恶魔的辩护者(Advocatus Diaboli)反对将某位大官列于神位,因为其政绩根本不突出(见同日《京报》)。

的行动,也会给它带来耻辱。1455年,有位皇帝就曾公开对蔡山之神加以非难斥责。在其他情况下,也会停止对鬼神的祭祀与供奉。根据司马迁所写的秦始皇传记,伟大的皇帝中的那位"理性主义者"和帝国的统一者始皇帝,就曾为了惩罚一个妨碍他上山的山神,而将山上的树木砍伐殆尽。

四、中央君主的具有神性的祭司地位

按照这种神性统治的原则,皇帝本身当然也具有神性。这种统治的整体结构是从中国人所熟悉的政治现实出发的。皇帝也必须通过他的神性品质证明他是由上天委任的统治者。这与神性统治的——受到世袭神性调节的——真正的基础相一致。神性是一种普遍的异常力量(Maga,Orenda),它的存在表现为魔力和勇猛,见习修士(Novize)的神性资格必须通过神秘的禁欲考验才能取得。根据观念的改变,神性资格也被称作一种"新的灵魂"。神性的品质本来是可以丧失的:英雄或巫师可能会被他的神灵或上帝"抛弃"。神性的品质似乎只有通过一再显现的奇迹或英雄行为才能获得保证。至少,英雄或巫师必须通过自己的行为证明他具有神性的品质,例如,他没有使自己及其随从遭受明显的失败。原先,英雄的强大力量被认为是一种神秘的禀赋,相当于狭义的"巫术力量",如祈雨、巫术治病和其他超常的技艺。① 对文化的发展来说,起决定性作用的是这样的一个问题,即战斗君主军事上的神性和(通常是观察气象的)巫师的和平主义的神性是否能结合于一人之手。最早将这

---

① 在前泛灵论与泛灵论的观念世界中,是不可能严格区分"巫术"与非巫术的。甚至连耕田和任何日常的、指望获得成功的行为,从需要付出特殊的"力量"(后来这些特殊的力量变成为神灵)的角度来看,均是"巫术"。因此,这里只能作一种社会学上的区分:拥有非凡资质的人,以自己的心醉神迷的状态区别于日常的状态,职业的巫师以其非凡的资质区别于平凡的老百姓。"非凡的"被理性地转化为"超自然的"。制作耶和华神殿中之祭祀用品(Paramente)的手工艺人所凭借的是耶和华的"灵气",就像医生所凭借的是使他有能力从事此一技艺的"力量"一样。

两者结合于一人之手的是恺撒大帝,例如他所建立的政教合一制(Cäsaropapismus)。问题是,在中国,这两者之间到底哪个最初是君权发展的基础。

在中国,如前文所述,某些根本性的命运(对我们来说,则是史前的命运)也许是由治水的重要意义所决定的。[1] 这些根本性的命运致使皇权由巫术的神性中发展出来,世俗的权威与神灵的权威统一于一人之手,不过后者显然居强有力的支配地位。当然,皇帝也必须通过军事上的胜利(至少得避免惨败),更重要的是必须确保收成的好天气与国内秩序的稳定来证明自己神秘的神性。不过,皇帝为了获得神性而必须具有的个人品质,被仪式主义者与哲学家加以仪式化,继而加以伦理化。皇帝必须依据古典经书上的仪式和伦理规则生活与行事。这样,中国的君主首先是一位大祭司;他其实是古代巫术信仰中的"祈雨师"[2],只不过被赋予伦理的意义罢了。由于有伦理上被理性化的"天"维护着一种永恒的秩序,所以君主的神性取决于他的伦理道德。[3] 就像所有天生具有神

---

[1] 不过并不能单由治水这件事来加以解释,否则美索不达米亚地区也势必有同样的发展。我们姑且同意 G. Jellinek 偶尔发展的看法:帝位(Imperium)与祭司职位(Sacerdotium)之间的这种中心的、重要的关系之发展,往往只是基于"偶然的"、对我们来说早已消失的历史命运。

[2] 因此,天不降雨(或不降雪)导致宫廷和礼官圈内人最激昂的议论与建议。每当这类事情发生,《京报》中即充斥着各式各样的巫术性补救方案。例如遭受干旱威胁的 1878 年(特别参见此年 6 月 11 日、24 日的《京报》),国家天文学者的衙门(委员会)在参考了古典占星术权威的判断之后,认为干旱是由于日、月色泽之故。一名翰林院学士立即打报告指出,这会引起不安,并要求将此项鉴定公之于众,但同时要谨防宦官们用流言蜚语(把干旱解释为恶兆)加害于年龄尚幼的皇帝,并要求警卫宫廷。此外,该翰林院学士还要求摄政的几位皇后必须履行她们的道德义务,这样老天才会降雨。这份报告以其对宫廷贵妇之生活方式的令人信服的说明以及同时并降的时雨之证验而公之于世。同年稍早,一名"天使般的女孩"(女隐士,死于 1469 年)因经常在饥荒时乐于助人而被提议列为神圣(1878 年 1 月 14 日《京报》)。类似的受封为神的例子还有许多。

[3] 这项儒教正统的基本原理,在众多的皇帝谕令和翰林院的鉴定或奏议中被反复强调。例如,在翰林"学士"的奏议中(如上注所引的那则,将于下文中不断引用),便有这样的话语:"只有实践美德方能影响上天灵力"(It is the practice of virtue alone that can influence the power of Heaven...)。(参照以下诸注。)

性的统治者一样,他是个神授的君主,而不是近代西方的君主。近代西方的君主,当他们干了蠢事之后,才声明要对神负责,实际上他们是不必负责任的;而中国的君主是凭借古老天生的神性进行统治的,也就是说,他通过他所实施的计划来证明他是"天子",并且是天所确认的统治者。如果他不能造福于人民,那么他就缺乏神性。例如,若是河水决堤,或祈雨祭祀后仍未降雨,那么很显然——也是经典所明白教诲的——皇帝并不具有上天所要求的那些神性品质。此时,皇帝就必须为其本身的罪过公开忏悔,直至近代仍然如此。史书上甚至记载着封建时代的诸侯们所写的类似的公开认罪书①,此一习惯一直保存下去。据史书记载,1832年,在皇帝公开认罪之后,随即降雨。② 如果认罪也不见效,皇帝就得准备退位,在过去,这可能还意味着以身殉祭。和其他的官吏一样,皇帝也因此受到检察官们(御史们)的公开斥责。③ 此外,要是君主违反了古老而稳定的社会秩序——这些社会秩序是宇宙的一部分,而宇宙作为非人格性的规范与和谐又凌驾于众神之上——那么从理论上讲(理论毕竟并非全然无关紧要),他的神性就会离他而去。例如,君主要是改变了孝敬祖先这一绝对神圣的自然法,他就会落入魔鬼手中。人们可以杀死他,

---

① Tschepe, a. a. o. p. 53.

② 1899 年 10 月 6 日,《京报》登了一则皇帝的谕令。这位在皇太后发动军事政变下被监管的皇帝在谕令中悲痛认为他个人的罪过可能就是发生干旱的原因。他补充说道,诸王公大臣也因生活作风不轨而对此负有自己的罪责。同样,在 1877 年,两位摄政的皇太后答应留意一名御史对她们提出的告诫,保持她们借以消除干旱的"令人肃然起敬的态度"。

③ 参照前注末尾。1894 年,一名御史批评皇太后干涉国家事务,认为这是不得体的行为,因而被免职,并流放到蒙古驿站服劳役(参见 1894 年 12 月 28 日《京报》之记载)。这并不是因为他的批评本身是不被容许的,而是因为这批评据说是基于"传闻",并非实证。1882 年,某一翰林学士就善于把握这位办事果断的女人的意图。他在同年 8 月 19 日的《京报》上表示,因为皇帝还年轻不懂事,希望皇太后更多地关心政务,并且能为朝廷成员担负起工作是最好不过的,否则,太后周围的人就会开始批评她的品行(Führung)。

因为他已经是个平民百姓。① 当然，不是任何人都可以杀死他的，只有有
关的主管部门和那些国之重臣才有权处死他(这有些类似加尔文的做
法，在当时的瑞士，只有州才拥有反抗权)。② 作为国家秩序之栋梁的官
吏阶层，也被认为具有神性。③ 就像君主一样，官僚制也被认为是个神
圣的制度，虽然直到如今，个别的官吏由于某种原因还是可以被免职
的(Ad nutum amovibel)。官吏的才干也是由神性决定的：在其管辖的
地区内所发生的骚乱或无秩序——不管是社会性的，还是宇宙—气候
方面的——足以证明他们缺乏神灵的恩赐。这时，无需问什么理由，官
吏都必须离职。

　　官吏阶层的这种地位，在相当于我们西方史前时代已有发展。正如
《周礼》一书所传述的，周代古老的、半传说性的神圣秩序，已经到达由原
始的宗法式父权制向封建制过渡的转折点了。

---

① 君主须担负责任的这项理论，是与其他的理论相对立的。那些理论声称对皇帝"报复"是不
　许可的(公元前 6 世纪)，任何人，只要他敢动一动君王，就会招致重大的(巫术性的)祸害
　(E. H. Parker, *Ancient China simplified*, London, 1908, p. 308.)。这一理论，就像皇帝的
　整个地位(主要是最高祭司地位)一样，并未完全确立。当然，也有过一位皇帝是由军队拥戴
　为合法的君主的，但显然只有这么一次。不过，除了指定继承之外，"百姓"，亦即大的封建藩
　臣的欢呼推戴，最初无疑是王位继承的先决条件。
② 凡是中国文化扎根的地方，有关君王的整个神性的观念就散播开来。南诏王在推翻了中国
　在当地的统治之后，有一块碑上曾刻有歌颂他的铭文，说此王"气受中和"(借自《中庸》)，他
　有能力(像天一样地)"德含覆育"。"事功业绩"(与西藏联盟)是其美德的标志。正如中国的
　模范皇帝一样，他挑选出"世家旧贵"，并以这些世家旧贵来美化自己(p. 443)。这可与《书
　经》所载作一比较。
③ 参照本页注②。下面我们还会提到官吏被认为具有巫术力量的这个事实。

第二章　封建的与俸禄的国家

一、采邑制度的世袭神性的特性

就我们所知,中国的政治采邑制度最初并不是和(西方意义上的)封建领主土地所有制联系在一起的。这两者,和在印度的情形一样,都是在酋长氏族摆脱了古代男子之家及其衍生物的束缚之后从"家庭国家"里发展出来的。根据文献的记载,氏族原先提供战车,同时也是古老的等级划分的基础。在有确切的历史记载之初,这种实际的政治状况就已具有几分清楚的轮廓。它直接继承了那种为所有征服王国共有的原始行政结构,这种行政结构,甚至 19 世纪时的黑人王国也仍然采用。在这种行政结构下,"中央帝国",即直接由常胜的统治者通过其官吏(家臣和各部的高级官员)管理的王城周围的"内部"地区,逐渐与朝贡诸侯所管辖的"外部"地区合并。中央帝国的统治者皇帝,只有在力所能及的情况下,为了维护其权力以及与此相关的贡品利益,才会干涉这些外部地区的行政。因此,离王室统治地区越远的朝贡诸侯国,受到王权的干涉也就越少、越弱。

某些政治上的问题,诸如:外部地区的统治者实际上是否可以免职,是否是世袭的;藩国的臣民,是否如周礼的理论中所认可的那样,有权向皇帝提出申诉,如有,那么实际运用的程度如何,这样的申诉是否会引起王权对诸侯内政的干涉;与诸侯同列或者位于诸侯之下的官吏,是否如理论所主张的那样,由皇帝的官吏任免,并且实际上依赖于皇帝的官吏;那就是说,三大三小顾问(三公和三孤,即太师、太傅、太保、少师、少傅、少保——译者)组成的中央行政部门实际上是否能管辖皇室以外的地区;藩国的武装力量实际上是否由作为最高领主的皇帝统帅;这些政治问题每每得不到牢靠的解决,从而造成政治上封建化的结果。在这方面,中国的发展过程是与印度——发展最彻底的地区——一样的:只有那些政治上拥有强有力的掌权者及其扈从的氏族,才能要求及被考虑列入王室的属臣——上自朝贡诸侯,下至宫廷官吏或地方官吏。在这方面,皇帝的氏族是最为优先的。同样地,那些及时归顺皇帝的诸侯的氏族也获得优先,他们可以保有全部或部分的支配权。[1] 最后,所有因产生英雄和重臣而出众的氏族,也可要求成为王室的属臣。无论如何,长久以来,神性已不再附着于个人身上,而是附着于氏族。这种典型的现象,在讨论印度的情况时还会详细谈及。身份(等级)并非来自通过自愿称臣和授职而获得的采邑,恰恰相反——至少在原则上——那些贵族氏族的成员,根据家庭传统的等级,才有资格获得一定等级的职位采邑。我们发现,在中国封建的中世纪时代里,大臣的职位,甚至某些使节的职位,牢牢地掌握在某些家族的手里。孔子也是个贵人,因为他出身于一个统治阶级的家族。这些出现在后代碑铭里的"大家族",都是具有神性的氏族,其地位的经济支柱,主要来自由政治所决定的收入及世袭的土地资产。当然,这种与西方恰恰相反的情形(虽然在某些方面只是相对而言

---

[1] 因惧怕具有神性的氏族的祖灵的威力,所以人们不敢抢走被征服的酋长家族的全部土地(E. H. Parker, *Ancient China simplified*, London, 1908, p. 57)。反过来说,这种由氏族神性所决定的采邑和俸禄的机会,说明了祖灵的强有力的地位,尽管前者不是后者的惟一的源泉。

的),其意义仍然是相当深远的。在西方,采邑的世袭性,只是一种历史发展的结果。再者,采邑所有者的身份,是根据他们是否拥有司法裁判权来加以区分的;而俸禄(Beneficia)则由职务的种类来区分。最后,骑士等级的身份也有别于其他社会等级的身份,甚至有别于城市贵族。所有这一切,发生在一个由于土地被占为己有以及(广泛地)实行各种可能的职业分工而严格划分的社会里。

中世纪早期的(在许多方面还非常假定的)日耳曼"王公"的世袭神性的地位,似乎与中国的情形最为接近。但是,在西方封建主义的核心地区,征服与迁徙使得传统的等级秩序彻底结束,导致强固的氏族结构大为松弛。此外,由于军事上的需要,每一名受过军事训练的、有本事的男子都被吸收为骑士等级的成员,也就是说,每一个过着骑士生活的人都可以享有骑士的身份。只是进一步的发展导致了世袭神性,最终导致了"祖谱证"(Ahnenprobe)。中国的情形正好与此相反,在中国,氏族的世袭神性,自历史时代起就是首要的(至少在理论上可以这么说)①;当然,获得成功的暴发户也屡见不鲜。具体的采邑的世袭性,并不像西方后来的发展那样,具有决定性的意义,而毋宁被认为是一种恶劣的滥用。具有决定性意义的,是以在氏族中的世袭地位为基础对一定等级的采邑的要求权。传说周代制定了五等爵制,并采取依爵位的高低来赐予封地的原则。较为可信的是,居于高位的封臣(诸侯)全都是从古代统治者的子孙里挑选出来的。② 这点和日本早期的情况一致,是典型的"家族国家"。据史书所载,汉朝灭亡之后,魏即将首都迁到洛阳,并要贵族也偕同搬迁。这些贵族包括魏王室本身的氏族以及古老的世袭神性的氏族,

---

① 《书经》里有这样一句格言:"评价一个家族要根据年龄,评价一件用的东西要根据新颖。"(Eine Familie schätzt man nach dem Alter, einen Gebrauchsgegenstand nach der Neuheit。)

② 材料见 Fr. Hirth, *The Ancient History of China*, New York, 1908。Biot 所译的《竹书纪年》(见 *Journal Asiatique*, 3rd Série vol. X11, p. 537ff)。有关出自公元前 18 世纪到公元前 12 世纪的青铜器铭文与《书经》里的颂歌,可参阅 Frank H. chalfant, *Early chinese Writing*, Mem. of the Carnegie Mus. (pittsburgh) iv Sept. 1906。

后者当然原先是部落酋长的家族。即使在当时,他们也都还是职务采邑与职务薪俸所有者的子孙,他们根据其祖先的官职而袭封"爵位"(并据此而有俸禄的要求权)。此一原则与罗马的显贵及俄罗斯的任官等级(Местничество)[1]的原则一致。同样,在战国时代,最高的官位牢牢地掌握在某些(具有高等世袭神性的)氏族的手里。[2] 真正的宫廷贵族之兴起,是在始皇帝的时代(始于公元前 221 年),与封建主义的崩溃同时发生。当时,史书里首次提到爵位的授予。[3] 同时,由于财政上的需要,首次出现用钱买官职的现象,也就是说,钱财的多少成了选拔官吏的标准。等级的差别,虽然原则上依旧保持着,但世袭神性却崩解了。就在 1399 年,史书里还提到官降为"平民"的例子。不过,此时的情况已大为不同,而其意义更是完全不同。这时所指的官是学位获得者(即秀才以上的文官),可免于徭役和鞭打之刑;而平民则是负有徭役义务的普通人。在封建时代里,采邑制度是与世袭神性的等级层次相一致的。分封制(Subinfeudation)废止之后,俸禄制度则与取而代之的官僚行政相适应。在秦朝统治时期,就已经制定出俸禄的固定等级;汉朝按照秦朝的榜样,将俸禄分成授钱和授米等 16 个等级。[4] 这意味着封建主义的全面废除。司马迁在其"始皇帝传"中谈到了从封建制度到官僚制的转变过程,其标志是,官职被划分为两个不同的范畴:享有土地俸禄的关内侯(Koan nei heu)与享有依靠某些地区之租税的租税俸禄的列侯(Lie heu)。前者是纯封建时期的古老采邑的继承人,不言而喻,他们实际上对农民拥有广泛的支配权。这些古老的采邑一直存在到骑士军队被原先是诸侯的后来是皇帝的、自农民中征调而来、训练有素的常备军所取代为止。因此,中国古代的封建主义与西方的封建主义,虽然在内部有所不同,但在外

---

① 参见 Chavannes, Journ. As. X. Ser. 14,1909,p. 33, Note 2。

② 参见《国语》(*Kun-Yu*), ed. de Harlez Louvain, 1895, p. 11, v. 110。

③ 参见司马迁所著"始皇帝传"(即《史记·秦始皇本纪》),Chavannes ed. (1897) p. 139。

④ 参见 Chavannes ed. Se Ma Tsien d-11 App. 1, p. 526, Note 1。

表上却有极大的相似性。在中国,如同在其他各处一样,由于经济的或不适合军事训练的缘故而无法服兵役的人,也没有政治权利。这种情况在封建主义之前的时代就已经存在。周代的诸侯在战争之前和实施重大的惩罚之际,都要向"人民",即向能作战的氏族请教,征兵的情况也大致如此。也许是由于战车的出现,古代的军队制度才被打破和废弃,这才产生世袭神性的"封建主义",这种世袭神性的封建主义后来蔓延到政治的官职。《周礼》[①]是这种统辖组织最古老的见证,它已经描绘出一幅具有各种官职的、由官吏领导的非常合理的国家制度的景象。[②] 其基础是由一官僚体制来管理灌溉、特殊作物(丝)、征兵登记、统计、仓储等事宜。不过,其实际存在与否,很成疑问,因为据史书所载,此种统辖的合理化,只有在战国时期封建诸国相互竞争的情况下才出现。[③] 不过,在封建时代之前也可能还有一个家长制的时期,就像埃及的"旧王国"时期。[④]因为无论是在中国还是在埃及,负责治水及工程的官僚机构无疑是非常

---

① Biot, *Le Tscheou-Li*, ou rites de Tscheou, 2Bde., Paris, 1851。据闻,周礼源于西周成王统治时期(公元前1115—公元前1079年),其中只有核心的部分被认为是"真的"(echt)。

② 冢宰、司徒、宗伯、司马、司寇、司空等天官、地官、春官、夏官、秋官、冬官等官职名称,无疑是士人所想出来的。由天官来主持"预算"这个假设,自然是与史不符的。

③ 司马迁已记录下秦与汉的真正行政组织(参见Chavannes所编书,Teil Ⅱ, App. Ⅱ)。除左右丞相之外,还设有太尉(直到武帝时)——各将领的军事首长;中丞(Tschong Tscheng)为大审议长兼按察使与地方官吏的上司;奉常(fong tscheng)掌管献牲祭祀之礼,同时也是大占星师、占卜师、医师,并且——颇具特色的是——也负责堤防与运河之事;博士(posche,士人)。接下来是郎中令(lang tschong ling),即宫殿管理人;卫尉(宫廷卫队长);太仆(兵器库长);廷尉(司法长官);典客(掌握藩属与蛮夷君侯事务之长);重臣(tsong tscheng)——皇帝家族的看守人;治粟内史(仓库看守人,同时也是掌理农事与商务的大臣)。少府为处理皇帝家务之长(下设有由宦官担任的尚书),中尉为京师的警察局长。将作少府(tsiang tso schao fu)为建筑方面的监督者,詹事(tschong sche)负责管理皇后与太子的家务。内史为京师首长。后来与典客合并的主爵中尉(tschu tsio tschong wei)为藩臣的监督者。我们看到,这张行政职称表与《周礼》中那种理性的、因而历史上不足采信的组织形式(Konstruktionen)形成对比。这张表显示出家产官僚体系——起先是出于家政、礼仪与军事上的管理的需要而产生,后来又加上了司法、水利与纯政治的利害——所有的非合理性。

④ "家长制的"(Patriarchal)当然不等于是苏丹制的,而是指以一礼仪上的最高祭司长来呈现世袭神性的家父长制。或许,如经典所描述的,最高祭司长的神性原先是通过指定继承人的方式来传递,后来才转变成世袭的。

古老的,且来自皇室宗族。这一官僚机构的存在,从一开始就顺应时势,缓和战国时期的封建性质,并不断地激发文人阶层思考功利主义的官僚体制和统辖的技术。不过,政治的封建制仍维持了 500 余年之久。

公元前 9 到公元前 3 世纪之间,是一个各个独立的采邑国家并存的时代。史书对这个封建时代的情况——我们在前面也曾略微提及——有相当清楚的记载。[①] 皇帝是最高的领主(采邑主),在他面前,封臣必须下车以示敬意;正是由于皇帝的赐授,封臣的财产才能够有"合法的"政治名分。皇帝从分封的诸侯那儿得到贡礼。由于这种贡礼是诸侯自愿捐献的,王权因此逐渐被削弱,并具有难堪的依附性。他只分封诸侯,而诸侯以下的封臣与他没有直接的关系。[②] 史书上屡有记述,某一城堡,先是交给某个诸侯守卫,后来作为采邑分封给了这个诸侯,这便是某类采邑的由来,秦这个采邑国家就是这样形成的。依照理论,采邑在继承时需重新奏请,皇帝有权决定继承人选。根据史书的记载,如果父亲所指定的继承人与皇帝所指定的相抵触时,皇帝要让步。骑士的采邑,大小差别甚巨。据史书上的一条摘记,每一个采邑可包括 1 万亩到 5 万亩的土地(1 亩等于 5.26 公亩,因此这相当于从 526 公顷到 2 630 公顷之间),附有 100 到 500 名住民。[③] 另外,按照常规,每 1 000 人提供 1 辆战车。[④] 根据另一条摘记(公元前 594 年),四个聚居点(大小无法确定)提供 144

---

① 司马迁所著史书(公元前 1 世纪)已部分由 Chavannes 翻译编纂出版。P. Tschepe(前引书第七页)即以此书为基础,描绘出秦、韩、魏、赵、吴等封建国家的政治发展。Tschepe 的著作,尽管必然带有"基督教式的"看法,往往给人一种天真的感觉,但仍能使用。当我们单独引用他的著述时,所指的是秦国史。此外,我们也参照那本多次引用的《国语》。

② 这项原则对附庸(fu yung 下属藩臣)来说,政治上显得特别重要。之所以如此,是由于许多政治上的藩臣原先是独立的诸侯,后来才变成为纳贡的诸侯。这些藩臣本身给皇帝的赠品——除了义务性的军事援助以外——被看作是自愿的,而皇帝也有义务对这些藩臣还礼。这类情形,参见 E. H. Parker, *Ancient China simplified*, London, 1908, 144f。

③ 参见 P. A. Tschepe (S. J.) Hist. , *du Royaume de Tsin*, 777, 207。

④ 根据 Hirth 对《管子》某处的解释,这事首先发生在被理性化的齐国,依 1 000 个盐的消费者来计算。参见 Hirth, *Ancient History of China*, New York, 1908。

个战士。① 后来,又有一些通常是很大的聚居点,负责供应一定数量的战车、甲士、马匹、粮食(家畜)等。② 后世的租税、徭役、征兵等的摊派,明显地承袭了封建时代的做法。较早的时代是征发战车与武士,后来则开始为军队征补兵员,征召徭役、赋及各种实物租税,最后则是货币税。关于这些,我们将在下面论及。

此外,还有在长子领导下的共同采邑,即共同遗产(Ganerbschaften)。③ 在皇室里,长子继承权与由统治者或最高官吏在诸子及血亲之中指定继承者的办法并存。有时,由于舍长子与嫡子而代之以幼子或庶子,会招来封臣的反叛。以后,直到君主制实行的最后时代,基于与祖先祭祀相关的仪式上的理由,规定继承者必须在比死去的统治者年轻的一代里选出。结果,在君主制的最后数十年里,未成年的皇帝相继继位,而皇亲(恭王)及皇太后则实际主政。在政治上,最高采邑主的权力几乎被缩减到无,这是因为,只有边防封臣(边疆总督)进行战争,从而成为拥有重兵的权贵,而皇帝——也许就是因为这个缘故——逐渐成为一个和平主义的教主。

作为最高祭司的皇帝拥有仪式上的特权,成为惟一能进行最高祭祀的人。封臣对皇帝发动战争,在理论上是一种对仪式的亵渎,并且可能因此招致不可思议的恶果。不过,这并不能防止军事叛变的发生。就像罗马帝国的主教声称在宗教会议上具有主座地位一样,中国的皇帝或其使节,也要求在诸侯的集会上享有主座地位,这在史书里屡见不鲜。然而,当个别大的封臣成为强有力的王室大管事(庇护者)的时候,对此权力则视若无睹(这在经典理论上仍是一种违犯礼仪的行为)。此种诸侯

---

① E. H. Parker 在其著作中提供的情况似乎不足为信。参见 *Ancient History of China*, London, 1908, p. 83。

② 关于这方面,我们在讨论到土地租税时再详谈。

③ 长子的礼仪地位要比其他的次子的高。这些次子不再被看作"封臣",而被看作官吏(部长级官员)。他们不在家族大而古老的祖先祭坛里献祭品,而在祖先祭坛两侧的祭坛里。参见司马迁所著《礼》书,Chavannes ed. vol. 111。

的集会颇为频繁。例如公元前 650 年举行的那一次诸侯集会,反对剥夺真正嗣子的权利,反对官位的世袭与官职的重叠,禁止对高官处以极刑,反对"扭曲的"(Krumm)政策,反对对谷物贩卖的限制,主张孝行、敬老、尊贤等。

帝国的统一,实际上并不表现在这些偶尔举行的诸侯集会里,而表现在"文化的统一"里。正如同中世纪的西方一样,中国文化的统一由三个要素表现出来:1. 骑士等级的习俗的统一;2. 宗教的即礼仪上的统一;3. 文人阶层的统一。礼仪上的统一和车战骑士封臣与城堡采邑主在身份上的统一,具有与西方相类似的形式。在西方,"野蛮人"与"异教徒"被视为同类;而在中国,野蛮人或半野蛮人的标志主要是礼仪不正确。例如,秦侯在献祭时出了错,即被指为半野蛮人。对一个礼仪不正的诸侯发动战争,则被认为是一种可嘉的行为。以后,中国许多来自北方的塔塔尔族所建立的征服者王朝,若能正确地按照仪式的规则行事(因此也符合文人阶层的要求),则它们在礼仪传统的拥护者的眼里,就是个"合法的"王朝。那些部分源于礼仪、部分源于骑士等级的"列国法"的要求,至少被理论上当作文化的统一性而要求各诸侯加以遵循。历史上曾有过通过诸侯集会共谋国内和平的努力。根据理论,若是邻国诸侯处于丧服期或贫困的状态,特别是遭受饥荒之时,对其发动战争,就是违反礼仪。饥荒发生时,邻国必须义不容辞地担负起救济同胞的义务以告慰神灵。谁要是加害于自己的领主,或发动不义战争,则无论是在天上或是在祖庙里,都无容身之处。① 明告会战的时日与地点,是一种骑士作风;不过,一旦开战,必决胜负,因为此乃神判。"人们必须知道,谁是胜者,谁是战败者。"②

当然,列国政治所显示出的实际上不是这么回事,而毋宁是大小封

---

① 参见 Tschepe a. a. o. p. 54。
② 参见 Tschepe a. a. o. p. 66。

臣间的无情的争斗。小封臣随时伺机争取独立,而大诸侯则一心一意地想趁机吞并邻国。结果,据史书所载来判断,整个时代充满了空前的血腥的战争。尽管这样,理论并非毫无意义,确切地说,它是文化统一性的重要表现。此种统一性的代表者是文人,亦即能够断文识字的人。诸侯利用他们合理地进行统辖以增强国力,这和印度的王侯之利用婆罗门,西方的诸侯之利用基督教的教士,如出一辙。7世纪的赋(颂歌)里,所称颂的是战士,而非哲人与文人。中国古代高傲的斯多葛主义以及对"彼岸"的毫无兴趣,可以说是这一黩武主义时代的遗产。不过,公元前753年,曾有秦国任命宫廷史官一职(他们同时也是宫廷天文学者)的记载。诸侯的"典籍"——宗教礼仪大全与编年史(先例的集成)——成为掠夺的对象,而文人的重要性也明显地提高。① 他们管理诸侯的账目,处理诸侯的外交文书。史书上保存了许多这类书信(也许是将它们作为范例而收集起来)。它们大都是些马基雅维里式的手段(Machiavellistische mittel,从15世纪意大利政治家兼历史学家Machiavelli的著作而得名,意为政治上不择手段的、使用权术的——译者),例如,通过战争和外交途径打败邻国诸侯,策划结盟,从事战争的准备——主要是合理组织军队、制定仓储政策及税收政策。很显然,他们俨然是诸侯的簿记员。② 诸侯互相干涉对方选用文人,并离间文人与对手的关系。文人则反而互通信息,互换职务,往往造成一种游历仕宦的局面。③ 他们就像西方的教士

---

① 此处我们无法讨论这些古老"典籍"的技术性质。纸是很久以后才输入的产品,而算与写很早以前、无疑在孔子之前就已有了。von Rostkorn认为(下面会谈到),礼方面的"文献"(Literatur)是靠口耳相传的,因此,"焚书"只是一种传说。德·格罗特显然对此持异议,他在他最近的著作里都还认为"焚书"是个事实。

② 史书里(参见Tschepe a. a. o. p. 133)保存了一份同盟计划里各个诸侯国兵力的计算表。根据这份计算表,每1 000平方里之地(1里＝537公尺)可供600辆战车、5 000匹马、5 000人员(其中4 000名为辎重队,其余为战士)。公元前12世纪的一份(所谓的)租税改革的计划里,也要求从同样的面积征得10 000辆战车。由近东地区类推起来,我们认为这发生在战车输入的数个世纪之后。

③ 参见Tschepe a. a. o. p. 67。

和中世纪后期的世俗知识分子一样,游历于各个宫廷,并自觉为同一个阶层。

战国诸侯为争夺政治权力的竞争,导致诸侯的经济政策的理性化。[①]文人就是政策的执行者。商鞅,文人的一个代表,被认为是理性化内政的创始者;另一个文人魏冉,则创建了理性的国家军队制度,使秦国后来得以凌驾于他国之上。在中国,与西方一样,大量的人口,尤其是财富——无论是诸侯的,还是臣民的——都成为强化国力的政治目标。[②]和西方一样,诸侯及其文人(即其礼仪上的顾问),首先必须面对的是其部下的顽强的反抗,此种受部下威胁的命运,和他们自己从前的领主所遭受的一样。诸侯们联合起来,共同反对再分封;文人们也确立了如下原则:官位的世袭是有悖礼法的,渎职失守则会招来神秘的灾祸(早死)。[③] 所有这一切表明,由封臣,亦即由具有神性的大家族进行统辖的制度,已让位于官僚体制了。这种变革也反映在军事领域里:诸侯创设了禁卫军[④],置于职业军官的统帅之下,并由诸侯提供装备与给养(与租税及仓储政策配合),取代了由招募来的封臣组成的军队。存在于普通老百姓与具有神性的强宗大族之间的等级对立,是贯穿整部史书的一个基本前提。这些强宗大族,驾着战车,带着随从,随诸侯奔赴战场。人们的服饰有明确的级别[⑤];这些强宗大族通过婚姻政策以确保他们的地位[⑥],即使是在商鞅理性治理下的秦国,也依旧存在着严格的等级区别。贵族与庶民总是严格区分开的,不过,这里所说的"庶民"并非农奴,而是

---

① 战国时期的边境诸国(尤其是秦国),由于抗击蛮族的入侵而激起一股强烈的爱国主义情绪。当秦王被俘时,就有2 500个家族自愿捐资,以便继续作战。112年,一位汉朝皇帝在财政困难时,也试图诉诸这种"不损害名誉的借款"(Kavalieranleihe)。甚至到了17世纪,奥地利的李奥波德王朝(Leopold, 1640—1750)还作过类似的尝试,但显然并没有多大的成果。

② 参见 Tschepe a. a. o. p. 142。

③ 两者皆见于某士人的报告,译词见 Tschepe a. a. o. p. 77。

④ 参见 Tschepe a. a. o. p. 61。

⑤ 参见 Tschepe a. a. o. p. 59。

⑥ 参见 Tschepe a. a. o. p. 14。

指被排除于封建等级制、骑士战斗与武士教养之外的自由平民氏族。我们发现,庶民所采取的政治立场不同于贵族。① 不过,正如我们下面所要说明的,农民大众的处境是困难的,只有在领主国家开始发展时,诸侯才会与毫无特权的阶层联合起来,以对抗贵族。

二、统一的官僚体制国家之恢复

战国诸侯的数目,由于战争而锐减到少数几个统辖合理的统一国家。最后,于公元前 221 年,名义上的王朝及其所有其他的封臣都被扫除之后,秦王成功地将整个中国并入"中央帝国",并入他的世袭领地,就是说,置于其独特的官僚统辖之下,而成为第一位皇帝。秦王当了皇帝以后,取消了古代的封建枢密院,代之以丞相(类似罗马的近卫长官 Praefecti praetorio)。把军政长官和民政长官区分开来(就像罗马后期的制度一样),并把两者置于君主的监察官的监督之下(类似波斯的做法),后者再往后发展成为巡回御使(巡抚使,Missi dominici),从而建立了一个真正的专制制度,取代了古代的神权封建秩序。与此同时,他建立了一个根据功绩与皇恩晋升的严格的官僚制秩序。任何官职的提升都必须具备这两个条件。有助于此种官僚体制的"民主化"的,是独裁君主与平民阶层为对抗贵族等级所结成的行之有效的天然联盟;不仅如此,有助于这种"民主化"的还有财政上的因素:如前文所述,据史书记载,正是这位始皇帝出于财政上的考虑开创了卖官的先例。此一措施必然使得富裕的平民跻身于食国家俸禄之列。然而,反封建主义的斗争是个原则问题,任何政治权力的出租,包括在皇族之内的出租,都是被禁止的。虽然等级的划分仍然保持不变②,但随着官阶等级制的确立与巩固

---

① Ibid. , p. 38.

② 据史书记载(参见 Tschepe a. a. o. p. 261),一块碑文上刻着皇帝的话:"尊卑贵贱,不逾次行。"另一块碑文上则刻着:"贵族、官吏与庶人不同。"

(其萌芽可见之于战国时代),出身卑微的官吏的晋升机会大增。事实上,新的皇权是借助平民的力量战胜封建势力的。到那时为止,平民出身的人,只有在文人阶层以内,以及在特殊的情况下,才有可能在政治上发挥自己的影响。在战国时代的史书里我们发现,从统辖的合理化开始之后,不少出身贫困卑微的人成为君侯之心腹,他们凭借自己的知识获取地位。① 文人凭借自己的能力以及对礼仪的熟谙,要求优先授以高位,甚至在君侯的近亲之上。② 当然,文人的这种地位不仅遭到大的封臣的反对,而且在通常情况下文人的职位是非正式的,诸如不管部大臣,或者(如果可以这么说的话)作为诸侯的"听取忏悔的神父"。文人不得不和采邑贵族进行斗争,因为后者反对外人出任他们想垄断的官职。始皇帝在位初期,我们发现,就在帝国统一前的公元前237年,有一则驱逐外地文人(以及商人)的记载。不过,由于君侯对于权力的关注,最终取消了这项措施。③ 他的首任丞相——自称是出身低贱的暴发户的李斯——仍旧是一位文人。帝国统一之后,从专制君主的碑石刻文中可以看出④:独裁君主之理性的、反传统的专制主义,反过来与这股文化贵族势力,亦即文人的社会势力发生冲突。"皇帝位尊于古,"⑤意思是说不得以古制今,古代的诠释者亦不得支配君主。如果传说可信的话,在一场巨大的灾难中,始皇帝为了毁灭所有的古典经书和文人阶层而焚烧经书,并传言活埋了460名文人。这意味着任人唯亲、无视出身或教养的纯粹的专

① 见 Tschepe, *Histoire du R. de Han*, var. sinol. 31, p. 43(这段话是对公元前407年的魏侯而说的)。

② a. a. o.(前注)。

③ 传说后来成为权臣的士人李斯,在一份备忘录里阐述了士人(并且一般说来包括他国士人与商人)对于君侯权势的重要性。

④ 例如在司马迁的《秦始皇本纪》(参见 Chavannes ed. T. V, p. 166)所保存的刻石碑文中,就可见到"凡是违反理性的行为均应受到谴责"的文字。其他许多的碑文(上引书)则赞颂皇帝在帝国内所建立起的合理的秩序。不过,这种"理性主义"并未能阻止他去寻找长生灵药。

⑤ 始皇帝的这句名言记载于司马迁的《秦始皇本纪》(ed. Chavannes T. Ⅱ, p. 162)而流传下来。此外,战国时代的士人卿相,甚至连王安石(11世纪),原则上也不完全排斥这样的见解。

制主义的开始。在这方面,任命宦官(赵高)为宫宰及皇次子之教师是具有代表性的例子。[1] 始皇帝死后,这个宦官和那位暴发的文人(李斯)即拥立始皇帝之次子登基,而反对受军队将领支持的长子(扶苏)。这样,纯粹东方式苏丹制的任人唯亲与等级公平和专制独裁相结合的制度似乎就在中国登场了。自此之后,在中世纪的几个世纪里,出身文化士人的贵族一直同这种任人唯亲的体制进行斗争,而斗争迭有胜负。皇帝为了显耀其地位的尊严,将自由民自古以来的称呼“民”取消,而代之以“黔首”(“黑头”或“臣仆”)之名。为了兴建皇室的各种建筑物,徭役负担大幅度增加,[2]这就要求无情地和无限度地支配国家的人力和财力,[3]就像埃及法老帝国所做的那样。根据史书记载,始皇帝的继任人(秦二世)在位时,那位全能的宫中宦官(赵高),曾建议统治者与“民众”结合,不必以身份或教养为授官的准则,因为如今的时代已非修文饰而是以武力来支配的时代。赵高的这一建议完全符合典型的东方家产制(Patrimonialismus)。另一方面,始皇帝拒绝了巫师们(方士)要他“隐身”的企图。[4] 方士们的目的,表面上是为了提高始皇帝的威望,实际上是想将他像达赖喇嘛那样地束之高位,而将管辖权完全交付在官吏的手里。始皇帝识破了方士们的意图,为自己保留住了真正意义上的“独裁”。

对这种暴虐的苏丹制进行暴力反抗的,不仅有古老的家族、文人等级、军队(饱受筑野战工事之苦),还有被兵役、徭役与租税压得喘不过气来的农民氏族。暴动的领导者都出身卑微,例如,军队暴动的首领陈涉,原是个劳工;农民领袖和汉朝的创建者刘邦,原是农村的亭长。由其氏

---

[1] 宦官家政(Eunuchenwirtschaft)看来在公元前 8 世纪就首次出现。

[2] 据闻被迫去筑长城的劳役者为 30 万(?)。从整体来看,徭役负担的数字还要高。当然,长城是历时长久才完成的。根据 Elisée Reclus 的计算,修筑长城至少需要 1.6 亿立方米的土石方,其所需的劳动力是可以估计出来的。

[3] 在这方面,特别需要考虑的是供给士兵与劳役囚徒所必需的粮食的问题。史书里估计(参见 Tschepe a. a. o. p. 275),运输至消费地点的开销是粮运量的 18200%(据闻由于途中的消耗,182 份粮只有一份运送到目的地,当然,这可能是偶然的一个例子)。

[4] 参见 Tschepe p. 363f。这位宦官本身出身于一个曾被判过刑的贵族家庭。

族和其他农民氏族结成的联盟,构成了他的政权核心。不是贵族阶层,而是一个暴发户取得了胜利。这个暴发户(刘邦)推翻了前朝,并在各个分封王国——瓦解之后,重新统一了帝国,为新王朝奠下权力的基础。不过,成果最终却落入文人的手里,他们理性的经济和管理政策,在皇权的重建上,又再次地起决定作用。同时,在管理的技术方面,他们也胜过一直被他们反对的宠臣和宦官。此外,特别是他们拥有经典、礼仪与文字(当时是某种神秘的技艺)方面的知识,因而享有巨大的威望。

始皇帝创立了(或至少试图建立)一套统一的文字、度量衡制度以及统一的法律和行政细则。他夸耀自己消灭了战争,[1]并"夙兴夜寐"而得以建立和平与国内之秩序。[2] 并非其所有的制度都被汉朝保留下来,但最重要的是封建制度被废除了,一个凭个人功绩而获官职的政权建立了起来。这些家产制的新政,虽然被文人们诅咒为是对古老的神权政治秩序的亵渎,但在汉朝复辟后被保存了下来,且最终的获益者独为文人。

向封建主义倒退,是很久以后的事。在司马迁的时代(公元前 2 世纪),即在武帝与其宠臣主公偃(Tschu fu yen)统治的时代,那些新建立起来的封建体制——由于授封给皇帝诸子官职采邑而再度产生——有必要加以废止。首先,皇帝派总督到封国的宫廷进行监督,所有官吏的任命由皇室决定。其次,公元前 127 年,为了削弱封国的权力,皇帝下令封国之诸子分割封地。最后,在武帝统治时期,一向被贵族占去的宫廷官职封授给出身卑贱的人(其中之一原是个养猪的)。贵族们强烈反对最后这项措施,但在公元前 124 年,文人成功地保住了高等官职。我们在下文中将会说明,儒士是如何与反士人的道教徒斗争的。后者不仅反对民众教育,并且因其巫术关系,起先是与贵族,后来则与宦官互相勾结。但是,这一斗争,在当时并没有获得最后的解决。在儒教的等级伦

---

① 参见 Tschepe p. 259f(据碑文所记)。

② 参见 Tschepe p. 267f。

理里,还留存着明显的封建遗迹。例如,孔子本人虽未明言但却不假思索地提出,古典教养是成为统治阶级成员的决定性前提。而照惯例,古典教养事实上只限于传统"世家"的统治阶层。君子这个词,也起源于具有世袭神性的氏族才够资格拥有政治权力的等级统治的时代,它原先指的是"像君侯般的男子",即"勇士";但在儒家的学说里,这个词用来形容有教养的儒教徒,而在孔子本人的眼里,这个名词就相当于"有教养的人"。不过,他们也不得不承认"开明的"家产制的新原则:只有个人的功绩,并且只有功绩本身,才是取得官职的必备条件,包括统治者在内。当然,此一原则的进展异常缓慢,甚至从纯理论的角度上看,往往还出现了倒退的现象。至于这一原则的实践情况,我们下面即将谈及。社会秩序里的封建要素逐渐消退,而家产制则成为儒教精神的根本结构形式。①

三、中央政府与地方官吏

就像所有幅员广大而交通不够发达的家产制国家形态一样,统辖的中央集权程度在中国是非常有限的。在官僚制国家建立之后,京畿之内与外地的官吏之间,亦即古来皇帝之领地内所任命的官吏与州郡地方官吏之间的对立,及等级上的差异,仍然继续存在。再者,当中央集权化的努力一再失败之后,官职的任免权(Ämterpatronage)——除了某些州郡的最高官职外——以及几乎是全部的财政管理权,最后都一一交给了州郡。围绕着财政管理的中央集权化这个问题,新的斗争不断发生,贯穿于所有大的财政改革期。和其他改革者一样,11世纪时的王安石所要求的是有效地统一财政管理:税收在扣除征收经费之后全数缴纳中央,并要求统一帝国的预算。但是,由于运输上的巨大困难与地方官吏的利益

---

① 史书中明确地指出,这一原则是针对封臣的,因为他们仇恨和鄙视那些从一个宫廷漫游到另一个宫廷的学士(Scholar)(参见 Tschepe p. 67 以及早先的其他引文)。亦见商鞅与封臣在孝公廷前的辩论(参见 Tschepe p. 118)。

所在,王安石的这一改革措施事倍功半。除非帝国是在一个非常果断坚决的君主统治之下,否则官吏就会经常少报有纳税义务的田地面积与应该纳税的人口数,短报之数大约是已公布的土地户籍登记数字的40%。① 当然,地方州郡的杂费必须事先扣除,这样,上交给中央当局的租税收入就所剩无几了。最后,中央认输了:自18世纪初到现在,类似波斯省长的地方督抚,享有按一定标准确定的贡赋,只是在理论上可以根据需要变动贡赋的标准。关于这点,下面会谈到。这种租税配额的规定,对于地方督抚的实力地位而言,无论在哪一方面都有影响。

地方督抚向中央推荐需要任用的辖区内大多数的官吏。当然,任命是由中央政府进行的。但是,官方所承认的官吏数目很少②,由此可以断言他们是无法以一己之力来治理其庞大辖区的。就中国官吏万事皆管

---

① 在这方面,最能说明问题的是马端临所记录的国库总收入数字。中国著述者们将国库巨大而无从解释的差额(Differenzen)归因于纳税者的偷税漏税行为。这种现象在16世纪特别严重,例如:1370年时就有840万顷(等于4 800万公顷)的课田登记,但是到了1502年,却只有420万顷,1542年430万顷,等到了1582年又回升到700万顷(等于3 950万公顷)。1745年,在施行固定税额制30年之后,据说即有16 190万公顷登记额(参见 Biot N., *Journal Asiat*. 3, Ser. 5, 1838 und das. 6, 1838, p. 329)。

② 在1879年底的《京报》上载有已被授予第二等(文官)学位(即举人)因而充分具有任官的资格者的估算数额。此外,也提供了官职候补者——秀才与举人这两级分别都有一最高数额——的平均年龄及其可能年寿的估算数字。如果高龄及第者的人数相当高,那么秀才与举人这两级的官职候补者的数额就会太高,另一方面这数额则太低,因为必须加上凭借军中资历(特别是满洲人)而转任者的数目,此外,还要加上那些用钱买得任官资格的人。假如我们设想,同时在世的官职候补者的数目不是21 200,而是30 000,那么,假设人口是3.5亿,每11 000—12 000人才有一名官职候补者。在18个省份里(包括满洲),由一个独立的国家官吏(知县)领导的最低一级行政区(县)只有1470个。因此,在相同的假设条件下,大约每248 000居民才设有一名官吏。若将"按计划"(etatsmäßig)规定的独立的较高级的官吏也包括进去的话,那么每20万人方能有一个较高级的官吏。即使把一部分从属的、临时的官吏也算进去(例如德国的情况),3.5亿人口的国家也只需要1000个具有候补文官头衔(Assessorenrang)的行政、司法官员。如果我们把按家庭和居民数计算的中国警察也算进去,则数字则截然不同。根据萨哈罗夫(sacharov,教皇使节)用这些材料于1895—1896年所提供的数字(参见其著作 *Arbeiten der Kaiserl. Russ. Gesandtschaft*,由 Abel 与 Mecklenberg 翻译,柏林,1858),北京及其他两个地区出身的(因此不在这些地区任职)文、武官,于1845年约26 500人;1846年,员额内的现任官为15 866人,待命者为23 700人(两个很难统一的数字)。显然,不只是第二等及第者,连候补者及所有的满洲军官都被包括进来。

的职责而言,幅员相当于普鲁士一个县(Kreis)的辖区,即使是上百个官吏也无法治理好,而普鲁士的一个县,只需一个官吏就能治理好。帝国就像一个以最高祭司为首的由督抚管辖区组成的联邦。权力在形式上——只是在形式上——掌握在大的地方官吏的手中。帝国统一之后,皇帝们巧妙地运用家产制所特有的手段维持其个人的权力。官吏的任期相当的短,通常是三年一任,任满之后,必须转往他省就任。[①] 禁止官吏就任于自己家乡所在的州省,同一辖区内也同样禁止任用其亲属。此外,还有一个以所谓"御史"的面目出现的系统化的间谍网。然而,所有这些措施都不足以建立起一套精确而统一的管理。原因何在呢? 下面我们就来探讨。按照原则,在中央的合议机构里,一个衙门的长官同时必定是另外的合议体中的一员,而且从属于另一些衙门的长官。此一原则,既妨碍了管理的严密性,本质上又无助于统一。中央对地方的州省更是无可奈何。除了偶尔遇上强而有力的君主统治外,地方辖区都在租税征收上扣取自己地区的花费,并且假造土地账册。财政上"被动的"(Passiv)省份,例如部队的长期驻地或军械库所在地,则通过一套错综复杂的系统,从富裕的省份转运来物资。除此之外,中央和地方省份都没有可靠的预算,只有传统的拨款。中央当局对于地方财政缺乏明确的了解(其结果我们下面还会谈到)。直到最近几十年,州省总督还自行与外国列强缔结条约,因为中央政府缺少这方面的机构。正如我们下面即将指出的,几乎所有真正重要的行政命令,形式上是由州省总督来制定,而实际上却是由非官方编制内的僚属所拟定的。直到最近,下属的官府通常只将中央政府的敕谕看作是伦理性的、权威性的建议或期望,而不是命令。这是符合皇权的最高祭司与神性的本质的。此外,一眼便可得知,所有这些上级的敕谕,从内容上看,并不是命令,而是对政务执行的

[①] 对某些官职最高的官员而言,此一原则出于无法反驳的理由往往被打破。例如,李鸿章即做了数十年的直隶总督。虽然任期是容许以三年为一期来延长的,不过三年一任的原则至今仍严格执行着。

批评。当然,个别的官吏是可以随时任免的,但是中央当局并没有因此而得到好处。对中央当局而言,为了防止官吏变成封建家臣那样的独立的政治势力,官吏被禁止就任于故乡州省,并规定三年一调——如果不是调任他省,至少是调任另一官职。这些措施虽有利于帝国统一的维持,但其代价则是中央任命的官吏无法于其统辖的地区扎根。官吏(Mandarin,指清朝官吏)带领着他的整个氏族成员、亲朋好友与仆客,到了一个人生地不熟的州省去就任。他往往不懂当地的方言,一开始就必须仰赖译员的辅助。再者,由于对当地基于惯例而来的法规不熟悉,他很可能因触犯了这些体现神圣传统的地方法规而招致危险。因此,他必须完全仰赖于一个非官方身份的顾问的指导,后者是受过经典教育的本地人,精通当地的习俗,俨然是个"听取忏悔的神父"。官吏不仅尊敬这个被他称之为"先生"的顾问,而且往往对之言听计从。再者,"先生"不仰赖官方派来的、享有国家薪俸的、非本地出生的僚属,而仰赖非官方身份的一大批助手,并自掏腰包来供养他们。这些非官方的助手自然是从许多出生本地的官职候选者中挑选出来的。既然官吏举措无所适从,他就必须依靠这些尚未就任官职、但却熟知地方人情世故的人。最后,当他到一个新的州郡做官时,他也必须依赖州郡原有部门的各个主事,从他们那儿求取有关庶务与风土的知识。① 毕竟后者对于地方事务的精

---

① 这些主事通常最多不过六人。不过,只有省长、省法官和省司库是"总督"(Vizekönig)手下的政府重要人物。司库(地方财政长)原先是惟一的最高行政长,而省长是一位最后在当地定居下来的按察史(从前往往由宦官担任)。这两名负责财政与司法的官员是由官方任命的,其他各部门都是非官方的。其官方名衔为"牧人"(Hirt)的最低一级的官吏(县),也有两名秘书:一名负责司法,另一名负责财政。其上司,"府"的首长,具有总揽全局的、至少可具体举出的各种功能(负责水路、农业、种马饲养、谷物运送、士兵宿营以及一般的警政),然而其本质上被认为是一个向上级官府传达政情的中介性监督官职。相反,最下一级的县官则具有百科全书式的功能,因为他实际治理且负责一切。在大的州省中,特别有"道台"(Taotai)一职,负责盐税与道路工程诸事。在中国,就像在所有的家产制国家里一样,存在着负有特定的(ad hoc)的任务与权限的特任官。关于中国对于"法学家"(熟知判决例者)与律师职务的概念,参见 Alabaster, *Notes and Commentaries on Chinese Criminal Law*(本人如今已无从取得此书)。

通,要长他数年之久。其结果是显而易见的:实际的权力落到了非官方的本地僚属的手中,官方任命的职位较高的官吏无法修正和监督这些本地胥吏的政务。因此,由中央政府任命的地方和中央官吏,对地方的情况一无所知,更谈不上一贯且合理地介入了。

中国的家产制,为了防止封建等级制的复辟,亦即防止官吏从中央集权中独立出去,采取了一套举世闻名、成效卓著的办法:实施科举,以教育资格而不是出身或世袭的等级来授予官职。这对中国的行政与文化都具有决定性的重要意义。下面我们会谈到。但是基于上述条件,中央有关当局未能建立起一套精确的、正常运转的机制。妨碍这种机制正常运转的,还有产生于官僚阶层的根深蒂固的(部分由宗教决定的)等级伦理。关于这一点,我们在下面讨论到官吏之形成的篇章里将进一步加以说明。在中国,和西方一样,家产官僚制是个稳定的核心,并以此为基础而形成一个庞大的国家。合议机构的出现与"专管部门"(Ressort,或作管辖范围——译者)的发展,在中国与在西方都是典型现象。但是,正如我们下面所要提及的,官僚制运行的"精神",在中国与在西方,是非常不一样的。

四、公共的负担:徭役国家与租税国家

这种不同的"精神",有其相异的社会学基础。中国官僚制的精神是与公共负担的制度相关连的,而西方的官僚制精神则随货币经济的变动而发展。和其他各地一样,中国的部族酋长或君侯原先是分配到一块田地(公田 Kong tian,相当于荷马笔下的希腊的公田 Tenemor),由国人一起来耕作。"井田制"——八块正方形田地围绕着一块位于中央的国有田地——便是由此发展而来的。共同的徭役义务也来源于此,此后,由于水利工程的迫切需要,徭役义务的范围进一步扩大。田地的这种耕作方式,加上水利工程的管理,导致后来一再出现普天之下莫非王土的经

济特权思想,并且在术语上保存下来(有如在英国一般)。然而和埃及的法老一样,中国的皇帝很少能阻挡人们把土地划分成出租的王室领地与课税的私有土地。根据术语中个别残留的痕迹看来,租税一部分是惯常的礼品,一部分是被征服者的进贡义务,另外一部分则是皇权土地所要求的赋税:国有土地、纳税义务与徭役义务,长久以来以不固定的关系并存。以何者为主,要视不同的情况而定:包括国家的货币经济——如前所述,由于币值的缘故而非常不稳定——所达到的程度、国内安宁的程度以及官僚机器可靠的程度。

家产官僚制最初起源于对初潮(Vorflut)的治理与运河的开凿,也就是说,起源于建筑工程。君主的实力地位来源于臣民最初的为治水所服的不可避免的徭役,就像埃及与中东的情形一样。统一的帝国则来源于对在越来越广大的领域内统一治水的日益广泛的关注,对此的关注则与保护可耕地免受游牧民族之侵扰的政治需要相关连。中国的历史生动地说明了这点。根据传说,"神圣的"(传奇的)皇帝大禹,治理初潮,开凿运河。而中国第一位纯官僚制的君主"始皇帝",则被认为是运河、道路、要塞——特别是长城(实际上他只完成了一部分)——的最伟大的修筑者。这些建筑工程,不仅用于治水,还用于国库的、军事的、粮食供给的目的,例如从长江挖通到黄河的大运河,就是用来转运南方的贡米到蒙古大汗营建的新都(北京)的。[①] 据官方的记载,一次有5万名苦役同时筑堤,修筑的时间持续了好几个世纪,因为修筑工程是逐段完成的。连孟子也认为,较之租税,徭役是一种更为理想的满足公众需求的方式。君主根据占卜选定新都之后,便不顾其臣仆的反抗而要他们随之搬迁,这和中东地区的情形一样。流放者和半路上抓来的壮丁,看守这些堤坝和水闸,并作为修筑工事与开荒的部分劳动力。在西部边陲州郡的军队

---

① 官方的名称是:"运送贡物的运河。"参见 P. Dom. Ganda S. J. , *Le Canal impérial*, Var. Sinol. Heft 4, Schanghai 1894。

的劳力开垦荒地,逐步把沙漠变成耕地。① 这种单调的命运是一种可怕的重负,对此——特别是筑长城的苦役们——的哀怨可见诸现存的诗篇里。徭役往往几乎长达一生,妻子因缺少丈夫而感到不幸,儿女无人抚养。② 经典学说中极力反对君主像埃及那样,将臣民的徭役浪费在私人目的的建筑上。在中国,随着公共劳动在官僚制组织下的发展,这样的浪费亦与日俱增。另一方面,一旦徭役制度崩溃,沙漠便开始延伸至中亚地带,而辛勤开垦的耕地,如今已完全为沙砾所淹没。③ 与此同时,帝国的政治效能也随之开始动摇。史书中往往抱怨,王室的田地没有农民去耕种。只有少数卓越的人物才能统一地组织和领导这个徭役国家。

不过,徭役仍然是满足国家需求的古典的形式。是通过实物经济政策(徭役),还是通过货币经济政策(招标)满足国家的需要,这个问题,在17 世纪时,由于运河需要进行某些修理而在皇帝面前提出来讨论。最后决定以货币支付招标,因为否则的话,重整工程需要 10 年的时间。④ 在和平时期,政府则不断尝试派军队服徭役,以减轻百姓的负担。例如,一直到明朝的 1471 年之前,还规定运往京师的米粮,一半由军队运送,一半由平民运送。1471 年这年,则下令由军队单独负起运送米粮的工作。⑤

---

① 有关这方面的记载与拓地受领证,部分保存于 Aurel Stein 所收集的自土耳其斯坦(Turkestan)出土的文件(大约在公元前后)。在某些地方,土地的开垦,每日只有 3 步的进度(参见 Chavannes, *Les documents chinois découverts par Aurel Stein dans le sable du Turkestan oriental*, Oxford, 1913)。

② 参见 Chavannes P. xlff, a. a. o. 。

③ 在这方面,大多数人认为气候的变化也起了作用。但我们无法确定气候变化在其中所扮演的角色。无论如何,徭役制度的崩溃本身就足以说明问题了,因为只要不发生"经费"问题,这些地区仍然可以维持耕作。劳动者单靠从土地中获得的收成是绝对不可能维持自己的生存的,所获得的收成只能解决口粮问题,而口粮也许只是由某些农作物提供的。尽管这样,土地显然必须保持耕作的状态(政府给予大量的津贴),只是为了要供应守备军与使节不易运达的必需品。

④ 参见 P. D. Gandar, *Le Canal impérial*, Var. Sinol. 4, Schanghai, 1894, p. 35。

⑤ 直至 1471 年,明朝还有如下的规定:运至京城的谷物,一半由军队筹措,一半由平民筹措。在 1471 年,政府颁布一道命令:这些徭役完全由军队承担。参见 *yu tsiuan tung Kian Kang mu*, Delamarre ed., Paris, 1865, p. 351。

　　除了军事征召、徭役与贡赋义务外,中国早就有租税。诸侯国中的秦国很早(公元前 6 世纪)就废止了在国王的领地上耕作的徭役;到了公元前 3 世纪,秦国君主就成了整个帝国的第一位皇帝。

　　当然,捐税在很早以前便已存在。和世界各地一样,皇室的必需品分别由不同的地区以实物来提供,①此一制度的遗迹一直留存到现在。实物捐税制度,与家产制军队、官吏系统的创立有密切的关连。和其他地方一样,这两者都由国库来供养,并发展出固定的实物俸禄。不过国家的货币经济也时有进展。据文献记载,至少在汉代,大约在我们世纪之初,货币经济已大为发展了。② 伴随着货币经济发展的一般性趋势,还有临时性的徭役(特别是为了土木工程、快驿与转运)、实物与货币捐税、支付公用事业的费用以及为了供应宫廷需要的某些奢侈品的庄宅经济(Oikenwirtschaft)③等,还一直存在至最近。

　　这种向货币税发展的趋势,特别表现在地租方面——直到近代,地租仍是最重要的一种租税。关于地租的有趣的历史,本章不打算详述。④待下一章谈到农业制度的时候,我们再详细加以论述。这里,我们只想谈一谈中国的税收制度。和西方的家产制国家一样,中国的税收制度有

———————————

① 见本书第 10 页注②,10 世纪、11 世纪与 14 世纪的中央政府总岁入。根据史书,实物租税,就整体来说,是依距离京师的远近来调配的。例如,第一区(die erste Zone,离京城最近的地区)缴纳带禾草的谷物,第二区只缴纳谷物,然后每退一级就缴纳价值更高的、亦即劳动强度更高的物品。这是相当可信的,并且也符合其他的报道。

② 参见 Chavannes 所出版的 A. Stein 所收集的 98—137 年的出土物。根据这些出土物,军官的军饷是以货币支付的,然而士兵的军饷是否也以货币支付,仍是个疑问(Nr. 62),虽然士兵的军服至少部分是以货币购得(Nr. 42)。此外,某一佛寺的支出账簿上(虽然时间上稍后)也显示出一种完备的货币经济:例如以给薪的办法雇用工匠,以及其他所有的支付货币的开支(ebenda Nr. 969)。后来,以货币支付的这种情况出现了严重的倒退现象。

③ 1883 年,皇家的手工业工场就向宫廷提供了总价值为 40.5 万两(成本!)的丝绸与瓷器(见 1883 年元月 23、24、27、30 日,以及 6 月 13、14 日《京报》)。除此之后,尚有来自各省的实物贡纳,其中部分供宫廷所用(如丝、贵重的纸等等),部分供作政治用途(如铁、硫等)。1883 年,据 12 月 15 日的《京报》所载,山西省由于所必须缴纳的实物(除了铁之外)必须先自外购得,故向宫廷提出书面申请,要求以货币输纳,然未如愿。

④ 有关地租的情况,参见 Biot 在许多方面至今仍有用的著作 Nouv. Journ, Asiat. 3 Ser. 6, 1838。

时是相当不统一的,这是由于非投资于土地的资产对于幅员辽阔的帝国的管理及其税收技术而言是"看不见的"。随着时间的推移,这种相当不统一的税收制度逐渐发展为统一的税制,办法是将其他所有的捐税都转变为地租的附加税。政府之所以一再采取典型实物经济的措施,亦即通过徭役与贡赋尽量地满足国家的需要,其部分原因也许正是由于无法掌握这些看不见的财富。除此之外,也许真正首要的关键性因素,是通货极不稳定的状况。一般而言,所有统辖范围广大的家产制国家的土地租税,有两种发展倾向:

第一,将土地租税转换为货币租税,并且这种转换扩及于所有其他的负担,特别是徭役与其他的贡赋义务。

第二,将土地租税转变成一种分摊的租税,最后变成根据固定的配额由各州郡负责征收的固定贡税。这一非常重要的过程,我们已简单谈过。

满洲王朝治下帝国的和平安定,使宫廷得以放弃变动的收入,并导致 1713 年那道有名的敕令。此道敕令被誉为使 18 世纪的中国重新踏入盛世的泉源。此一诏书的目的在于使州省的土地租税义务转变成固定的捐税。关于这点,我们马上就会谈到。除了土地税以外,盐税、矿税以及关税,都纳入中央政府的收入。事实上,须向北京缴纳的税款,也是按照惯例固定下来的。只是与欧洲列强进行的多次战争,以及太平天国革命(1850—1864)所引起的财政上的困境,才使得在罗伯特·哈特爵士(Sir Robert Hart)杰出的财政管理下实行的"厘金"-关税(Likin - zölle,内地的货物关税——译者)成为帝国财政的主要支柱。

这种摊派租税定额的经济措施,引起了一系列的后果:徭役变得可有可无,乃至被废止,强制性的通行证与所有对迁徙自由的限制被取消了,所有对职业选择、房屋占有情况与生产方向的监督控制也停止了。所有这一切,导致了帝国的和平安定与人口的巨大增长。根据土地登记册数字(当然,部分是非常成问题的),中国每平方公里的人口密度是非常不稳定的,不过清朝初期的人口数与一千九百年前的始皇帝时的人口数并没有太大的差距。无论如何,十几个世纪以来,所谓的人口数均浮动于5 000万到6 000万之间,但是自17世纪中叶到19世纪末叶,人口数则剧增到大约3.5亿到4亿之间。① 中国人名闻遐迩的营利欲,无论是在大规模活动方面,还是零星买卖方面,都发挥出来,积聚起相当可观的私人财产。不过,这个时期也出现了非常引人注目的现象:

1. 人口与物质生活虽有惊人的发展,但中国人的精神生活却仍然保持完全静止的状态;经济领域里虽存在极有利的条件,但却丝毫看不到向现代资本主义发展的苗头。

2. 中国曾经有过的大量的对外输出贸易,并未重新活跃起来,反而只开放一个港口(广州)与欧洲人进行消极贸易(Passivhandel,入超大于出超——译者),且受到严格的监管。

3. 居民的内心缺乏对自己国家的资本主义发展的兴趣,因而并不谋求冲决上述的限制。

4. 一般而言,在技术、经济、管理等各领域里,都未见到有任何欧洲意义上的"进步"迹象。帝国的财政力量显然应付不了因对外政策上的需要所带来的沉重压力。

我们的中心问题便是根据人口不寻常增长这个事实——尽管有各种各样的批评,但毕竟无可置疑——对上述匪夷所思的现象作出解释。

这些奇怪的现象,既有经济上的原因,也有精神上的原因。我们先讨论前者,这是属于国家经济的范畴,因而本质上也就是政治的问题。

---

① 当然,这些数字是非常不可靠的。我们必须考虑到,1713年的租税妥协之前,官员的利益所在是在报告中将有纳税义务的人(当时是人头税)的数额减低或是固定。随着租税定额制的确定,此种做法被取消了(见下文)。尔后,情况恰好相反,官员们感兴趣的是吹嘘人口的众多。这样一来,只有神祇才会对告知它们的人口数感兴趣,换句话说,人口数越高,就越能证明某有关官员的神性。19世纪的某些数字(例如四川省人口的异常增长)是很值得怀疑的。尽管如此,Dudgeon在其 *On the Population of China* (J. of the peking Oriental Society 111, 3, 1893)一书中,毕竟计算出19世纪80年代中国14个省的总人口数为3.25亿。

政治-经济的因素和"精神的"因素一样,都是由中国居于领导地位的阶层——官吏阶层与候补官员阶层(亦即"官绅"Mandarinen)——的特性所造成的。首先,我们要讨论这个阶层的物质状况。

五、官吏阶层与按配额征收的赋税

如前文所述,中国的官吏原先是仰赖国库支付的实物俸禄,后来则越来越仰赖货币俸禄,并且持续不变。形式上,政府支薪给它的官吏,但实际上得到政府薪俸的只有一小部分担任管辖工作的官员。这样,薪俸往往只是他们收入中的一小部分,甚至可以说是微不足道的一小部分。官吏既无法赖其薪俸生活,也无法靠薪俸支付其义务内的行政开销。实际上的情形是这样的:官吏就像个封建领主或总督,负责向中央(下级官吏则向州省政府)上缴一定的租税额,而他自己则从实际征收来的租税与捐税中支付行政经费,并将余额留给自己。官吏的这种权力,虽很少(至少没有充分)得到官方的认可,但事实毕竟如此,并且确定了下来,这也是政府的收入靠配额租税制获得的结果之一。

1713年施行的所谓固定地租,乃是皇权对受俸官员在财政及政治上的让步。事实上,地租并没有因此转变成(像英国那样的)固定的土地租税,而是中央政府确定州省官吏所辖区域内每年的税收总额。王室在此总额中抽取一定的数额,算是州省的贡赋。这样,从效果上看,中央政府只不过永远规定了这些总督俸禄的纳税数额。这一措施的意义,从以下这种提法中可以看出:州省中的某些特定地区"有纳税义务",而其他地区则"免税"。事实上,地区的周期性人口统计就依此登记。当然,这并不是说,相应数额的人口是免税的,只是官吏并不将他们列入法定征税的范围之中。早在1735年,皇帝即下令废止人口调查中这两个范畴的区别,因为此乃无谓之举。

与一切家产制统辖这种天然的性质相适应,官吏从其所辖区内所得的收入被看作他的俸禄,事实上与其私人收入并无区别。[1] 食俸禄的官员绝不愿意将地租(或其他租税)合算成一总额向纳税人征收。事实上帝国政府也并不是真正想以这样的方式来固定租税。家产制惯有的原则是:官吏不仅必须从他的收入里支付其管辖区内的民政与司法事务上的开销,并且还必须自行支薪给他的幕僚。根据专家估计,即使是最小的行政单位(县),幕僚的人数都高达 30 到 300 人,而这些人往往是由人民中的渣滓来充任。如前所述,官吏只是个任职州省的外地人,没有这样的一批幕僚是无法进行管理的。他的私人费用与行政开支并无两样。由此可见,中央当局无法悉知各个州省的实际总收入,而州省总督也不了解地方府县的收入……

另一方面,纳税人奉行这样一种原则:对于非传统固有的任何捐税,采取坚决反抗的态度。他们在很大的程度上成功地做到了这一点。有关的原因,我们下面会谈到。官吏们对于一再试图扩大捐税的做法的反抗,本质上受到自己权力地位的制约,故而天生困难重重。不过,尽管如此,他们自有两种增加收入的手段:第一,他们可以加收至少 10% 的税款来作为征收的经费。第二,对于无法如期缴付者,也可以加征类似的税款,不管拖欠的原因是由于债务者有意或无意的,还是(经常都是)官吏有意造成的。再者,将实物租税转换成货币税,而货币则转以银纳,再

---

[1] 在最近的 30 年里,所有直接赋税的计划都遭到了失败,原因是这样做势必要对官绅的俸禄课税。家产制国家对官吏收入的看法,向来特别明显地表现在官吏的服丧的作用之中。自古以来,服丧的意义——服丧在中国官吏的家族中特别清楚地保持下来——在于使死者之灵的愤怒与忌妒避开那些在其死后占有其财产的继承者。姑不论原先其所有物的大部分(包括遗体及其他的陪葬者)皆应与之共赴黄泉这一事实,继承人在较长的时间里不得接近丧宅,也不许触及死者遗物,只能穿着褴褛的衣衫住在另外的茅屋里,放弃对自己财产的享受。如今,官职只被看作“俸禄”,而俸禄只被看作受俸者的私人财产,一旦发生丧事,负有服丧义务的官吏必要辞去官职。陆续不断的大量官职的空缺、大量官吏的暂时性无法就任、因服丧而失官所累积起来的官职补缺者,尤其是在发生各种流行病的时候,在政治上造成了非常麻烦的困境。因此,基于国家的利益,皇帝们轮流禁止服丧期的过度延长,或因畏惧亡灵,又再三提醒人们要服丧,若违反二者,则施以笞刑。李鸿章在其母去世的时候,曾被慈禧太后提出严厉的警告(虽然结果无效),要他告假回家服母丧,但不要因服母丧而辞退官职(见 1882 年 5 月 1 日《京报》)。

转成铜钱,而后又再改为银纳,所有变换过程中的兑换率,都操纵在收税者的手中。正是由于这个缘故,很有影响的人士莫不倾向实物租税,并且总是如愿以偿。

不可忽略的是,按照家产制的原则,官吏的每一项公务活动都必须以"礼物"来回报,法定的收费表是不存在的。官吏的总收入,包括这些额外的收入,起先是用来支付职务上的杂费及其义务内的行政支出。国家在内部行政上的支出只是总支出中的一小部分。再者,上级官吏的收入从直接掌握税源的下级官吏所征得的总额中抽取。下级官吏的任务,只是根据传统的清账册,将税款(通常数额并不多)上缴给自己的上司。因此,在其就任之时,以及逢年过节之际,他就必须尽可能地献上"大礼",以博取对其命运有决定性影响力的上司之欢心。① 此外,他还必须对其上司的没有官职的幕僚们礼数周到,给他们一大笔赏钱,因为他的命运也在他们影响所及的范围。假使他想如愿谒见上司的话,就连阍者的礼数都不可缺。此种赠礼层层上达,直至宫中的太监,而太监甚至向朝廷高官收索贡礼。光就地租一项,专家估计,官方宣称的税收与实际的税收,两者间的比率是1∶4。②

1712—1713年间,中央政府与州省官吏在租税问题上达成妥协。以货币经济形式达成的这项妥协,大致相当于西方的封建义务在自然经济形式下的固定化。不过,这其中仍有相异之处。首先,在中国,正像在所有特殊的家产制国家一样,关键问题是俸禄而非采邑。中央当局仰赖家产制国家所特有的受俸官吏——其俸禄来自支付公用事业的费用与征收的租税——提供的实物贡赋,特别是货币贡赋,仰赖他们的管理效率。而西方的诸侯,则仰赖自行武装的骑士的服役与军事作战能力。其次,

---

① 这种做法类似于美国的党魁们(die Bosses)向获胜的政党所选出来的首领所任命的官员课收租税一样。党魁们之所以这样做,乃是为了他们自己及其政党的收益。与中国有所不同的是,这些租税总的来说是固定的。

② Jamieson and Parker,参阅后者的计算与估量,*Trade and Administration of the Chinese Empire*,p. 85ff。

还有一个重要的差别。西方也有俸禄,规费俸禄与租税俸禄都有。它们最早实施于教会,后来家产制国家也起而仿效施行。而且,它们要不是终身俸禄(除非正式免职),就是像采邑一样的世袭性占有,甚至还可以买卖转让。作为俸禄基础的规费、关税与租税,则由特权或惯例加以固定。

在中国,如前所述,"按预算的"(etatmäßig,列入国家计划的)官吏是可以被任意免职或转任的。再说,一任的时间也不长。这样做的目的,部分(主要)是为了维护中央统辖的政治权力,同时——时有此例——也可以让出机会给其他的候补官员。[1] 官吏阶层,就整体而言,保证能享有来自俸禄的巨额收入,但就个别的官吏而言,其地位是朝不保夕的。取得官位得付出昂贵的代价(求学、买通、赠礼与"规费"),任官之后往往债务缠身,因而不得不在短短的任期之内尽其敛赋之能事。在没有固定的税额与保障的情况下,他可以趁机大捞一把。不用说,当官确实是为了敛财,只有在做得太过分的情况下,才会为人攻击。这一点从许多诏令里便可以看出。例如,根据1882年3月23日的《京报》所载,广东的一名官吏,在数月之内就聚敛了比惯常的数额多出(注意!)10万两的银子。福建的一名受雇的书记,也能买得江苏地方首长的职位。负责关税的官吏每年则能取得10万—15万两的收入。

不过,这种状况还产生了其他的和影响深远的效果。首先,中央统辖的权力地位,由于建立了官吏的调动制度而获得最有效的保证。因为在不断改组与机会转换的情况下,每一名官吏都竞相争取俸禄。这样,他们的个人利益就无法统一起来,与上级的关系也因此变得十分尴尬。中国官吏阶层的所有权威性的和内在的束缚,与此息息相关。当然,官吏中也存在着"党派"。他们因同乡关系,以及与此相关的、受教学派的固有特点而集结在一起。例如,在最近几十年里,北方诸省的"保守的"

---

[1] 这种看法特别明显地见之于1895年1月11日的《京报》所登的公告中。其中指责某些(低等)官吏把持俸禄三年以上,因而其他的官职候补人"轮不到机会"。

学派,就与中部诸省的"进步的"学派及广东省的"激进的"学派,相互对立。当时,皇帝的诏令里还提及同一衙门里尚有崇尚宋学者与崇尚汉学者的对立。不过,由于明文规定,在州省任职的官吏必须是外地人,而且不断地从一个省调到另一个省,加之中央当局也慎重地将互相敌对的学派成员和乡党成员,混合在同一个管辖区域和相同的职位上,所以,在这样的基础之上,至少不会发展出有可能危及帝国统一的地方分治主义。这种地方分治主义有完全不同的基础,我们下面就要谈到。另一方面,如前所述,官吏在上司面前所表现出的软弱,是用对下属的依赖换来的。此一俸禄结构的另一个更为重要的结果,是伴生出行政上与经济政策上极端的传统主义。此种传统主义,纵然可以从思想观念上进行解释——我们下面就要谈到——但也有高度"理性的"基础。

对传统的经济和管理形式的任何干预,都会侵害到起决定性作用的阶层的利益,影响到他们难以估计的进项和俸禄。既然任何官吏都有可能被贬到所得机会较差的地位,所以在这样的情况下,全体官吏团结一致地强烈阻止(至少和纳税人一样强烈)每一次改革规费、关税与租税制度的企图。在西方,各种所得机会,诸如海关收入、护送收入(中世纪时,以武装兵护送旅行者而向其课税——译者)、渡桥税、通行税、货栈税、道路税、手续费等等,均永久性占有,使得相关的利益一目了然。在通常情况下,确定的利益集团可以联合起来,借助武力或通过妥协与特权来解除种种沟通的障碍。

然而在中国,这是不可能的。位于最高支配地位的官吏阶层并不是个别地占有得利机会;得利机会毋宁是由可以任免的官吏所构成的整个等级所占有。他们集体反对任何的干预,并且团结一致,怀着极端的憎恨,迫害那些号召"改革"的理性主义理论家。只有自上或自下而来的暴力革命,才有可能改变这种形势。一般而言,任何改革都会危及到每个官吏现在或者未来的规费利益,无论这种改革措施是指以便宜得多的海路汽船来运送贡赋而取代通航于运河的河船之转运,还是指变更征税、旅客运送、请愿或诉讼之传统的解决方式。只要看看1898年由光绪皇帝所提出的一连串改革计划，我们便能明白，即使是部分实施，都将引起官吏收入情况的巨大变化。因此，改革毫无希望，这是可以估计到的，因为不仅有一股巨大的物质利益与之对立，并且也没有独立于这些利益团体之外而与利益无涉的执行机构来实现它。各州省的"分离主义"，尤其是财政上的分离主义，其根源就是这种传统主义。这是因为，任何统辖的中央化，都会极为严重地危害到州省官吏及其非官方党羽的俸禄。正是这个因素，使得帝国中央统辖的理性化以及统一的经济政策无法实现。

此外，认识到以下这点，具有重要的原则意义。纯家产制国家组织——大多数东方的国家都是这样的——的普遍命运和我们的预期相反，货币经济不但没有削弱传统主义，结果反倒强化了它。这是因为，货币经济与俸禄结合之后，为起决定作用的阶层创造了特殊的得利机会。一般而言，这些得利机会，不仅加强了他们坐食红利的思想（Rentnergeist）[1]，而且促使他们拼命维护现存的、他们参与的经济条件，因为这是他们利益的关键所在。我们发现，在埃及、伊斯兰国家与中国，随着货币经济的发展，国家的收入也相应地日渐俸禄化。正是由于这个缘故，所以，一旦俸禄的占有没有实现，在此之后，不消多少时间，就会出现我们通常所说的"僵化"现象。由此可见，这是东方家产制及其货币俸禄的一个普遍的结果：很典型的，只有在国土为武力所征服的情况下，或者成功的军事革命或宗教革命，才能够瓦解受俸者利益的这种强固的外壳，从而缔造全新的权力分配与新的经济条件。任何自内改革的尝试都必受挫于上述提及的阻碍。如上所述，近代欧洲是历史上的一个不凡的例外，首要的原因，在于缺乏一个和平化的统一帝国。我们还记得，正是这

---

[1] 关于坐食红利者（靠剪息票过活的人）的心态，可参见 E. H. Parker，*China，her History，Diplomacy and Commerce*，London，1901。"他是一个拥有2000公担（20万石）稻米的人"，意即他每年收入此一数额的息金；是否为富人，往往依此来划分。

个在世界帝国中阻碍统辖理性化的受禄者阶层,在战国时代却是诸侯国里统辖理性化的有力的促进者。可是,而后刺激消失了。这好比市场的竞争会迫使私人经济企业实行合理化一样,在我们西方和在战国时代的中国,政治权力的竞争迫使诸侯使国家的经济与经济政策理性化。另一方面,在私人经济的领域里,任何企业的卡特尔化,都会削弱作为资本主义经济灵魂的合理化计算;在国家方面,国家间的政治权力竞争的停止,则会窒息管理运行、财政与经济政策的合理化。存在于各战国诸侯相争时期的合理化驱动力,在帝国统一之后就不复存在。但这并不是惟一的原因。在中国,即使是诸侯相争时期,行政与经济的合理化进展程度,都比西方要小得多。除了上述所提的占有的差别之外,西方还有一些独立且强大的力量。诸侯的力量可与之结合,以破除传统的束缚;或者,在非常特殊的条件下,这些力量可以用他们自己的武力来摆脱家产制权力的束缚。决定西方之命运的五大革命正是如此:12 世纪与 13 世纪的意大利革命,16 世纪的尼德兰革命,17 世纪的英国革命,18 世纪的美国革命与法国革命。我们要问:中国为什么没有类似的力量存在?

第三章　管理与农业制度

中国人强烈的营利欲长期以来得到高度的发展,这是毫无疑问的。与非本族的不顾情义的竞争,其强烈程度,没有其他民族可与之相比。不过也有例外,例如批发商,特别是海外贸易商,他们的营业利益在伦理上受到了他们所属的垄断性行会的强烈限制。中国人的勤勉与工作能力一向被认为是无与伦比的。如前文所述,商人行会,较之世界上任何一个国家都要来得强而有力,其自主权实际上几乎是无限的。在欧洲人看来,中国人口自18世纪以来有了如此巨大的增长,贵金属的储备又不断增加,这应该是资本主义发展的大好机会。对这个本章中首先要讨论的问题,我们将不时回过来进行讨论。虽然我们在前面对资本主义未能发展这个事实的原因作了某些解释,但我们尚未找到令人满意的答案。中国在发展上的这一十分突出的现象,恰与西方形成尖锐的对比:以18世纪为起点的这一个时期,中国农村的农业人口,并不像在英国一样(相对地)有所减少,而是剧增;在德国东部,决定农村面貌的是大型农业企业,而在中国,决定农村面貌的却是愈来愈多的农民的小农经济,与此相联系,牛的存栏数非常之少,牛很少被宰杀(只是为了祭祀时供奉的目的才宰杀),也没有饮用牛奶的现象,"食肉"无异于是"高贵"的同义词(因为它意味着官员分享牲畜祭品的特权)。所有这一切的原因何在?

一、封建制度与财政制度

由于非汉学家所能利用的资料有限,所以想要描述中国农业制度的发展是完全不可能的。[①] 在本文里,我们所能考虑到的,只是那些能够说明中国国家制度之特点的农业政策上的问题。我们一眼就可看出,政府在军事与财政上的改革,决定了农业制度极其深刻的变化。正是由于这个缘故,中国的农业史所显示出来的,是诸种具有同样可能性的课税原则以及由此产生的对地产的处置方式单调的来回摆动。这种对地产的处理方式,自封建制度崩溃之后,便与农业内在的"发展"毫无关系。

在封建时代里,农民无疑是封建主的佃农,必须缴纳贡租与提供劳役。即使并非全然如此,至少对部分农民而言是这样的。到了始皇帝时代,他们显然保有一定程度的自卫能力。实情即便不是如此,也用不着忙下结论,以为他们是像西方那样隶属于封建领主下的"庄园农奴"。情

[①] 此处,我们不可能进一步讨论中国的史前史,特别是汉学家们所断言的中国人的原始游牧状态。当然,在先史时期,亚洲内陆的游牧民族就已不断地入侵与征服沿河低地。在面对农夫的优越的文化时,只有蒙古人曾一时地认真地保持自己作为游牧民的面貌,为此,他们一度禁止开垦京师一带的土地。另一方面,中国人一直不习惯饮用牛奶,这比任何传说都更能清楚地说明古老的锄耕文化与园林文化的连贯性。况且,驾犁仪式更是皇帝作为最高祭司长之仪式行为的一部分。以此观之,古代统治阶层的一部分或甚至全部,是否为游牧民族的后裔,这对文化的连续性来说一点儿也不重要。"男子之家"的存在(前述),与游牧状态自然毫无关系,它只是说明,在这些集体中,男人所从事的是狩猎与战争,而女人则从事耕作。中国人自古以来不饮用牛奶这个事实,与游牧的假设恰相矛盾。大牲畜是用来劳作或作为献祭品,只有小家畜才作为普通的肉食。

关于农业制度和与之相关联的财政制度的历史,参见: N. J. Kochanowskij, *Semljewladjenie i semljedjelje w Kitaje* (Wladiwostok 1909, in den Iswjestija Wostotschnawo Instituta d. g. isd. 1907/8 tom. ⅩⅩⅢ w. 2);A. J. Iwanoff, *Wang-An-Schi i jewo reformy* (S. Petersburg 1906)。可惜其他的俄文我无法弄到。此外,目前我也没有弄到 A. M. Fielde 所写的 *Land Tenure in China* (*Journal of the China Branch of the Royal Asiatic Society*, vol. 23,1888, p. 110),以及此一刊物所载的其他任何作品。

况毋宁是由于治水的缘故——像埃及与中东那样——而政治上屈服于王侯们的统治。被史书称作"兼并"(Kien ping)的情况，即农民由于受到战争的威胁与治安不佳，或由于租税与借贷造成的负债累累，而"簇拥"在有产阶层的庭院周围，投身为荫户(佃客)的现象，通常遭到政府强有力的反对。政府设法保障农民直接纳税的义务，以防止政治上具有危险性的庄园领主阶级兴起。然而，在汉代，根据确切的报告①，至少在一段时间里，地主是替他们的佃户缴纳租税的。军事"篡位者"王莽，和拥兵的君主始皇帝一样，试图提倡皇权土地所有制，以摧毁地主的这种地位。显然，他失败了。

我们对于中国在何种程度上具有西方式的庄园经济的萌芽一无所知。即使有这样一种庄园经济——如果能证实有的话——也绝不应该把它看作是一种典型现象，更不应该把它看作封建制度所造成的结果。因为对采邑采取的这种法律上的处理方式并不能让我们确定，它们(采邑)是否能成为具有西方特色的真正的封建领主土地所有制的基础。而非专家所能利用的资料，也不足以让我们确定耕地共同体(Feldgemein-schaft)的性质。耕地共同体是否以及如何与封建制度连结在一起，也是值得怀疑的。此种连结通常是一种典型的现象，②不过也可能和世界其他地方的情形一样，耕地共同体与封建制度之间的结合是出于财政上的需要。这一点本身也许是可能的。例如，在唐代，为了课税的目的(624年)，农民被编制成小的辖区(乡)。在这些以乡为单位的辖区里，农民被保证分配到一定的田地，这些田地可能是国有的土地。以上的事实毋庸置疑，因为此一制度也为日本所袭。在此情况下，退出所属的乡，或将土地转卖，都是允许的，不过要以加入另外一个纳税共同体为前提。当然，

---

① 参见 Biot 前引书中的描述。

② 参见 R. Leonhard 在史莫勒(Schmoller)的年鉴中，在评论 Lacombe 那本有价值、但却有点片面的书 L'évolution de la propriéte foncière 时的论述。他在这一点上的论述是正确的，其他方面，特别是任何有关古代的论述是值得商榷的。

在地主集团相对团结的情况下,这种现象(退出所属的乡或转卖土地)无疑是很少发生的。彻底地将百姓重新编制成息息相关的纳税、徭役与征兵的诸团体,必定出现这样的现象:出于财政的考虑,一再把耕作土地列为首要的义务,相应的土地"权"乃是这种义务的派生物。但是,这样的措施显然不会导致一种村落的——如日耳曼、俄罗斯与印度那样的——共有经济。西方情况下的那种村落公有地,在中国只能看作是一种属于遥远过去的现象,只能从偶有的暗示里才能推断出它曾存在。帝国的税制,并不是以村落而是以家族为其课税的单位。这包括家族里以 15 到 65 岁的有劳动能力的成员(丁)。最迟从 11 世纪开始,而且可能还要早得多,他们就被人为地联合成为责任团体。我们下面会提到,村落仍然是一个拥有广泛自治权的团体。这里,我们首先感兴趣的是以下这个与那些强烈的财政干预针锋相对的事实:原先可能只限于贵人的另一个团体①,远古以来便包容了整个(被视为有充分价值的)农村人口,而此种团体并没有被这些国库财政的规定摧毁掉。

可以肯定,几千年以来,一直存在着氏族的团结以及氏族首领的优越地位。中国古代的封建领主土地所有制很可能就是自其中产生出来的。如前所述,兵役以及可能所有的公共负担,起初都是分配给氏族的。从无数的类推和后代的变化结果来推论,我们可以指出,氏族首领负有分配赋税和劳役的责任。自从私有财产制度实施之后,亦即土地(或其使用)为个别的家族正式占有后,氏族首领的这种功能(根据 1055 年的传闻)就通常为最富有的地主所取代。而被委托去分派土地租税的"长老"(Senior)以及因此而获得聚集财富之机会的人,就是而后的地主,穷困的氏族成员则沦为他的佃农。此种现象还有其他许多众所周知的并行类型。此外,富者的这种"优惠"并不被认为是一种特权,毋宁说是一

---

① 如果 Conrady 的命题,即图腾团体曾存在于中国,能够被证实的话,那么,这点就可以确定。因为氏族的发展,看来普遍地采取这样的形式:新兴的统治阶层避开了本质上是平民的图腾团体。

种献金(Leiturgie,现代税收的前身)。某些人就企图以假造的土地买卖和分家来逃避这些负担。非汉学家无法判断除了氏族成员——通常构成一个要求有土地垄断权与拥有农奴的上等阶层——以外,是否还存在着一个非氏族的农奴阶层。在中国也一样,拥有奴隶是高等身份团体的一种特权。可以肯定,中国存在着农奴,并且原先大部分的农民可能都是农奴。公元前4世纪时,只有担任官职的官宦人家有权拥有农奴。农奴本人不纳课税(地租),也不服徭(徭役)。显然,除非他们获得租税豁免,否则他们的领主就得为其纳税。据史书所载,各个家族可以拥有"至多四十个"农奴。由此可以看出,当时的地主所拥有的土地与农奴的规模并不大。奴隶制在中国一直是存在的,不过,只有当货币资产靠着商业及国家买办而累积起来的时代,它才具有经济上的重要性:奴隶被大量作为债务奴隶和偿债奴工使用。关于这点,我们下面会谈到。

农业经济的决定性转变,显然一直是由政府发动的,而且与兵役及纳税义务的调整紧密相关。据史书所载,"最早的皇帝"(始皇帝)在全国销兵(解除武装)。此一政策无疑是针对他所要彻底镇压的封建领主的武装势力的。但是,从导致他的王朝的覆灭的起义过程看来,一直到那时,广大的农民阶层仍旧是能作战的,正如德国在农民战争结束后解除武装之前的情况一样。因为汉朝的创建者和其他的反叛者都是农民,并且至少也依靠其氏族的武力。同时,始皇帝也实行了"私有制",此后中国则一再地重申实行这种制度。所谓的私有制,是指将土地分配给农民家族(是哪些家族则无法确定);拥有土地的农民免除既有的赋税(也不知指哪些);国家新立的赋税则直接向农民课征。农民承受的这些国家负担,一部分是捐税,一部分是徭役,一部分则是应皇帝之家产制军队的征召。往后的发展则决定于政府对防卫、徭役与农民赋税能力的关注、取舍程度。其中重要的是,以各种实物来纳税,还是以货币纳税;与此相关的,军队是招募百姓所组成的,还是由佣兵所组成的。最后,政府以怎样的技术手段来使人民履行这些义务,①这点尤为重要。

所有这些组成部分的变化,以及贯穿于整个中国文献中士人学派间的对立,在很大的程度上都与这些治理技术问题有关。11 世纪初,当蒙古人的侵略风暴席卷而来时,此种对立更加显得尖锐。对当时所有的社会改革者而言——就像对格拉古兄弟一样(Gracchen,公元前 2 世纪罗马的政治家)——中心的问题是如何维持或重新建立一支有足够战斗力的军队来迎战西北方的蛮族,以及如何取得所需的财政手段:是以货币的方式,还是以实物的方式。中国为确保农民缴纳各式的贡赋所采取的典型(而非中国特有的)手段,造就了负有连带责任的强制团体(由 5 家或 10 家组成),以及将地产占有者依其财产划分为数个课税的等级(例如划分为 5 个等级)。此外,政府还一再试图维持和提高具有赋税能力的农民的数目,以防止财富的累积和耕地抛荒或粗耕。不仅如此,政府还不断努力限定财产的最高限额,将土地拥有权和有效的耕作联系起来,开拓居地,并在每个耕作农民皆可分配到平均耕地的基础上重新分配土地——有点类似俄国的“份地”(Nadjel,指十月革命前由地主或村社分给农民的土地——译者)。

由于测量技术太差,中国的税务管理在土地的再分配以及土地登记方面都遇到了重大的难题。惟一真正科学的“几何学的”著作②,是从印

① 例如,在儒教的模范国鲁国里,在一段时间里曾公布当时的每一土地登记单位(64 井)所承担的义务:战车 1 辆、马 4 匹、牛 10 头、甲士 3 名、步卒 64 人。显然,这种登记是以这样的假设为出发点的:与有关的土地登记单位连结的氏族会自行认课,为国家提供兵力与军饷。不得已时采取直接的强制性招募,毕竟是辅助性的。我们将在下面指出,印度如何在类似的情况下形成俸禄庄园领主制。我们也将指出,在其他的情况下,军队的应召直接扩及个别的家族。鲁国的情况表明,鲁国已不再实行向封臣征兵的制度,而进入到由家产制君侯来征兵的最初阶段,也就是说,废除了作为一种军事体制的封建制度。欧洲也出现过类似的现象,Delbrück 曾对这些情况与欧洲封建军队的关系作过极佳的描述。

② Suan fa tong tsang(《算法统宗》,明朝程大位所著),参见 Biot, *Journ. Asiat*. 3 *Ser*. 5,1838(描述根据《文献通考》〔*Wen hian tong kao*〕)。

度人那儿借过来的,这显示出当时中国不仅缺乏三角测量的知识,而且个别耕地的丈量甚至都难与古日曼的测量技术或罗马的农田测量技师(Agrimensor)真正原始的技术相比。惊人的测量错误——与中世纪的银行家的计算错误不相上下——简直是家常便饭。中国的测量单位"尺",虽经始皇帝的改革,但显然在各省仍旧不一。皇帝尺(等于320 mm)通常是最大的,但还有 255 mm、306 mm、315 mm、318 mm 到 328 mm 为一尺的各种尺度。田地丈量的基本单位是亩,理论上,1 亩地是 100 步×1 步,后来是 240 步×1 步的长条地,1 步有时相当于 5 尺,有时相当于 6 尺。如以后者计,以 1 步为 306 mm 为基础,这个条形地等于 5.62 公亩,100 亩为一顷,则等于 5.62 公顷。在汉代,12 亩被认为是一个个人所必需的,用俄语来说,就是按人口分配的份地"Seelen‐Nadjel"。每亩能产 1.5 石稻米。根据最古老的记载,在周文王统治时代(公元前 12 世纪)以前,是以 50 亩(即 3.24 公顷)为个人份来计算,其中 5 亩(即1/10)是为国库收入耕作的公田(王土)。因此,每个人占有 2.916 公顷的耕地被认为是正常的。然而,此项记载完全不可信。[①]

　　数千年(或更久)以来,家庭,而不是田地单位,才是一个征税单位,如前所述,计算的基准也许就是丁,亦即家庭中的劳动成员。[②]　土地则大致划分为"黑土"和"红土"(很有可能是灌溉地或非灌溉地),因此而分别为两个课税等级。或者,根据休耕的程度划分为:1. 不休耕地,即灌溉地;2. 三年轮种地;3. 牧草地。根据最古老的记载,一个家庭正常拥有的土地,灌溉地为 100 亩(5.62 公顷),三年轮种地为 200 亩(11.24 公顷),牧草地为 300 亩(16.86 公顷)。这和以每一家庭而非每一耕地单位

---

① 我们必须始终注意,据 Chavannes 所译书,中国历史的第一个相当可靠的年代是公元前841 年。

② 按今日的计算,一个五口之家,靠 15 亩(约 85 公亩)的耕地——并非完全精耕细作——勉强可以过活。对我们而言,这仍然是个几乎低得令人难以置信的数目。

为基础的统一税制相适应。有时由于家庭的大小与年龄构成的差异,导致将大家庭安置于良质耕地上而将小家庭置于劣质耕地的想法。究竟实施到怎样的程度,当然大有疑问。可以确定的是,人口的迁移被认为是将生活水平(营养状况)、徭役及赋税能力平均化的方便法门。不过,整个正规的税赋课征不太可能以这种可能性为基础。5世纪时,人们曾以是否拥有耕畜来区分家庭:拥有耕畜的(Spannfähig)和不拥有耕畜的家庭。不过,这种按耕畜的多少缴纳人头税的制度(畜制 Tsu-ystem)经常为各式各样的纯地租制度(土制 Tu-system)所替换。而在公元前360年,秦国根据宰相商鞅的建议,实行了按产量比例来课税的地租制度。此种税额相当可观,传说是生产量的1/3到1/2,这说明君主权力之强大和农民的软弱无力。但是,据史书所载,尽管税额如此之高,土地的耕作却因农民的私利反倒繁盛起来。我们发现,后代有规律地制定较低的税率(从产量的1/10到1/15),或根据土地的质量来课征各种实物,例如章帝统治时期(78年)和(看样子)4世纪,税赋均基于这种相当粗略的土地分类。最后,是以钱币纳税。例如766年,每亩课以15钱。780年,由于年成不佳,货币贬值,税务机构被迫征收实物租税,这造成了无止境地滥用职权的后果。我们经常发现,国家在建立货币财政管理上的尝试失败之后,就一再地转而求助于这种实验。这种做法的目的显然是为了保持一支军事上的确有用的军队,亦即领军饷的军队。到了930年,在后唐篡位者的统治下,税制的形式改变了,各类作为赋税征收来的实物被"卖回"给了有纳税义务的人。其结果是可想而知的。最重要的,是缺乏一个可以信赖的税务官僚体制,而宋朝于960年即试图开始建立这样的体制。Pao tschi 在其987年的呈文中,以阴暗的笔调描绘出纳税义务者大批逃亡的情景,而王安石在神宗治下(1072年)想要进行全面性土地登录的企图也无法实行。直到神宗统治快结束的时候,大约尚有70%的土地税率还没有制定出来。1077 年的预算表明①,货币收入已超过实物收入,不过距离以货币为主的预算还差得远。13 世纪的纸币经济和公元前 1 世纪章帝时代(Tschangti,原文可能有误,应为公元 1 世纪——译者)铜钱的贬值一样,导致货币的崩溃,最终又返回到以实物纳税的经济。只是到了明朝,我们才看到有巨量的银、大量的谷物收入和数量颇多的丝。满洲人统治下的帝国的和平局面(部分是由于蒙古人被佛教驯化的结果),加上 1712—1713 年的租税配额决定,致使租税下降。19 世纪前半期,租税都固定在产物的 1/10 的低税率中,"耕地义务"的最后一点遗迹,连同对土地耕作的监督,都一并去除了。最近数十年的皇帝谕令中,都禁止再要十家之长(保长)担负起赋税的责任。②

　　但是,在始皇帝以来的 2000 年中,土地耕作义务,对所有的"丁"(有劳动能力者)以及所有负有徭役义务者,并不只是一种理论,而是明摆着的事实。同样的,氏族的徭役和赋税的责任团体,以及由这些团体形成的以十家为一组的次级团体,土地拥有的固定最大限额,移居的权利,均是非常明显的事实。既然租税与徭役是以家为单位摊派的③,财政当局便鼓励甚至强迫百姓分家,以便尽可能地提高负有纳税义务的单位数目。如前所述,这已成为一种通例,因为建立起土地丈量的系统是非常困难的。分家对于中国的典型的小农经济的形式可能有相当大的影响,不过,从社会的角度上来看,此一影响力毕竟还是有限的。

　　诚然,所有这些措施妨碍了规模较大的经营单位的产生,但是,从事实的结果来看,却促进了古老的农民氏族的团结。这些古老的农民氏族是土地所有制的代表者,当皇帝要求土地王有时,他们则要求有使用的

---

① 参见 1883 年 6 月 14 日《京报》。

② 同上。

③ 有关日本的家庭表(Hausliste)及其所属的持份地,参见 Nachod 在其所著日本史中所作的描述,Pfluk‐Hartung 所编《世界史》第三卷。

权利。这些氏族①事实上是纳税责任团体的骨干②。所有按照俄国份地原则使财产平均化的企图都失败了,原因在于缺乏有效率的管理手段。11 世纪时的"国家社会主义的"实验,以及后代某些君主的尝试,都只是出于国库收入的考虑。这些改革所遗留下来的,显然只是一种对中央政府的任何干预的强烈反感。在这点上,地方上的官职受禄者与各阶层人民是一致的。例如,10 世纪时,中央政府要求,所有剩余的徭役与租税(而不是一定的数额),除了地方上所需要的以外,都交由中央自由处置。但这通常只有在非常坚决果断的皇帝治理下,才能收到暂时性的效果。而在一般的情况下,这种要求总是遭到失败。最后,如前所述,在满洲王朝时被迫放弃。说了这些以后,也许还须加以强调此一农业政策与国库收入政策的某些方面,以便能描绘出一个完整的图像来。

在农业经济里占有特殊地位的,首先是供朝廷使用以及外贸需要的养蚕制丝,其次是"水田"(即灌溉的)稻作。前者是园艺栽培与家庭手工业劳动的一种古老行当。据史书所载,在 5 世纪时,农民在其家政中必须依其土地配额种植及生产定额的果树及蚕丝。后者也许是所谓的"井田制"之真正的或者甚至是原初的基础。在中国作者看来,井田制是一种典型的、纯正的国家土地分配制度。③ 其基本单位是一块正方形地,每边三分为九部分,中央的那一部分则由周边八家共同为国家(或为地主)

---

① 所谓 10 家,是指由每 10 个氏族组成的团体。政府一再试图以家庭或个人取代氏族来纳税,这种努力到后来才成功。

② 虽然俄国的著述者试图在中国的标准份地里重新发现俄国村落份地的现象,但我们不应该忘记,村落共产主义(Dorfkommunismus),只有在俄国的条件下,特别是在村落联合会的纳税担保(Haftung)下,才会产生,它是这些纯粹由国库利益决定的措施的产物。而在中国,这种担保似乎不曾存在过。

③ 据说,"井田"制来源于中国的井字,因为井字意味着将一正方形划分为九等份。不过,除此之外,至少还有其他的原因:对于水稻种植来说,灌溉沟渠和管道、为田筑堤以防长期的洪水泛滥,这些都是必不可少的。在亚洲各地(例如在爪哇岛),这意味着占有关系(Appropriationsverhältnisse,指土地占有关系)的完全彻底的改革,尤其意味着国库财政的干涉。对国库财政来说,给水系统(Wasserzuleitung)是发展农业不可缺少的基础。不过,这个通常被认为相当古老的井田制度,很有可能是从氏族成员原先耕种氏族首领的土地合理地发展而来的。

耕作。这种制度不可能普遍地推广,不仅由于其内在的不可能性,并且也与史书所载之土地所有权的发展互相矛盾。晋朝(东晋 Tsin)于 4 世纪时"废除"井田制,这也许意味着完全以租税代替"王田"制度。"废除"井田制与(明知毫无成效地)"恢复"井田制就这样变来变去。可以肯定的是,井田制只是地区性的,无疑,它基本上实施于水浇稻田,只有偶尔被扩展到旱地。无论如何,历史上,它并不像某些人所认为的那样是中国农业的基本制度。它不过是古老的公田(王田)原则的一种形式,偶尔适用于水稻田的耕作。

虽然农业制度发生了各种各样的变化,但王族采地与授封采邑仍占有一种特殊的法律地位。如果子孙能胜任应尽的义务,则这些采地通常会被一再地终身封授。显然它们部分是用来作为俸禄,授给战士以维持生计,或根据法令,在战士 60 岁归隐之时,作为他的终老财产(Altenteil),就像日本的"隐居"(inkyo)那样。这些军事采邑,按照战士的级别而分等次,最早出现在 1 世纪以及 7 世纪到 9 世纪之间,一直到明代仍在起作用。在满洲人统治下,它们衰微了,或者毋宁说,被满洲人的"旗地"取而代之。同样的,在各个时代里,官吏都被政府授予职务田(Dienstland),以取代实物供给,特别是在作为实物供给之基础的仓储制度衰落之时。有些军事采邑是负担各种赋役的平民小采地,这些赋役义务包括治水、修路、架桥等徭役,就和罗马土地法(lex agraria)所规定的一样(中世纪规定的赋役名目更多)。在中国,这种地产状况在 18 世纪时又重新确立起来。①

此外,土地的分配在始皇帝创立的所谓"私有财产制"之后,经历了各种各样的变化。在国家内部发生严重骚乱的时代里,可以看到大庄园领主制的兴起。这是毫无防卫能力和贫困化的农民自愿投靠和对农民强行买占所造成的结果。拥有田产之最高上限的主意,自然又将农民一

---

① 居住在大运河沿岸且负有护河赋役义务的人民,在太平天国之乱中扮演了相当重要的角色。

再地束缚于乡土,或毋宁说束缚于共同责任团体之中。在形式上,这些干预本质上决定于国库与徭役的需要。因此,在某些较早的初步尝试之后,东晋王朝在 4 世纪即宣布土地为国家所有。据载,其根本性的意图在于全面地整顿徭役。

所有从 15 岁到 60 岁的人都有均等的"个人"份地,以及——在理论上!——每年都重新分配土地的想法出现于 3 世纪的三国分立时代。当时,将土地租税与每一丁的份地——起初是每一份地——的人头税结合起来的相当粗略的制度,导致民众普遍的不满。485 年(北魏太和九年,均田令颁布——译者)及 7 世纪时的唐代(初期颁行的均田法),均田制与其说在理论上,毋宁说在"社会政策上"略有变化,带有社会福利政策的性质(为独身老人、伤兵及类似的人员提供帮助)。以此,世袭的和类似于中古初期巴登州的日耳曼部族公社共有耕地(badische Allmendäcker)那样的可以转承的产业,或由等级决定的产业,便可以各种方式互相结合。例如,624 年,唐王朝准许每户有一定数量的土地作为世袭财产,并容许每户按人的多寡而增加耕地。在此基础上制定出纳税单位,包括谷物贡租及徭役,它们部分是累积的(渐增的),部分是交替的(二者择一的)。11 世纪初,法律上许可的地产按等级来分类。如果土地不足时,则允许迁徙。当时北方还有许多可以开垦的土地,所以此一政策至少暂时尚有可行的余地。如果因为迁徙,或者可用的耕地超出标准量时,也准许土地自由买卖。此外,只有是"真正穷困"(例如欠缺丧葬费用),才可将土地首先卖给自己所属的氏族。事实上,土地很快地就自由买卖起来,特别是 780 年施行的新的税制,再一次削弱了政府对于人民承担军事及徭役之能力的关心,在这种情况下,想要均田的企图终归失败。如前文所述,所有这些措施,都与国库收入和军事上的需要有关连。均田政策一旦失败,政府只有干预佃租的敛取来保护农民的利益。10 世纪时,政府再三重申,禁止为私人的利益而征调劳役,特别是禁止征人传信与强迫供给驿马。免除徭役的官吏则趁此机会大发横财和聚积土地。

因此,1002 年便制定了官吏所能拥有的土地的最高限额。据史书所载,由于所有这些干预,地产具有非常不稳定的性质,再加上预先给地产规定的赋役义务,更是极大地妨碍了土地的改良。赋役国家总是饱受国库收入与军事机能失调的威胁。这些困难多次激起土地改革的尝试。例如,11 世纪时,王安石主要出于军事财政上的考虑提出了著名的改革方案。让我们对这一改革尝试的原因作一番考察。

二、军队组织与王安石的改革尝试

正如始皇帝在其告谕中一再宣称的,他之所以要解除全国的武装,目的在于创造全国的持久和平。据传说,为了达到此一目的,官吏于 36 个郡中收缴兵器,并将之熔铸为大钟。不过,边境上的要塞仍须有重兵把守。因此,百姓被迫轮流到边境城镇和皇陵工地上服军役和徭役(理论上是一年)。统一帝国的建立,如前文所述,并没有减轻平民的负担;相反,随着帝国建设的需要,百姓被迫承担沉重的徭役负担。军队本质上仍旧是一支职业军队。这样的一支禁卫军则造成一种长期不绝的内战。因此,汉代便试图以一支强募来的军队取代(至少是补充)职业军队。每一名年满 23 岁的男子须服一年的常备兵役(卫士 Wei schi)和二年的民兵役(材官士 Zai huang schi)。弓射、骑马、驾驶战车等的训练,一直安排到年满 55 岁为止。徭役的义务是每年一个月,准许雇人顶替。这些组成一支强大军队的计划,到底实现到何种程度,很值得怀疑。总之,6 世纪时,人民的徭役负担是很沉重的。官方规定,每个家庭在每年的秋收之后,都要派一人服 10 天到 30 天的徭役。除此之外,还有军事训练,以及到遥远的西部边境服兵役。中国诗词中特别伤叹的,就是后者所造成的家庭多年的流离分散。如前文所述,唐代施行地产“改革”之际,徭役增加了,免于课租者要服长达 50 天的徭役。传说,有时为了大规模的河川工事,就有上百万的人同时被征集。按照规定,百姓有服兵役的义务(民兵义务),但这显然是一纸空文,只会阻碍建立一支具有技术效率的军队。宋代的常备军,除了"近卫军"以外,尚有由地方军队和民兵组成的两个编队,但它们一旦融合之后,便告瓦解。当时,为增补"近卫军",便强行征募(至少在某些州省是如此),并且在士兵身上烙上印记,这和近东地区于1042年所施行的一样。根据所有可供使用的记载,人们可以看出,军队的核心完全是由雇佣兵所组成,他们主要仰赖于定期发放的军饷,而这种雇佣兵的可靠性是很成疑问的。1049年,也就是国家经常受到西北蛮族入侵威胁的时候,由于长期财政危机,政府被迫裁减军队。在这种形势下,王安石试图通过一种理性的(合理的)改革,以建立一支足够的、能使用的国家军队。他所进行的被人们称作"国家社会主义的"改革尝试,从狭义上讲,有点类似(即不完全相同于)埃及托勒密王朝所进行的改革尝试,后者基于高度发展的货币经济,施行了垄断的银行政策与谷物仓储政策。

实际上,王安石变法的目的,是想在中央当局领导下,有计划地支持和调整谷物种植,垄断和有计划地处理谷物的销售,同时以货币税(钱输法制度 tsian-schu-fa-System)代替徭役和实物捐税,以此获得财源和资金,以便建立一支庞大的、有纪律而训练有素的、直接由皇帝支配的国家军队。[1] 按照理论,每两名成年男子之中就有一人必须应征。为此,建立了户籍登记制度,并恢复十家连保的制度(保甲法),以被选出的长老为首,负责惩戒与分派夜间轮流值勤任务。此外,被分派到地方民团的应召者,则由国家配给武器(弓箭)。国家还购买马匹,并把它们分配给经过体检适合当骑兵者,由他们使用和照管。这些马每年接受一次检查,马的接受者,视其完成任务的好坏,有可能得到额外津贴。

在以前,国家的库藏由实物捐税来充实,并以赋役方式分摊给地主。这使得地主们几乎破产,并导致任何可以想得出的巧取豪夺。现在,国

---

① 见王安石的奏章,Iwanoff, p. 51f。

家仓储交到领有薪俸的官员的手中,并建立在货币经济的基础之上,服务于制度化的经济管理。管理当局以实物或货币的方式贷款给农民(利息为20%),并预支给他们谷物种子(青苗)。地产则重新估价并重新分配等。租税、徭役(抹子 Mo zi,泥瓦活)与个人持份,都由地产等级来决定。徭役可以用货币取代,但人们不愿这样做,宁愿用货币税所得雇用劳工。除了实施货币税以外,谷物买卖的垄断是改革计划的核心,并一再地以各种各样的形式出现。政府在收成的时节,以廉价购得谷物,加以储藏,而后以前面提到的借贷的方式分发出去,此外还可获得投机的利润。政府通过主要由训练有素的司法人员所组成的专业官员实施改革。这些专业官员草拟并做成由地方官府所呈报的年度预算,在经济上统一管理财政。

王安石的反对者(儒教徒)指责这一制度,他们认为:

1. 它具有黩武主义的性质;

2. 武装人民,诱发叛乱,因而危及官吏的权威;

3. 排除商业,将会危害到赋税的能力。

除了以上三点以外,他们特别抨击皇帝的"谷物暴利"(即要付利息的苗贷)以及货币税制的实验。[①]

王安石的改革在起决定性作用的一点上失败了,即:组织军队的企图。其原因无疑在于缺乏一个有效的管理机构,此外,在当时的农村经济组织下不可能很快地征收到货币税。王安石于1086年死后被封为圣徒,受人供奉,而在12世纪,对他的供奉连同圣徒的称号统统被取消了。11世纪末,军队的核心仍旧由雇佣兵组成。文人阶层在其俸禄利益受到威胁之时,是懂得如何去破坏专业官吏系统之建立的。须知,文人阶层的利益是整个改革斗争中的决定性的力量。皇太后们(die Kaiserinnen)

---

① 参见苏轼反对王安石的两份奏章(见 Iwanoff a. a. o. p.167ff., 190f.),以及其他反对者(其中有司马光)的异议(同上书,第196页)。

打一开始便对改革采取反对的态度,因为太监们早就见到此一新秩序对其权力可能带来的危害。[①]

王安石的改革在关键点上虽然失败了,但是却留下了深刻的印迹。中国的"自治制度"正是通过我们已多次提及的十家、百家连保的理性化而保存了下来,其残存的影响至今犹在。

往后,政府仍一再地干预土地所有的分配。1263年,在与蒙古人作战时,政府为了筹措资金,便以发行国家债券的方式,没收超过100亩田限的所有土地资产。往后的时期是,时而施行的没收充公(浙江于明朝初年大约只有1/15的土地为私人所有),大大增加了国有财产。国家仓储制度(均输 tsiun-schu)本身是古老的[②],甚至在王安石改革之前就已相当重要。自15世纪起,此一制度采取了永久的运作形式:秋冬之时,收购谷物;春夏之时,则将之售出,这逐渐成为调节物价的一种措施,有利于促进和维持国内安定。起初,收购并非是自愿的,而是强制执行的:在正常情况下,农民被迫卖给国家的粮食,为全年收成的一半左右,然后被折算为租税。税率在1/15到1/10之间大幅波动,也就是说,税率是很低的。如前所述,汉代的正常税率也是相当低的,不过,额外的徭役必须考虑进去。因此,将税率加以详细的分析描述是没有必要的,因为它们并不能表示出真正的租税负担。

三、国库对农民的保护及其对农业状况所造成的结果

国家在土地改革上的种种努力变动不定,导致以下两个结果:合理的大型农业企业无法产生;整个农村人口对于政府在土地所有与土地利用上的干预,抱有深刻的疑虑与反感。众多的中国财政学家所主张的自由放任说(die laissez-faire Theorien),越来越受到农村人口的欢迎。当

---

① 以上诸点皆与内部管理的结构有关,将于下文加以讨论。
② 据说,早在8世纪就有储存丝与麻的仓库。

然,控制消费与预防物价膨胀的政策,仍不可避免地要继续保留。此外,则只有政府保护农民的政策受到民众的支持,因为此一政策反对资本主义的积累,亦即反对将通过官职、包税与贸易所积累起来的财富变成土地资产。正是民众的这种情绪,使国家有可能立法(我们已讨论过一部分)深入干预富者的资产。这项立法,起源于专制政府与封臣及贵族氏族(早期惟一具有充分资格服兵役者)的斗争,其后则一再用来对抗资本主义式的庄园领主制之复兴。

如前所述,干预的方式发生了很大的变化。据史书所载,秦国(始皇帝出身之国)在秦孝公在位之时(公元前361—前338年),其宰相,士人卫鞅(后来也叫商鞅)曾教他"最高的智慧",即教他"如何主宰封臣"之术。卫鞅教给秦孝公的治国办法包括:改革税制,以普遍的地租来取代土地耕作的徭役;分散地产。后者的做法是:强制分割家族共同体,分家后给予租税奖励,努力生产者免除徭役;实行户口登记,严禁私下斗殴。这是对抗庄园领主制之兴起与保持的典型手段,同时也是典型的鼓吹人口增殖以利国库收入的政策。如前所述,立法时有变动:政府时而把无地的农民交给大地主,以限制他们的迁徙自由,并准许他们投靠为农奴;时而重新解放他们。不过总的说来,保护农民的倾向是明显的。485年,北魏王朝统治时期,政府显然是出于增殖人口的考虑,准许出卖过剩的土地。为了保护农民起见,后代政府下令禁止土地买卖,特别是在653年,政府下令禁止富有者买占田地。此一禁令的目的,和1205年颁布的禁令的目的不谋而合,后者同样禁止土地买卖,不准卖地的农民作为买主的农奴滞留原地。后面这两条规定,可以让我们充分地认识到,在颁布这一禁令之时,甚至更早以前(根据其他的记载),事实上可以出让的土地私有制就已存在。这类禁令的目的,在于防止土地私有制的进一步发展,就像世界各地也往往发生的情形一样,特别是早期的希腊城邦。例如在雅典,曾出现了这样的现象:经由贸易或政治途径所积累的货币资产,急于寻求土地投资的机会。其做法是将欠债农民的土地买来,并将他们当作债务奴隶、隶属的佃户,役使于买来的小块田地上。然而,上述这些单调的重复,还不足以说明一部真正的"经济史"。到目前为止,我们还缺乏有关价格、工资等起决定作用的资料。从上述一切中我们可以看出,在数百年之久,甚至可以说是 1 500 年之久的漫长的时间里,土地的占用(Bodenappropriation)具有非常不稳定的性质。地产权的这种极不合理的状况,有其深刻的原因,即国家出于政治、财政上的考虑,要么任意干涉土地所有权,要么放任不管。文人阶层反对制定法典,其强调的理由是,一旦人民认识到自己的权利,就会唾弃居领导地位的各个阶级。在此情况之下,维护作为自助团体的氏族的团结,乃是惟一的出路。

因此,中国现代的不动产法,除表面上具有现代的特征之外,还留存着极其古老的结构的痕迹。① 土地的转让(只需通过转让土地证书),由于普遍的土地登记而获得很大的方便,但是,按照国库的规定,任何地券的买卖都要经国家的主管部门收取手续费和盖印(税契)。然而这一规定经常受挫于民间的阻碍。同样,按照国库的规定,取得这些营业执照、土地登记抄本与支付租税后的收据,被看作是拥有资产的证明。每一份卖契(Mai ki)都包含有这样的条款:资产变卖"是基于真正需要货币,并用于合法的目的"。如今,这个条款不过是一句空洞的套语。不过,要是我们把它跟前文提及的 485 年的明文规定联系起来进行考察,肯定会得出这样的结论:土地买卖,原先只有在"真正穷困"的情况下才被准许,而且事先必须由亲戚主动提出购买;可是到了如今,这种程序纯粹只是一种形式而已。此外,卖主(在某种情况之下,甚至是卖主的子孙)还有一个在今天看来是"不道德的"习惯,即在穷窘之际,根据单契(tan ki,"billet de géminance"②)要求买主追加一次或数次的付款,作为

---

① 此处,满洲卫成部队的旗田,以及负有赋役义务的边防军队、临近运河与公路的居民所拥有的世袭性土地俸禄,并不在考虑之内。

② P. Pierre Hoang 如此翻译,参见其 *Notion technique Sur la Propriété en Chine*, Schanghai, 1867 (Variétés Sinol. 11/20)。

"善施"①。

在中国,像在西方古代的城邦国一样,典型的土地买主,是债主或拥有货币的富人。然而,土地所有权起初是与拥有收回权(Retraktrecht)的氏族联系在一起的。因此,土地转让的本来的民族形式,并不是将土地无条件地永远地卖掉,而是保留着再度买回(销卖 hsiao Mai)的权利——这种紧急交易情况遍布于世界各地。此外,土地转让也采取世袭租赁的形式,因为世袭的佃农只持有田面(tien-mien),他只是表面的拥有者,而土地的所有者则持有田底(tien ti)。通常适用于农地的是典押收益权(Antichrese,即典当 tien-tang);而抵押权(Hypothek,即抵押ti-ya)通常只用于都市的土地。

农业制度的所有其他的现象,均着眼于一个方向,即着眼于拥有土地的氏族与拥有货币力量的土地购买者之间的斗争,家产制官方则基于国库利益的考虑对其加以干涉。《诗经》(Schi - King)与汉代史书中的官方术语,和罗马法一样,只区分私产与公产、耕种皇田的官方佃农与耕种私田(民地 mien ti)的纳税者。不可分割的和不能转让的祖产(用作墓地与维持祖先祭祀的田地)是家族财产。② 嫡长子及其子孙,是家族财产的合法继承人。不过,在家产制取胜之后,包括土地在内的所有财产,在法律上自然分配给所有的子嗣;承嗣者的支配权不过是伦理上的责任,就像 Fideikommiß 一词本意所指的那种权利(Fideikmmiß 本意为:不可分割、不能转让的财产权,即受益权终了时,仍由法定继承人继承——译者)。最后,租赁的形式包括局部租赁、实物与货币租赁,租赁人可以通过支付一定的"保证金"来获得永佃权。从农田租赁契约有惯常模式中可以看出,租赁人与西方古代及南欧的租种小块土地的世袭隶农(Colon)并无两样。并且,获得永佃权的佃农有耕作田地的义务,而且通

---

① 并且,这是法律规定的!法官虽然会回绝买主的诉状,但通常"劝告"买主不要太冷酷,而应付款了事。只有有势力的人才可能例外(参见 Hoang a. a. o.)。
② 祖田在《京报》里经常被提及。

常负债于土地出租者。典型的土地出租者,与我们前文所说的完全一致,是一些大地主,他们将其分散各处的田地分租出去以谋利。特别明显的是氏族共同体,它继承或购入无数分散的小农地,并将它们的营业证书保存与登录于特殊的档案[①]和财产目录中。[②] 在土地登记册中,所有的田地都登录在一个共同体的特殊名号之下,[③]就像为所有的子公司成立一个母公司一样,[④]悬挂在堂屋上的匾额书写的是同样的名号。家族通过其长老对世袭佃农进行统治,跟西方古代、南欧的封建领主或英国的乡村地主(squire)一样。通常,古老的大家族,以及由于经商和从政而致富的暴发户,在家族共同体里牢牢地保持住他们的财富与世袭的地位。很明显,这是古代贵族优越的等级地位被家产制瓦解之后产生的一种经济上的代用形式。

一直存在到今天,而且有相当规模发展(只可惜我们无法确切统计)[⑤]

[①] 参见 Hoang a. a. o. , Appendi XXIII , p. 119。我们已经提到,佃租相对而言并不是非常多见。除了 1205 年下达的普遍禁止世袭隶农制的禁令以外,征收佃租的困难似乎是最主要的因素。

[②] 参见 Hoang a. a. o. p. 12, Nr. 31 p. 152, 157f。

[③] "永和家"即为一例。

[④] 纳税登记册与地籍簿制度的模式,首先由 Bumbailif 在其简讯 *Land Tenure in China* , *China Review* 1890/91 中加以阐明。土地纳税登录单位是指某个氏族拥有的土地财产,在制作登录簿时由氏族首领将之登记于氏族祖先的名下。如果当时氏族已经分家,则登记当时每个家庭的土地情况。即使在土地分开或土地易主的情况下,原先的登录号码及其名称仍旧保留下来,只需注明由谁(哪个家庭)缴纳租税或部分租税。10 个(或 10 个左右)氏族首领组成一个十人集团,根据古老的法律,十人集团现在仍须共同为租税作担保。此外,十人集团还负责氏族的治安。此一十人集团也拥有集体的耕地(Gemeinschaftsland),它由氏族的首领轮流管理(或出租)。每个氏族首领负责征收其氏族的租税。凡是未能在十一月十六日以前呈送缴税凭证者,十人集团有权没收其农地。如果某一氏族的管家筹措不到应缴纳的租税,那么祖田便会被没收。十人集团的人员组成是会变更的。上述的那则短讯提及:某一氏族(或部分族人)之长,曾提议与其他另外九位氏族首领重新组成一个十人集团。氏族所拥有的财产的大小是非常不同的。同样,为了某些原先的军事与赋役负担,好些个十人集团被联合成为一个百人集团。有关氏族的详情,参见下文。

[⑤] 诚然,有些土地贵族的领地(指有些相连接的土地)总合起来达 300 公顷,不过,个别领主的土地单位基本上不超过这个数目。最近我才读到的 Wen Hsian Liu 的(法兰克福)博士论文 *Die Vorteile des Ländlichen Grund und Bodens und seine Bewirtschaftung in China* (Berlin , 1920)也没有列出数字来。

的庄园领主制只有部分是渊源已久的,而大部分是由分散的小块农地所构成。庄园领主制一直存在至今,并且在以前可能要更发达,与此制度相关连的,是家产制国家典型的永佃权(Kolonat)。在中国,这些采邑地主的权力受到两种特有情况的严格限制:氏族的势力(我们马上就要谈及)以及国家统辖和司法的软弱无力。一个采邑地主,如果想要肆行其权力,则很少有机会能迅速得到司法上的支持,除非他有私人的关系可凭借,或者利用贿赂买通官府。但是,当国家官员试图为采邑地主从佃农身上榨取租税时,他就必须小心谨慎,就好像他是在为自己榨取租税一样。因为所有的动乱,都被认为是神秘灾祸的凶兆,一旦引起中央政府的忧虑,这个地方官就会丢官。地主和佃农的这些非常独特的习惯表明,此一情况防止了对佃农的过度榨取。小生产的这种巨大的劳动强度①,及其在经济上的优越性,表现为很高的地价②与农业信贷利率的相对低廉③。技术上的改良,由于土地极度的零碎化而无法实行。一句话,尽管货币经济有所发展,但占统治地位的仍旧是传统。

社会平均化的倾向是与家产制官僚化相适应的。与种稻的劳动密集技术相适应的农业生产,几乎完全操在小农的手里;手工业生产,则操在手工匠的手里。土地的分割继承,最后则大大加强了地产的民主化,虽然在个别的情况下,由于共同继承的缘故,此一过程有所放慢。拥有几公顷土地被认为是一笔可观的产业;而拥有不到 1 公顷(15 亩相当于85 公亩)耕地,即使没有园艺耕作,也认为足供一家五口的生计。

社会制度的封建成分,至少在法律上说,已失去其等级的性质。直到最近几十年,官方的报告里还经常提到农村的"显要人士"(Notabeln,原为法国 14 世纪到大革命时期的知名人士——译者),并把他们视为社

---

① 除一年有将近 15 个官方规定的节假日以外,没有任何的"星期日休息"。
② 大约在 20 世纪初,平原地区的精耕细作田地,每公顷叫价 3 000~4 000 马克(这还没有把高出西方许多倍的货币的购买力计算进去)。据说,收益约 7%~9%(更正确地说,应是"劳动收益",因为依据手头的数据,随着土地质量的上升,此一"地租"的百分比就下降)。
③ 农业方面是 8%~9%,而中小商业与工业则为 12%~30%。

会上起决定作用的阶层。但是,这些在村民的眼里德高望重的"乡绅"(Gentry),并未享有国家保证的(相对于下层社会而言)的地位。按照法律,家产制官僚机制直接统领小市民与小农民;西方中世纪时的那种封建的中间阶层,无论在法律上还是实际上,都不存在。

直到近代,在欧洲的影响下,中国才以特有的形式产生了具有西方特点的资本主义依存关系。为何如此?

第四章　自治、法律与资本主义

一、资本主义依存关系之缺乏

在各国竞相争夺政治权力的战国时代里,似乎存在一种通常由政治决定的、诸侯作为出资者与供货人的资本主义。这种资本主义,不仅见于古代中国,而且亦普遍出现于其他家产制国家。它产生于相同的条件之下,不仅具有很重要的意义,而且利润似乎不低。矿业与商业也都是聚积财富的源泉。据说在汉代已有(以铜钱计)亿万富翁。但是,当中国在政治上统一为一个世界帝国之后,就像罗马帝国所统一的全世界(Orbis terrarum)一样,这种本质上由国与国之间的竞争所确立的资本主义就衰退了。另一方面,纯粹从市场需要出发、以自由交易为取向的资本主义,则还处于萌芽阶段。

在工商业内部,无论是在中国还是在其他各地,商人的地位显然要高于技师。这在合作经营的企业里也一样,下文会述及。商人的这种优势地位,从商业公司的利润分配表上即可明白看出。地方与地方之间的工商业往往也获得可观的投机利润。虽然自古以来就有对于农业这一神圣职业的古典敬重,但这种敬重并不妨碍人们早在公元前1世纪就作出如下评价：手工业比农业有较高的赢利机会，而商业的赢利机会最高（《犹太教法典》(*Talmud*)中也有类似的说法)。

然而这并不意味着是近代资本主义发展的开端。西方中世纪城市中朝气蓬勃的市民阶级所发展出的那些风格独特的机构，要么是至今仍根本不存在于中国，要么就是展示出一种完全不同的面貌。在中国，缺乏资本主义"经营"的法律形式与社会学基础。在中国的经济里，未出现理性的客观化倾向，而在意大利的城市里，商业法无疑体现了经济的这种理性客观化的开端。在中国早期的历史里，氏族对其成员的担保可能是个人信用发展的端倪。这种氏族对其成员的担保，在租税法与有关政治罪犯的法律里保留下来，但并未进一步发展。当然，在拥有财产的阶层里，有以家族共同体为基础的、继承人所组成的营利团体。此种团体所扮演的角色类似于西方的家庭合股公司，这是后来(至少在意大利)孕生出的"公开的贸易公司"(Offene Handelsgesellschaft)的母体。而在中国，这种由继承人所组成的营利团体，在经济上具有完全不同的意义。在像中国这样的家产制国家里，具有官吏和捐税承租人双重身份的官吏，最有聚积财富的机会。例如广州的海关监督与关税承租人(Hoppo)，就以拥有极大的敛财机会而闻名。他头一年的收入20万两用于买官；第二年的收入用来"送礼"；第三年的收入则据为己有[根据《华北先驱报》(North China Herald)的报道]。退休的官吏将其或多或少通过合法途径获得的财富投资于土地。其诸子为保持财产权利，以共同继承人的形式保持继承人的团体，并以此共筹资金，使家族的某些成员得以进学，为他们创造获取有利可图的官职的机会，以此再度增加共同继承者的财富，并理所当然地为其氏族成员谋取官职。于是，通过政治性的财产积聚，便发展出一个放租小农地的土地贵族阶级。这个土地贵族阶级(Patriziat)，虽然并不稳固，也不具有封建的或市民的特征，但时时伺机进行纯粹政治性的官职剥削。因此，在家产制的国家里，具有典型意义的，主要并不是理性的经济活动，而是(除了商业之外——它同样导致赢利的货币用于土地投资）内政的掠夺性资本主义，它不仅控制着财富积累，而且特别控制着土地的积累。如前所述，官吏是以操纵赋税来聚敛财富的，也就是说，他们恣意地规定货币兑换率，而此兑换率又是纳税义务换算成通货的基准。科举考试也受到这种制度的影响，因为它为官僚机器提供官职的候补者。因此，科举名额总是被重新分配在各个省份，只有在例外情况下才会限制固定的配额。所以，中止某一地区的科考，是对参加科考的名家望族的一种最有效的、经济上最严重的惩罚。显然，家族的这种营利共同体，是与理性的经济经营共同体的发展背道而驰的，特别是此种共同体是受到家族的严格约束的。这就将我们带入到上面一再提到的氏族团体的重要性的话题上。

二、氏族组织

氏族，在西方中世纪时就已经完全失去了意义，但在中国则完全地被保存于地方管理的最小单位以及经济联合会之中。并且，氏族发展的程度，是世界其他各地，甚至是印度，所不能及的。高高在上的家产制政府，遭到来自下面的氏族强大对抗势力的抵制。直到现在，所有政治上具有危险性的"秘密团体"，有相当一部分是由氏族所组成的。[1] 村落往往以在村落里独有的或占优势的氏族来命名。[2] 有时乡村就是氏族的联盟。古老的界石表明，土地并不是划归给个人，而是划归于氏族。氏族共产制在相当大的程度上维护着这种状态。村长——通常是支薪的——是从人数最多的强大氏族中选拔出来的。氏族的"长老"从旁协助这位村长，并有罢免他的权力。但是，个别的氏族，这是我们必须首先讨论的，要求有权独立处罚其成员，并能贯彻此一要求，尽管近代的国家

---

[1] 例如太平天国之乱(1850—1864)的核心。据《京报》所载，太平教创始人洪秀全的氏族，一直到 1895 年还被视为秘密团体而遭到迫害。
[2] 根据 Conrady 前引书，张家庄就是"张氏家族之村"的意思。

统治权对此不予正式承认。只有皇族对其成员的司法权与家内权(Hausgewalt)才受到官方的承认。

氏族的凝聚,无疑仰赖于祖先崇拜。氏族抵制家产制统辖所作的种种粗暴干涉包括机械地建构责任团体(即保甲制——译者),强制性地迁移,重新分配土地,以丁(亦即有劳动能力的个体)为基准来区分人民。

祖先崇拜是一种民间崇拜。它无须由政教合一的政府及其官吏操办,而纯粹由家长(作为家里的祭司)在家族襄助下办理。所以,它无疑是一种古典的和悠久的"民间祭祀"(Volkskult)。甚至在远古的尚武时代的"男子之家"里,祖先神灵似乎也扮演了某种角色。顺便提一下,"男子之家"似乎与真正的图腾崇拜并不一致。这提示我们,作为最古老的组织形式的男子之家,可能是从扈从性质和由此而来的君侯及其扈从的世袭神性中演化来的。① 不过,不管怎样,在历史时期里,中国民众最根本的信仰是对于祖先——虽然并不止于自己的祖先,但特别是对自己的祖先——的神灵力量的信仰。② 仪式与文献证实了对于祖先神灵的信仰,祖先的神灵充当的是将子孙的愿望呈现在天灵或天帝面前的中介角色。③ 中国民众相信,以祭品来满足神灵与赢得他们的好感,乃是绝对必

---

① 也许在有些地区同时存在着两种形式的男子之家:"合伙的"(genossenschaftliches)和"隶属于领主的"(herrschaftliches)男子之家。总的来说,Quistorp 在前引书中所收集的笔记较多地谈到了前一个类型的男子之家,这无疑是正确的。但是,尽管这样,后一种类型的男子之家毕竟是存在的:传说中的皇帝尧在祖庙里将政权禅让给他的后继者舜。有位皇帝以封臣们的祖灵之怒来威胁他们。Hirth 在其《中国古代史》(Anc. Hist. of China)中所列举的例子(某位皇帝因治国无方,其祖灵即要他对此作出解释),以及 Legge 在其所引书第238页中所提到的例子(《书经》[Schu-King]里的商王盘庚的讲话),同样说明后一种类型的男子之家的存在。Conrady 在其所引书中列举了图腾信仰的遗迹(虽然重要,但并不能使我们完全信服)。

② 前文提到的要从宽对待被推翻的王朝的最后一代子孙,乃是基于祖灵不可被干扰的顾虑,毕竟,作为前一个王朝的皇帝,他们曾经是显赫一时的(参见 1883 年 4 月 13 日与 7 月 31 日的《京报》所登载的明朝遗族代表 Tschang Tuan 有关开垦明朝祖先地的抗议)。下面我们即将提到过继养子的问题(Adoptionen)以及前述为死后无子嗣者所行的国家祭典。

③ 参见《书经》所载周公的讲话(Legge,p. 75)。他为患病的皇帝向祖先(而非向上天)祈祷(据《书经》即《尚书》中的记载,武王患病,周公为他向太王、文王与王季之灵祈祷,参见 Legge, p. 391ff)。

要的。皇帝祖灵的地位几乎是与天灵的护卫同列的。① 一个中国人若没有男性的后裔,就一定得采取收养义子的方式,如果连这点也办不到,那么他的族人就会在他死后为他立一个虚构的养子。② 这么做并不是为他本身着想,而是为了他们可以因此与他的魂灵相安无事。这些至高无上的观念的社会影响是显而易见的。首先,它极大地增强了族长的权力③,其次,加强了氏族的团结。在埃及,是死者崇拜而不是祖先崇拜支配了一切,氏族的凝聚在官僚体制与国库政策的影响下被打破,与后来美索不达米亚所发生的情形一样。在中国,氏族的影响力持续增长,直至可与政府的统治权力(politische Herrengewalt)相匹敌。

原则上,一直到现在每一个氏族在村落里都有其祭祖的祠堂。④ 除了祭祀的设备外,通常还有一块书写着氏族所公认的"道德准则"的长方形木牌(匾)。事实上,氏族拥有为其成员立法的权力,此一权力不仅具有超越法律(Praeter Legem)的效力,而且在某种情况下,甚至在宗教礼仪问题上,还具有抗拒法律(Contra Legem)的效力。⑤ 氏族在对外问题上是团结一致的。虽然除了刑法外并没有连带责任,但是,只要有可能,氏族总会为其成员清理债务。在长老的主持下,氏族不仅可以对其成员

---

① de Groot 在论证其天人合一观时指出,上天之灵被当作是同侪之首(primus inter pares)。1898 年 9 月 29 日《京报》所刊登的公告,以"祖先神灵"的名义,谴责了皇帝与康有为(当时)受挫的改革尝试。上天除了考察个人的功绩之外,还要考量其祖先的功绩(de Groot, *The Religion of the Chinese*, New York, 1910, p. 27, 28)。也许由此衍生出儒教的学说:上天在一段时间之内静静地观察某一王朝的罪恶,直到它完全退化之时,才会加以干预。当然,这是一种相当随便的"辨神论"(Theodizee)。
② 不过也有因为危及对生父的祭祀而取消过继的情形(见 1878 年 4 月 26 日的《京报》)。
③ "杀父"被认为是一种非常可怕的(处以"凌迟"〔Langsamer Tod〕,慢死)的事件,有关的省的省长因此——就像遭遇天灾一样——而丢官(见 1894 年 8 月 7 日的《京报》)。1895 年,一醉汉杀死了自己的祖父,他的父亲也一并受罚,因为他没有教会儿子"忍受长者哪怕是最严厉的责罚"(见同年 7 月 12 日的《京报》)。
④ 有时支系氏族也有自己的"低一级的祖祠"。
⑤ 根据古典的礼仪,只能在氏族内部过继养子。不过,各家法对此的处置,即使是在同一个村子里,也是很不相同的。古老的礼仪的某些方面几乎普遍地被废除了,例如儿媳现在不仅按照官方的规定为其公婆服丧,而且为自己的父母服丧。同样的,现在"重丧"也不只对亡父——如官方所规定的,而且对亡母。

施行鞭打或者除名——这意味着褫夺公权,而且像俄罗斯的米尔(农村公社)那样,还可以宣布惩罚性的放逐。时常发生的消费借贷的紧急需求,基本上也由氏族内部来解决,氏族中有产的成员,当其他的成员处于困境的时候,理应伸出援助之手。当然,在经过无数的叩头之后,族外的人也可得到借贷,因为没人敢招惹鬼魂的报复——万一这个走投无路的人自杀了的话①。似乎没有人是自愿偿还债务的,尤其是当债务人知道自己的背后有个强大的氏族支持着。然而,不管怎样,在氏族内部,最初有明确的规定,即氏族有义务救助急难和借贷给急需用钱的成员。必要时,氏族会与外界进行械斗。② 此时,当个人的利益与私人的亲密关系受到危害之际,族人义无反顾的勇猛恰与政府军——由强募来的新兵或雇佣兵组成——的"怯懦"(经常被人提到)形成最强烈的对比。同样,必要的话,氏族会提供药物、医师与丧葬的料理,抚恤老人与寡妇,特别是设立义学。

氏族拥有财产,尤其是地产("祖产",氏田 Schi tien)③,富裕的氏族往往拥有广大的捐助田(Stiftungsland,用于慈善目的的义田——译者)。氏族以出租的方式(通常三年开投一次)来利用这些族产,但变卖它们只有在 3/4 的族人同意下才得实行。利益所得则分配给各家之长。典型的分配方式是:所有的男子与寡妇各得一份;59 岁以上者两份;69 岁以上者三份。在氏族内部,奉行着世袭神性与民主相结合的原则。所有已婚男子都有平等的投票权;未婚的男子则只有发言权(没有表决权);女

---

① 因此,A. Merx 的译文很有可能是对的,他的译法是"什么人也不指望",而不是"什么也不指望"。同样的,此处是害怕对神的"呼喊";如发生自杀,则害怕走投无路者的"幽灵"。

② 械斗的原因,除了租税分摊与血亲复仇以外,主要是风水(亦即土占)所引起的近邻间的冲突。下面我们将会谈到,任何建造,特别是建造新的墓,都会危害到既有墓地中的祖灵,也可能会引起山石、溪流及丘岳之灵的恼怒。由于双方对风水十分重视,想要调停这类的械斗几乎是不可能的。

③ 例如 1883 年 12 月 14 日的《京报》报道了以 1.7 万两购入 2 000 亩(1 亩 = 5.62 公亩)田地的例子。此外,该报还强调指出,除了提供祭祀所需外,还须资助孤儿和寡妇,以及用田租来支持为儿童办的学校。

人完全被排除于氏族会议与继承权之外(她们只享有获得嫁妆的权利)。管理委员会是由长老组成的,每人代表氏族里的各个家族。不过,长老由全体族人每年选举一次。长老的作用是收取年金,使族产增值,分配收入,最重要的是照管对祖先的供奉、祖宗祠堂与义学。卸任的长老依据年龄等级提名后继人选,如果当选人拒绝,则推举年龄仅次的人。

迄今,经由买卖或租佃所获得的土地,是氏族共同的财产,依照惯例,它们被分配给各家的家长。官绅、商贾,或其他最终搬离农村的族员,可得到部分补偿,还可得到一份家族登录簿的摘录作为证明。他们还服从氏族的司法管辖权,并能买回他们的持份权。只要旧有关系仍占主导地位,世袭的土地很少会落入外人之手。独立的纺织手工业,由于妇女从事家庭纺织业、织布业与裁缝业,尤其是因为妇女也销售她们的成品,①因而只能维持在一个有限的范围。帽子和鞋袜大多也是家制产品。氏族不仅在经济上有力地支持其成员,而且大力关心家用的自给自足,因此限制了市场的发展。就社会而言,氏族是其成员(包括离家在外,特别是住在城市里的成员)生存的根本保障。② 之所以如此,显然是由于以下的因素:

1. 对于个人而言,氏族是最为重要的祭典(特别是一年两度的祖先祭典)的承担者和家长们必须记录的家谱的对象;

2. 迄今为止,低利贷款给学徒与缺乏资金的雇佣劳动者,以使他们成为"独立的"(自营的)手工业者,仍被认为是氏族应该做的事;

3. 如前所述,氏族的长老们挑选出他们认为够资格的年轻人进学,并供给这些年轻人应举前的教育、应试以及买官等所需的费用。

如前文已概述的那样,"城市"对于大多数的居民而言,从来就不是

---

① 有关这方面的情况,可参照 Eug. Simon, *La cité Chinoise* (Paris, 1885)以及 Leong und Tao, *Village and Town Life in China*, London, s. a. (1915)。

② 据1899年10月12日的《京报》所载,直至1899年,政府还三令五申地指出,到国外但仍分享祖田的人,不许当"身份不明的人"看待。

"家乡"(Heimat),而毋宁是个典型的"异乡"(Fremde)。城市,如前文所述,由于缺乏有组织的自治而有别于下文即将谈及的乡村。可以毫不夸张地说,中国的治理史乃是皇权试图将其统辖势力不断扩展到城外地区的历史。但是,除了在赋税上的妥协外,帝国政府向城外地区扩展的努力只有短暂的成功,基于其自身的统辖力有限,不可能长期成功。这是由统辖的涣散性(Extensität)所决定的,这种涣散性表现为现职的官吏很少,这决定于国家的财政情况,它反过来又决定财政的收入。事实上,正式的皇权统辖只施行于都市地区和次都市地区。因为在这些地区,它不用面对在这些地区以外所遭遇到的、强固的氏族血缘纽带的对抗,在与商人与工匠的行会打交道时它可以有效地发挥作用。出了城墙,统辖权威的有效性便大大地减弱,乃至消失。因为除了势力强大的氏族本身以外,皇权的统辖还遭遇到村落有组织的自治体的对抗。由于城市里也住着许多农民,而且这些城市多数是"农耕者的城市"(Ackerbürgerstädte),所以城市与乡村只存在管辖术上的差别:"城市"就是官员所在的非自治地区,而"村落"则是无官员的自治地区!

三、中国村落的自治

在中国,乡村聚落①的出现是出于安全的需要,而缺乏任何"警察"概念的帝国疲软的统辖是根本无法满足这种需要的。最初(现今也常见),村落是作好防御准备的:它们不但像古代城市那样,有栅栏的防护,而且通常还有城墙环绕。村落雇有拿报酬的看守人,所以村民可以免除轮番警卫的义务。村落有时聚居数千人口,它们与"城市"②之差别,仅在于它们有自己的组织去执行这些功能。这个执行机构便是村庙,因为中国的法律及农民的思维习惯缺乏"社团"(Korporation)的概念,所以村庙自

---

① 由于遗产分派的结果,个人财产往往是由5~15块土地构成的错落分散的地产。
② 如上所述,在城市里,行会往往篡夺了自治的各种各样的职务。

然而然地成为村落的主要代理人。近代,村庙里所供奉的通常是受大众欢迎的神,祇之一,[1]例如关帝(战神)、北帝(商业神)、文昌(学业神)、龙王(雨神)、土地(非古典的神,一旦有人死亡,就必须向他告知,以确定死者在冥府里的品阶),以及其他诸神。至于庙里供奉的究竟是哪位神祇,显然无关紧要。就像在西方的古典时代,庙宇的"宗教的"意义[2]仅限于一些仪式的进行以及个人偶尔的祈祷。除此以外,庙宇的意义在于其世俗的社会与法律作用。

　　和祖宗祠堂一样,庙宇也有财产,特别是地产[3],通常也有货币财产以供借贷,但利息往往不低。[4] 货币基金主要来源于传统的市场税:几乎与世界各地一样,市摊总是受到地方神的保护。庙田也和祖田一样,是放租的,一般而言,放租给无产的村民;由此而来的田租收入,以及庙宇的全部岁收,同样由包租者每年承包,扣除了经费之后,所获纯利则分配给大家。庙宇的管理职务主要是由若干家的家长组成的一个头领班子担任,一家一家地轮流负责管理。以此之故,村落划分为 100～500 人的若干居住区。除了这些管理人之外,还有村落的"缙绅"(Honoration-ren)——氏族的长老和读书人等名义上领有酬劳者——参与庙宇的管理。行政当局并不认可社团或社团代理的合法性,只承认这些缙绅是村落的代表者。而缙绅则以"庙宇"的名义行事,至于"庙宇",则通过他们为村落缔结契约。

　　"庙宇"拥有对小事的审判权,并且往往独揽了各式各样的诉讼,只

---

① 参照本书第 97 页注①那两位中国学士的论文(即 *Village and Town Life in China*)。论文中讨论村落的部分远比讨论城市的部分好。我们简直无法将"城市"当作是个社会的形成体来加以讨论。类似的情形也见于日耳曼律法。

② 村庙并不被视为"道教的"圣庙(参见第七章)。

③ 特别是由庙僧来掌管的庙田。如果庙宇是由赠与人捐资修建的,则捐建人便被酬以善主、少师等尊号。庙僧靠主持特殊宗教仪式所获得的额外酬金(Kasualien)以及谷物贡租生活。因此,庙宇越多,村落便越穷。不过,众庙之中只有一座是"村庙"。

④ 向庙宇借贷算是一种可嘉的行为。关于这点,参见 Doolittle, *Social Life of the Chinese*, London, 1866。

有牵涉到国家利益时,政府才会加以干涉。人民信赖的是庙宇的裁判,而不是国家官方的法庭。"庙宇"照管道路、运河、防卫与治安:分派轮流警卫义务——事实上这些义务大多以付钱代役。此外,庙宇还负责防御盗匪或邻村的侵扰,提供校舍、医师、药物、葬礼——当氏族无法或不愿这么做的时候。村庙还负责储藏村落的武器。由于有了村庙,村落在法律上与事实上都具有地方自治体(Kommunalkörper)的行动能力,这是"城市"无法做到的。实际上,村落——而非城市——才是有能力保卫其村民利益的防御团体。

正如旧政体最后时期(清朝)所显示的,政府对这种非官方的自治权并不总是采取一种自由放任的立场。例如汉代,政府即试图通过有秩序地请来村落长老担任地方政府职务(三老),逐渐消除始皇帝的纯粹家产制的专制制度。以此,汉朝的皇帝试图规制原始自然的村落自治,并使之合法化。[①] 村长(守事人)的选任并得到认可必须有地主们保证其品行端正。不过,实际上这是偶尔才有的事。政府一再地忽视作为一个单位的村落,而往往将国库的利益视为头等大事。王安石,如前所述,特别是从这个观点出发来做制度合理化的工作的。直到如今,每 10 家形式上形成一个"保",设保长一人,每 100 家在一个通常称为"地保"的"保甲"之下,形成一个"甲"。不管是在村落或在城市,家家户户都挂有一个门牌(凡是保甲传统尚存的地方,确实挂着此种门牌),上面写着屋号,甲、

---

① 在汉代,除了氏族长老之外(有关他们的生活,各个时代均有记载),政府还以各种方式组成下属部门来协助他们。这些下属部门的负责人,通常是从 50 多岁的人当中选出的官吏,政府让他们担负起治安、集体担保(Gemeinbürgschaft)、惩戒、监督祭祀、摊派徭役、征收租税及其此而来的纳税保证等责任。他们也有可能被赋予治安裁判权与教化庶民的职责;有时他们还得负起召集与训练民兵的责任。根据汉代所采取的新秩序,9×8 家为一"里",十里为一"亭",选出一名长老为亭长,十亭为一"乡",选举一人为"三老"(《汉书·高帝纪上》:"举民年五十以上,有修行,能率众为善,置以为三老,乡一人。择乡三老一人为县三老。"——译者),负责教化庶民。此外,还设有掌管诉讼和赋税的啬夫(《后汉书·百官志五》:"其乡小者,县置啬夫一人,皆主知民善恶,为役先后;知民贫富,为赋多少。"——译者)以及负责治安的游徼(Ju tsi,相当于今天的警官),此一新秩序的主要目的是军事。参见 A. J. Iwanoff, *Wang-An-Schii Jewo reformy*, St. Petersburg, 1906。

保、户主、家长的名字,家族的出生地(原籍权 Heimatsrecht),家族成员与房客及各人的职业,不在家的成员(何时离家),租金,纳税义务,使用与出租的房间数目等。保甲负有治安、监视罪犯与秘密帮会的官方责任。此外,保甲还担负起帝国宗教警察的责任(关于这点,下文即将谈及)。这个自治官吏(地保)负责沟通上级政府与地方自治政府之间的关系。在保甲制度运作良好的地方和运作良好的时候,他通常会花些时间待在县衙里报告地方诸事。不过到了近代,所有这些都变得相当形式化;地保的职务,根据中国作者的记载,日益转变成一种非古典的,因此也较不受人喜欢的公职。实际上,国家机器必须考虑到的势力,是隐身于村落行政背后的氏族长老,他们可能会有私设的刑庭(Veme,原为14—18 世纪德国诸侯小邦的王家法庭——译者),在发生冲突的时候,可能具有危险性。

　　一切迹象表明,中国村落里的农民生活,绝不能想象为和谐的宗法式的田园牧歌。这不仅因为,与外界的争斗经常威胁着个别的农民,而且尤为严重的是,氏族的势力与村庙的管辖往往无法充分发挥保护财产,特别是保护重要财产(überragender Besitz)的功能。在某种程度上可以说是"兢兢业业的"(被人称为"老实的")农民,经常受到"光棍"(Kung Kun,地痞流氓——译者),或借用俄罗斯农民的术语,受到"库拉克"(Kylak)——俄罗斯富农的拳头——专横的摆布。但是,中国的农民,并不像俄罗斯的农民那样,听任"农村资产阶级"——高利贷者及其利益相同者富农——的摆布,他们较易获得人间和神界的援助,来对付这些人。实际上,中国的农民是在光棍所组织的无产村民的控制之下,[①]因此,布尔什维克主义所谓的"别特诺塔"(Беднота,即农村贫民),对中国农民来说是颇有吸引力的。对于光棍所组织的无产村民,别说是个人,

————————
[①] 关于这点,参见 A. H. Smith, *Village life in China* (Edinburgh, 1899)。

就是大地主集团也完全无法防范、无可奈何。① 最近几个世纪以来,较大的庄园在中国已属例外,这可说是由上述的情形所造成的,也就是说,是由于一种在氏族势力有力调节下的、伦理的、素朴的"农民布尔什维克主义"所造成的,这也是由于缺乏国家强制保证产权的结果。在县治以下的地区——大约相当于英国的一郡(County)——只有土生土长的地方官吏。就官职而言,这些地方官是名誉职(Ehrenamt,无酬职务);实际上,他们通常是"库拉克"那样的自治当局的首脑。不过,与上至州省地区的官方行政平行运作的,往往还有各种完成特定任务的委员会。这些委员会是三年一派或"委任"的,并且可随时取消。但实际上,他们是通过被承认的或僭取的神性而得其职位,向官吏"进言建议"②。关于这种委员会的结构,此处不多费笔墨。

在村落内部,有一个由地方缙绅阶层组成的、与村落对立的团体。任何人如想进行变革,例如提高传统的赋税,都必须要与这一团体达成协议。否则,国家官员就必然和地主、出租者、雇主以及一般而言任何氏族之外的"上司"一样,会遭到顽强的抵抗。当任何一个氏族成员感觉自己遭受不平待遇时,氏族就会团结一致地起而支援他。③ 氏族团结一致的抵抗,自然比西方自发形成的工会所发动的罢工还要来得有威力。因此之故,现代大企业所独具的"劳动纪律"与自由市场的劳工淘汰,以及任何西方式的理性管理,在中国便受到阻碍。对有文化修养的官员而言,最强而有力的对抗势力便是无学识的老人。无论官员通过了几级的考试,在氏族传统固有的事务上,他必须无条件地服从全然未受过教育

---

① 光棍定期进行操练。就像卡莫拉(Camorra,昔日意大利那不勒斯的盗匪秘密组织——译者)和马菲亚(Maffia,西西里的秘密会社,以暗杀等激烈手段反抗政府法律为宗旨——译者)的成员一样,光棍组织努力寻求与对它无可奈何的县官衙门建立非官方的关系。村落的雇员——村长或仲裁人——或者反之,乞丐,都会发展成为光棍。如果光棍有点学识,或有可能还跟某位官吏沾亲带故,那么在此情况下,其他的村民的处境就毫无指望了。
② 《京报》的训令里,称他们为"乡绅与名士"(Gentry and notables),官吏常向他们请教。
③ 参见 1895 年 4 月 14 日的《京报》的报道:有两个氏族团体放走了一名被收税者逮捕的人。

的氏族长老的处置。

四、氏族对经济关系的羁绊

事实上,此种僭越政权而又被政府许可的自治团体———一方面是氏族,另一方面是村落贫民组织———在很大的程度上与家产制的官僚政体相对抗。官僚体制的理性主义所面对的,是一个坚定的、传统主义的势力。这一传统主义的势力,无论就其整体性来说,还是就其持续的时间而言,均胜过官僚体制,因为它卓有成效,并经常受到最紧密的私人团体的支持。再者,任何的改革都可能引起恶意的猜度,尤其是财政上的改革最受怀疑并遭到激烈的反抗。没有任何农民会相信有"客观的"(sach-lich)动机之存在,这点类似托尔斯泰的《复活》一书里的俄罗斯农民。此外,氏族长老的影响力是宗教改革成败———这是我们特别关心的———的最关键因素。自然,而且几乎是毫无例外的,他们是倒向传统这一边的,尤其是当他们预感到敬祖的孝道受到威胁的时候。严格奉行宗法制原则的氏族的这种巨大权力,事实上是中国议论颇多的"民主制"的载体,它与"现代的"民主制毫无共同之处。它所体现的毋宁是:

1. 封建等级制的进一步废除;
2. 家长官僚体制行政的涣散性;
3. 宗法制氏族的坚不可摧与无所不能。

超越个体经济范围的经济组织,几乎全部奠基于真正的或模拟的私人氏族关系上。首先,我们想要探讨的是宗族共同体。此种宗族组织除了祖庙与学堂以外,还拥有贮藏用的族屋、米谷加工和作贮存用的器材以及纺织和其他家内生产所需的装备。宗族可能还雇用一名管事。此外,宗族在其成员有困难的时候,会通过互助及免息或低利贷款等手段给以支持。这意味着,宗族共同体是一种扩大了的生产组合的氏族共同体和累积性的家庭共同体。

　　另一方面,在城市里,除了个别的工匠所经营的店铺外,还有典型的小资本主义的(合作性质的)经营共同体。这些小资本主义的企业具有共同的特点:类似古希腊和拜占庭帝国的奴隶作坊(Ergasterion),广泛的手工分工,技术与商业上的经营管理往往都已专门化,利润的分配则部分是根据资本的比率、部分是根据商业或技术上特别的成绩。类似的情况也发生在希腊古代以及伊斯兰的中世纪。中国的这种公共作坊,似乎特别是为了有利于季节性工业在淡季时的共同维持;当然,有了这种公共作坊也便于筹措资金及生产的专门化。所有这些大经济单位创设的形态,从社会学的角度上看,具有一种独特的"民主的"性质。它们保护个人,使之免于无产阶级化与受资本主义奴役的危险。当然,从纯粹经济的观点来看,如果资本家大量投资而不亲自经营,所雇用的卖主具有高度权力并分有高额利润,资本主义奴役的危险就仍有发生的可能。不过,在西方导引出资本主义压迫的行销体系(Verlagssystem,负责提供原料和经销产品的分发加工包销体制——译者),在中国一直到现在都还明显地表现为各种形态的手工业者对于商人实际上的依赖。只有在个别的行业里,行销体系才发展到家庭手工劳动(Heimarbeit)的水平,并备有零散的介于商人与工匠之间的工场(Zwischenmeister-werkstätte)与销售中心事务处。现今,行销体系在远程销售企业里有较大的发展。如前所述,其中的决定性因素在于:想要强制所属的工人做出成就,并如期地保质保量地缴交所规定的产品,其可能性是非常渺茫的。显然地,私人资本主义的大手工业工场在历史上几乎无迹可寻。可能没有任何生产大众消费品的工厂存在,因为它们缺乏稳定的市场。和家庭手工业相比,纺织工业很难得到发展,因为只有家庭手工业生产出来的丝织品有销路,而且也远销到外地。不过,远程的贸易是由皇室的丝织物商队所垄断的。金属工业由于矿产量低,所以只能发展到有限的规模。造成这种情况的一般性原因,我们上面已经提及,下面还会再讨论到。关于茶叶的制作,可见绘有专业分工的大型工场的图画,这些图画可与古埃及的绘画相比拟。国营的手工业工场,和伊斯兰化的埃及一样,通常是生产奢侈品。国营的金属工业,基于货币本位的原因而有所扩展,但也只是一时的。如前所述,学徒业是由行会规制的,至于特殊的帮工团体(由满师的徒工组成的团体——译者)则闻所未闻。只有在特殊场合下,工人才会联合起来罢工反对师傅;可是在另外的情况下,他们显然几乎不曾发展出一个他们自己的阶级,其原因类似于 30 年前俄国的情形。就我们所知,工人是拥有平等权利的行会的成员。说得更精确一点,总的看来,行会并不是一种排斥新生力量的垄断性组织,这一点倒还符合小手工业的特点——但这决不是小资本主义的特点。同样,在某些时期里,由于献金的缘故(Liturgie,原为古希腊自由民维持城镇村社及其设施的献金,现代税收的前身——译者),人们曾一再试图结成职业同盟,这很有可能导致种姓制度(Kaste)的形成,但却不曾发生。史书上曾记载,6 世纪末的时候,人们曾试图结成这类的职业同盟,但最后还是失败了。那些不可思议的所谓"不清白的"(unrein)种族与职业,其遗绪仍在。通常①,人们区分出九种遭到贬斥的"种姓":某些种类的奴隶、某种奴隶或世袭奴隶(Kolone)的子孙、乞丐、从前的暴乱者的子孙、迁入内地的野蛮人的子孙(客族)、乐师、参与家族仪式的优伶以及如欧洲中世纪时的演员与变戏法者。和印度一样,不清白职业有三种类型:固定的、世袭的和可出售的。所有上述的种姓没有与一般平民的通婚权、共食共饮权,并且没有取得功名的资格。不过,根据皇帝的恩赦,那些放弃不清白职业的人,可以在法律上恢复他们的权利(例如迟至 1894 年,还有赦免这些种姓中的个别种姓的诏令)。奴隶制度源自战争俘虏、父母贩卖的子女或政府惩罚的罪犯。就像在西方,被释放的奴隶必须服从他原来的主子(Patron,原指古罗马对释放奴隶仍保留一定控制权的旧奴隶主——译者),并且不能得到功名。契约劳动者(雇工)在其服勤期间必

---

① 参见 Hoang, *Mélanges sur l'admin*(Var. sinolog. 21, Schanghai, 1902, p. 120f)。

须顺从主人,并不得与之共食。世袭奴隶与长工(Landarbeiter)——以前是贵族阶层的奴隶——并不包括在这个范畴内。

这种至今还存在的类似种姓制度的现象,仅仅只是以前等级制结构的一点微不足道的残迹而已。从前的等级划分,其实际的结果主要是使特权等级——(亦即"大的家族"与"士人",前者用"百家"(die hundert Familien)来表示"帝国"(das Reich)——可以免除徭役与鞭笞的刑罚,对他们,徭役与体罚可以转换成金钱或拘留,他们也有可能被贬为"庶民"。以世袭神性为基础的古老的等级制结构,基于国家财政的理由,早就被一再完全根据财产来划分阶级的现象所冲破。

在近代的中国(至于过去,局外人是没有确切证据的)[1],除氏族、商贾与工匠的行会之外,在所有的生活领域里,尤其是在经济和信用合作的领域里,还兴起了以俱乐部形式出现的社团(会 hwui)[2]。至于此一发展的细节,此处暂且不谈。近代,无论是在搞平均主义(Nivelliertheit)的中国,还是在民主主义的美国,贪图功名的人都试图加入一个有声望的俱乐部,以证实他们在社会上的地位。同样,中国的商店里高悬行会会员证,以对顾客保证其商品的质量;或张贴相应的布告,以显示商品固定的价格,例如,Doolittle 在其描写中国的书中指出:"不二价"、"真正不二价"。不过,与清教徒相反的是,是否真正地贯彻这一交易原则,就没人敢保证了。这些现象是由于家产官僚体制的涣散性与缺乏由法律所保证的等级划分所造成的。

在近代,除了一种空有头衔的贵族外,中国人中间已不再有出生等

---

① 最近的一些好的博士论文提到这类社团,可惜我并未取得这些论文。

② 此种社团可被视为一种社会。它或者通过一种信用合作社积聚一笔货币资本,然后以拍卖(verauktionieren)或抽签分配(verlosen)的方式加以利用(参见 Smith, *Village Life in China*, Edinburgh, 1859);或者也可以俱乐部的形式出现:俱乐部主任(der Klub-präsident),即债务人,从朋友那里得到一笔贷款,然后,他以俱乐部的名义,将贷款分期付还给会员(债权人)。Doolittle 在其 *Social life of the Chinese*(London, 1866, p.147f)中,列举了这类俱乐部的实例。领回贷款者的顺序,通常以抽签的方式来决定。这种人为拟设的办法,是用以取代古老邻里信用与破产管理人的代替物。

级上的差别。当然,在满洲颁布的招募入伍令(Mandschu-Heerbann)里,家籍登记有严格的划分,这是 17 世纪以来就已存在的外族统治的一种表现。早在 18 世纪,"市民"阶层就已成功地松动了警察国家的锁链。19 世纪时,已有了迁徙自由,虽然这显然是早已存在的,然而官方的法令并不承认这点。政府出于国家财政的需要,允许人民移居到本乡村里以外的乡村里,并获得土地,这和西方的情形一样。自 1794 年起,只要真正取得土地所有权,并缴纳了 20 年的税赋之后,就可获得当地居民的身份,因而失去原来的村落归属身份。① 同样,职业的自由选择由来已久,虽然 1671 年的"圣谕"里仍劝告人民固守本业。在近代,我们未发现强迫出示通行证件的义务、强迫就学和服兵役的义务。同样,这儿没有限制高利贷的法律,也没有限制货运的类似法令。鉴于所有这些情况,我们须一再强调指出:这种情况显然非常有利于市民行业的自由发展,但是具有西方特色的市民阶层却没有发展出来。正如我们所观察到的,甚至西方在中世纪时已有的资本主义的营利形式,在这儿都未完全发展成熟。我们现在又回到老问题上:从纯粹的经济角度而言,一个真正市民的、工商业的资本主义,是有可能从我们上面提到的小资本主义的萌芽里发展出来的。一连串的理由我们业已知道。它们让我们明了资本主义之所以没能发展出来,其原因几乎完全在于国家的结构。

五、家产制法律结构

家产制的国家形式,尤其是管理与立法(Rechtsfindung)的家产制性质,在政治上造成的典型结果是:一个具有神圣不可动摇的传统的王国与一个具有绝对自由的专横和仁慈的王国并存。这种情况,无论是在中

---

① 国家所关心的问题,是科举的申请报名,因为每一州省都分配有固定的俸禄数额。例如,早在汉代,官方的花名册上,尤其是军队的花名册上,候选者姓名之前都加上其所属村落或地区的名称(当时,所谓地区,无疑就是氏族所在地)。

国还是在其他各地,都会阻碍对这些政治因素特别敏感的工商业资本主义的发展,因为工业发展所必需的那种理性的、可预计的管理与法律机能并不存在。在中国、印度、伊斯兰法制地区或一般而言理性的法律创制与立法未能获胜的任何地方,起作用的是这样一条原理:"专断破坏国法"(Willkür bricht Landrecht)。然而,这样一条原理并没有像西方的中世纪那样,促成资本主义的法律制度的发展,因为在中国,一方面,作为政治单位的城市缺乏团体的自治;另一方面,依据特权而确立并受到保证的、决定性的法律制度也不存在。而在中世纪的西方,恰恰由于上述两方面的结合,借助这些原则,才创造出所有适合于资本主义的法律形式。在中国,法律虽然在很大的程度上已不再是一种具有永恒效力的规范,然而却是只有通过神秘手段能够正确"找到的"规范。因为帝王的统辖早已成功地创制出大量的规法(Statutarrecht)。而且,中国帝王制定的法令,与印度佛教君主家长式的训诲和劝诫不同——尽管中国的某些伦理的或管辖的规定与印度佛教君主的训诲和劝诫有某些相似之处,至少在本来的法制领域内不同,中国的法令具有相对简明的公文形式。正如科勒(J. Kohler)所强调指出的,这种不同还表现在中国的刑法在相当大的程度上强调(sublimieren 意为使升华)犯罪行为的事实构成(考虑到"犯罪的动机")。这些法令也系统地汇集于《大清律例》(*Ta Tsing Liu Li*)中。不过,在我们西方人的观念里应列为最重要事项的诸种私法的规定却极少(有的话,也是间接性的)。在中国,根本上没有受到保证的个人的"自由权"(Freiheitsrechte)。例如在战国时代(公元前 563 年的郑国),士人官僚的理性主义开始表现为法典的编纂(将法令刻于金属板上)。但根据史书的记载[①],当士人阶层讨论这个问题的时候,晋国的一位大臣(叔向)即有力地反驳道:"民知有刑辟,则不忌于上。"有教养的家产官僚阶层所具有的神性与威望似乎因而被危及,所以这些权势利益再

① 参见 E. H. Parker, *Ancient China simplified*, London, 1908, p. 112ff。

也不容许有这样的念头产生。虽然国库与司法在形式上各有专司,但治理与立法实际上并未分离。例如,政府官员以家产制的方式,自费雇用听差来担任卫士和下级公务人员。反形式主义的、家长制的基本特征,从来是否认不了的:有伤风化的生活行为,不需要引专门的法规就可加以惩处。然而,十分重要的是立法的内在性质:以伦理为取向的家产制,无论是在中国还是在其他各地,所寻求的总是实际的公道,而不是形式法律。因此,尽管是传统主义,却没有官方的判例搜集(Präjudizien-Sammlung),因为法律的形式主义的性质遭到拒斥,并且特别是因为没有像英国那样的中央法庭。官吏在地方上的"牧人"(Hirte),是知道先前那些判例的。这些"牧人"向他们的主子官吏劝告,要按照行之有效的审判模式行事。这在外表上和我们西方的陪审推事引用"类似事件"(Similia)的裁判习惯相同。只是西方陪审推事的软弱无能,在中国却是无上的美德。中国皇帝所颁布的谕令,大抵上和西方中世纪的教皇敕令中所特有的训诲形式相吻合,只是没有类似的、严密的法律内容。最为知名的诸令谕,并不是法律的规范,而毋宁是法典化的伦理规范,并具有很高的文学性。例如,倒数第二个皇帝(光绪帝)还在《京报》(Peking Gazette)上宣布,一个远祖的训令已重新被发现,不久将被颁布为生活的规范。整个帝国统辖既然以正统为取向,因此它便处于一个本质上是神权政治的、类似罗马教廷主教会议的士人官府的控制之下。这就是我们屡次提及的"翰林院"(Han-Lin-yuan),它不但护卫着儒教的正统教义,并且还可与教廷的主教会议相媲美。

因此,司法在很大的程度上保持"卡地"(Kadi,原指伊斯兰国家的审判官——译者)或者"内阁"(Kabinet)司法的性质。① 这情形也和英国初

---

① 甚至在最近数十年,皇帝在敕令中都还根据很有影响的人士给他的私人信件来干涉司法判决(1894年3月10日《京报》)。皇帝在敕令中将没完了的诉讼案件归因于恶劣的气候(久旱不雨)或无效果的祈祷(见1899年3月9日的《京报》)。确实的法律保障是完全没有的。在敕令的字里行间,可以发现官吏阶层因对建厂看法不一而卷入对抗性的党派阴谋(见1895年3月4日的《京报》)。

级法院的名誉法官(Friedensrichter)与其下层阶级间的司法关系一样。不过,在英国,为了处理对于资本主义具有重要意义的财产交易(Vermögenstransaktionen),相应地设有先例法以及与其配套的担保法。这是在利益团体不断影响下创制出来的,他们的影响力之所以有效,则是因为法官是由律师中选拔出来的。此种法律虽不是理性的,但却是可预先估量的,并且使契约的自律性有广大的活动余地。

然而,在中国的家长制的司法中,西方观念中的律师,根本无法占有一席之地。氏族成员里若有人受过典籍教育,就成为其族人的法律顾问,否则就请一位不合格的法律顾问(Winkelkonsulent)书写诉讼辩护书。这个现象是所有典型的家产制国家,特别是带有东方印记的那种神权的或伦理-仪式主义的国家所具有的特色。换言之,除了极为重要的、但是非"资本主义"的聚积财富的来源(如纯粹政治性官职俸禄与租税俸禄)以外,还有一种由国家的承办人(Staatslieferant)与包税者所构成的"资本主义",亦即政治资本主义。这种政治资本主义,在某些情况下,不仅欣欣向荣,而且真正受到人们由衷的欢迎。此外,纯经济的资本主义,即依靠"市场"生存的商业资本主义也有发展。然而,在家产制政体下,标志着现代发展的特点的理性的工商业资本主义则无立足之地。因为投资于工商业"企业"的资本,对于这种非理性的统治形式过于敏感。此外,它过于依赖这样的可能性,即:国家机器能否像某种机器那样平稳而有理性地运作,并且可以估量。换言之,在中国式的管辖下,现代意义上的工商业资本主义是不可能产生的。不过,为什么此一辖治与司法(从资本主义的观点看来)会停留在这种非理性的状态下呢?这是个关键性的问题。我们已经得知某些利害关系与此有关,但仍有详加探讨的必要。

正因为中国的司法依赖于一种实在的个体化与恣意专断,所以对于资本主义也就缺乏政治上的先决条件。而在中国,争斗(Fehde)并不缺乏:整部中国历史充满着大大小小的争斗,直至个别村落团体与氏族之间的大规模的械斗。然而,自从这个世界帝国和平化之后,就不曾有过理性的战争,更重要的是,没有数个互相竞争的独立国家常备武装的和平(bewaffneter Friede)。因此,由这种情况所决定的资本主义的诸种现象,例如国家为了战争目的发行的公债与提供的补给,在中国并没有出现。西方各个国家当局,无论是在古代(世界帝国成立之前),还是在中世纪和近代,都必须为自由流动的资本而竞争。在中国,帝国统一之后,和罗马帝国的情形一样,为了资本的竞争便消失了。① 同样地,中国的统一帝国也没有海外的殖民地关系。这也阻碍了西方古代、中世纪与近代所共有的那些类型的资本主义的发展。这是指各式各样的掠夺资本主义,诸如与海盗行为相关联的地中海的海外贸易资本主义和殖民地资本主义。中国之所以缺乏上述种种的掠夺资本主义,部分是由于大内陆帝国的地理条件,部分则如我们已见的,是来自于中国社会一般的政治与经济特性。

在中国,由于缺乏一种形式上受到保证的法律与一种理性的管理和司法,加之存在着俸禄体系和根植于中国人的"伦理"(Ethos)里、而为官僚阶层与候补官员所特别抱持的那种态度,所以不可能产生西方所特有的理性的企业资本主义(Betriebskapitalismus)。说到这里,我们终于论及本来的主题。

---

① 就我所知,只有 J. Plenge 根据自己的思路,附带提到了(以政治为取向的)资本主义之所以崩溃的这一重要的原因。可惜我现在无法找到他的这段文字刊于何处。无疑,他对政治资本主义的意义的认识是深入的。

第 二 篇

正　统

第五章 士人阶层

一、中国人文主义的仪式主义的和以管理技术为取向的性质向和平主义的转变

12 个世纪以来,社会地位在中国主要是由任官的资格而不是由财富所决定的。此项资格本身又为教育特别是考试所决定。中国历来最为突出的是将人文教育作为社会评价的标准,其程度远超过人文主义时代的欧洲或德国的情形。甚至早在战国时代,受过人文教育——原先指的仅是能断文识字(Schriftkenntnis)——而有志于仕途的阶层,就已遍布于各个诸侯国家。这些士人将统辖推向合理的进展,同时也是一切"智识"(Intelligenz)的代表。如同印度的婆罗门一样,中国的士人是体现文化统一性的决定性人物。按照正统国家观念的模式,凡是不在受过人文教育的官吏所管辖之下的领土(以及飞地,Enklave),对于国家理论来说,都是异端与野蛮,就像那些在印度教的领域里不在婆罗门治理下的部落地区或者像那些希腊人还未组织成城邦的地方一样。中国的政治组织及其承担者的这种日益发展的官僚体制结构,已在整个中国人文传统上刻下独具特色的印记。

2000 多年来,士人无疑是中国的统治阶层,至今仍然如此。虽然他们的支配地位曾经中断,也经常受到强烈的挑战,但是总会复苏,并且进一步扩张。根据史书所载,1496 年,皇帝首次称呼士人(而且也只有他们)为"我的先生"①。对于中国文化发展的样式具有无比重要性的,是这个居领导地位的知识分子阶层从不曾具有像基督教或伊斯兰教的教士、犹太教的经师(Rabbinen,或译拉比)或印度教的婆罗门、古埃及的祭司或埃及与印度的书记等所具有的性质。值得注意的是,中国士人阶层的发展虽说是来自礼仪的训练,不过他们却是一种高贵的俗人教育(vornehme Laienbildung)所培养出来的。封建时期的"士人",被当时的官方称为博士(Puo tsche),亦即"活书库"。他们虽然主要是礼仪的行家,但是他们并不是出身于某种祭司贵族门第(例如印度梨俱吠陀〔Rigveda〕中的梨希氏族〔die Rischi-Sippen〕),或者出身于某种巫师的集团(例如阿达婆吠陀:Atharva-Veda,又译咒文吠陀)里的婆罗门。与印度相反,中国士人来自(至少主要是来自)封建家族的后裔,他们大多是非长子;他们接受过人文教育,尤其是书写方面的知识,而其社会地位也是基于这种书写与文献上的知识。平民也可以掌握书写的知识,然而鉴于中国文字系统的困难性,这是不容易的。不过,一旦平民成功了,便可以分享其他任何学者所享有的声誉。即使是在封建时期里,士人阶层也并非世袭或封闭性的阶层,这显然有别于印度的婆罗门。

直到近代,吠陀教育(Wedische Bildung)仍然是口口相传;它断然拒绝以文字将传统固定下来,而职业巫师的所有行会式的技艺(alle zunftmäßige Kunst)却与此相反,惯于以文字将传统固定下来。在中

---

① 参见 Delamarre 所译《御撰通鉴纲目》(*Yutsian tung kian kang mu*, Paris, 1865, p. 417)。

国,举凡礼仪之书、历表、史书的撰写,都可以追溯到史前时代。① 甚至在最古老的传说里,古老的文字也被看作有魔力的东西,②而精通它们的人被视为具有魔力的神性的代表者。正如我们在下文可以看到的,这在中国乃是个源远流长的事实。士人的威望并非基于一种由神秘的魔力所构成的神性,而是基于此等书写与文献上的知识,也许他们的威望最初也还靠着天文学的知识。当然,他们没有义务通过巫术去帮助个人,用巫术医治疾病是巫师们的事。这类事会有其他专门的行家去做,我们在下文里还会提及。当然,巫术在中国的重要性,就像在其他任何地方一样,是无可置疑的。然而,只要是事关共同体的利益时,即由共同体的代表们来与神灵交涉。作为最高祭司的皇帝以及各诸侯王,代表其政治共同体与神灵交涉。至于家族的事,则由氏族长及家族长来做。在中国,很早就通过理性的手段——亦即水利的整治——影响共同体的命运,尤其是影响收成,因此,统辖的正确"秩序"(Ordnung)一直是影响神灵世界的基本手段。除了作为通晓传统之手段的文献知识(Schrift-kunde)以外,为了获知上天的意志,特别是为了分清办公日(dies fasti,

---

① 关于这点,von Rosthorn 这位知名的权威学者表示异议,见其 *The Burning of the Books* (*im Journal of the Peking Oriental Society*, vol. 1v, Peking, 1898, p. 1ff)。他相信那些神圣经典一直是以口耳相传到汉代的,因此,这与普遍盛行于印度早期的口头传说的传统是一样的。局外人是无法判断的,不过,我们或许可以这么说:至少编年史是不可能以口头传说为基础的,而且,正如日食的复算所表明的,史事编年可追溯到公元前 2000 年。同样,如果我们将这位杰出的专家的观点扩展到以诗歌形式出现的礼仪文献之外的话,那么许多有关君侯之档案(Archive)、文献与士人往来文书之重要性的报道(按照通常的假设,这些报道是可靠的),很少与上述专家的看法相符。当然,在这个问题上,只有汉学专家们才能下最后的定论,出自一个非专家的"批判",毋宁是佞妄的。严格的口头流传的原则,几乎在世界各处都只适用于神性的启示以及对这些启示的神性的诠释,而不适用于诗歌与教学论(Didaktik)。中国文学之古老悠远,不仅表现在它的如画的形式上,而且表现在它的安排上:后世垂直的、用线分开的栏(印刷上纵的栏——译者),仍反映出原先竹片并排时(中国古时的竹简——译者)的沟痕。最古老的"契约",是竹制的割符或绳结;后世在签发契约和文件时皆为一式两份,这使我有理由认为是此种古老契约的遗习(Conrady)。

② 这也说明文字在历史发展的很早阶段就已定型,而这种定型至今仍继续发生作用。

拉丁语)和非办公日(nefasti),还必须掌握历法与星象知识;而且士人的
地位似乎也是由宫廷占星家的头衔演化而成。① 这些精通文献的士人
(也只有他们),能从礼仪上了解此种(原先在占星上也同样)重要的秩
序,并且以此向负有使命的政治当局提供意见。中国史书上的一则轶事
形象地说明了上述这些结论。相传在封建王国魏国,有一名战功卓著的
将军(即吴子,据说写了一部兵书,该书所制定的礼仪上正确的战略,至
今仍具有权威性),与一士人(即田文)争夺宰相之位。在田文终被任命
为相后,两人之间发生了激烈的争辩。最后,田文甘拜下风,承认自己不
如吴子,因为他无法像将军那样领兵作战,也无法掌理类似的政治事务。
就在将军据此而宣称自己更胜一筹的时候,士人乃言朝中有革命的威
胁;于是,将军立即毫不犹豫地承认,那位士人是防止此一事变发生的较
合适的人选。② 惟有精通文献与古老传统的人,才被认为有资格在仪式
上与政治上,正确地指导国内的统辖制度与君侯符合神性的正确生活态
度。与主要从事外交活动的犹太教先知形成最尖锐对比的是,在礼仪熏
陶下训练出来的中国文人政治家,是以内政问题为其主要取向的。尽管
如此,如前所述,这些文人政治家也会从他们君侯的立场出发为强权政
治服务。作为君侯信使的首领和宰相,他们也可能会深深卷入外交的
决策。

　　这种对"正确的"国家统辖问题的不断关注,导致封建时期的知识分
子阶层产生一种影响深远的实际—政治的理性主义。与后世严格的传

---

① 参见 Chavannes, *Journ of the Peking or. soc.*, Ⅲ, 1, 1890, p. 1v,他和大多数翻译者一
　样,将太史令(Tai Sche Ling)译为"大占星师",而不译为"宫廷史官"。但是后来,尤其是现
　今,有学识的士人是占星师的激烈反对者。详见下文。
② 参见 Tschepe, *Hist. du R. de Han*, Var. Sinol. 31, Schanghai, 1910, p. 48。

统主义相反的是,史书向我们指出,士人有时是果敢的政治改革者。① 他
们极端自负于自己的教养,②而君侯——至少依据史书所载——则对他
们毕恭毕敬。③ 士人阶层从古代开始就为家产制的君侯服务,与后者有
着密切的关系,这对于士人之独特性格有着决定性的影响。士人阶层的
起源,至今我们还不明确。看样子他们曾经是中国的占卜官(Auguren,
原指古罗马用观察鸟飞、鸟叫等方法即能预言的预言者——译者)。中
国皇权所具有的最高祭司与政教合一的性质,决定了士人的地位,并且
也决定了中国文献的特性:诸如官方的史书、有神话之效的关于战争和
祭礼的颂歌、历书、仪式与祭典方面的书籍。士人以其知识来支持本质
上是政教合一的国家,把它看作既定的前提。士人在其文献中创造出
"官职"(Amt)的概念,尤其是"职责"(Amtspflicht)与"公共福利"
(öffentliches Wohl)的伦理精神。④ 如果编年史有点儿可信,那么,士人
一开始就是封建体制的反对者和国家官僚组织的支持者。这是完全可
以理解的,因为从他们自身的利益出发,只有那些受过人文教育的人,才

---

① 公元前 4 世纪,封建秩序的代表,尤其是那些关心封建秩序的王侯的氏族,反对在秦国打算
　实行的官僚化。他们指出:"先辈以教化治民,而不是行政的改革"(这与后来的儒教正统的
　理论完全一致)。对此,那位士人新宰相商鞅站在完全反对儒家的立场上表示自己的意见:
　"普通人按照传统生活,才智较高的人创造了传统,礼仪在非常的事端上并不能给我们指示。
　百姓的福祉才是最高的法则"。他的意见得到了君王的支持(参见 Tschepe, *Hist. du R. de*
　Tsin, a. a. o. p. 118)。后来,儒教正统在编修与净化史书时,很可能大量地删除与修改了
　这些史实,以利于后来所认定的传统主义。另一方面,对于下面所介绍的报道——其中给予
　早期的士人以极高的敬意! ——我们不必信以为真。
② 虽然魏国的太子下车骑以待宫廷士人(即田子方),但这位平民发迹者对太子三番五次的问
　候并没有作出相应的回答。对于"富贵者骄人乎? 且贫贱者骄人乎?"这样的问题,这士人的
　回答是:"亦贫贱者骄人耳",并且说这是因为他可以随时就任于其他宫廷的缘故(参见
　Tschepe, *Hist. du R. de Han*, a. a. o. p. 43)。另外,一位士人因为听到有人说君侯之弟
　比他更适合担任宰相而勃然大怒(同上书)。
③ 魏国国君都站立着听取士人——孔子之弟子——的报告(参见上注)。
④ 参见 Tschepe 的意见,*Hist. du R. de Tsin*, p. 77。

够资格担任管辖之职。① 另一方面,为了自身利益,他们给君侯出主意,要君侯在军事上自理(自己生产武器和修筑堡垒),以便用这些手段使君侯成为"国之主"。②

士人为君侯效劳的这种紧密的关系,是在君侯与封建势力的斗争中建立起来的。这使得中国的士人既有别于古希腊受过教育的俗人,也有别于古印度的贵族武士阶层(Kschatriya,梵文——译者),而较接近于婆罗门。不过,中国的士人也不同于印度的婆罗门,这主要表现在以下两个方面:一方面,中国的士人在礼仪上从属于一个政教合一的最高祭司;另一方面,中国缺乏种姓划分(Kastengliederung),这与中国的人文教育有密切的关联。士人与官职的关系并非是一成不变的。在封建诸国的时期里,各个宫廷竞相争取士人为其服务,而士人也在寻求获取权力的机会,以及(我们可别忘了)争取收入的最佳机会。③ 一个周游各处的"哲士"(tsche-Sche,相当于西方的诡辩家 Sophisten——译者)阶层于是兴起,他们可与西方中世纪时期游历四方的骑士与学者相比。正如我们在下文里即将看到的,中国也有原则上不担任公职的士人。这个自由流动的士人阶层,乃是形成哲学流派与诸流派对立的主要角色,就像印度、古希腊以及中世纪时期的僧侣与学者。虽然如此,中国的士人阶层感到自

---

① 宰相职位的世袭继承,在士人看来是不合礼制的(Tschepa a. a. o. p. 77)。赵国国君曾委托他的宰相为多位有功的士人寻觅适当的土地作为采邑,这位宰相虽经国君三次提醒,但始终未寻得合适的土地。最后,国君终于有所领悟,于是任命这些有功的士人为官吏(Tschepe, H. du R. de Han, p. 54-55)。

　　译者注:上述史事与史书所载不符。据《史记·赵世家》的记载,赵列侯(公元前408—公元前387)好音,欲赐郑国歌者枪、石二人田万亩,使宰相公仲连觅之。烈侯三问公仲"歌者田如何",公仲始终曰:"方使择其善者"。另一方面,公仲向烈侯进士三人(牛畜、荀欣、徐越)。三人皆贤,以王道约烈侯,君悦纳且止歌者田,并分别任三人为师、中尉、内史。

② 参见 Tschepe Hist. du R. de U,(Var. Sinol. 10, Schanghai, 1891)中吴王所提的有关问题。

③ 据史书所载,这一收入的目的是不言而喻的。

己是个统一体,他们要求同样的身份荣誉。① 此外,他们感到自己是统一的中国文化的代表者。中国的士人阶层,从总体上看服务于君侯,而这种服务关系是士人正常的或至少是以正常的方式所追求到的收入的来源。这种情况使他们有别于古希腊罗马的哲学家,至少使他们有异于印度受过教育的俗人(这些人的活动重点在官职以外)。中国的士人把出仕视为一展身手的机会。孔子与老子一样,在其作为一个不再与官职有任何关联的教师与作家之前,就是个官吏。我们即将看到,这种与国家("教会国家")官职的关系,对于这个阶层的教养的特点具有根本的重要性。尤其要指出的是,这种取向变得更加重要和更为专一。帝国统一后,诸侯竞相争取士人的机会便不复存在。相反,现在士人及其门徒竞相争取既有的官职,这种情况不可避免地形成了一个与这种现状相吻合的统一的正统学说,即:儒教(der Konfuzianismus)。随着中国俸禄制之逐渐实施,士人阶层原先精神的自由活动也就停止了。这种状况早在史书及士人的大部分系统性著作开始产生之际,以及那些被始皇帝焚毁的经书又"重新被发现"时②——它们之所以"重新被发现",为的是让士人可以重新修订、润饰与诠释,从而取得圣典的地位——即已全面开始了。

从史书上我们可以清楚地看出,此一发展是与帝国的和平化同时出现的,更确切地说,是帝国和平化的必然结果。战争到处都是年轻人的事,"60 回桥"这个句子(Sexagenarios de ponte,原指古罗马的人民大会不将年满 60 岁的人包括进来,而将他们推回桥的那边去,意为年老的人已不中用,不再管事——译者)就是战士们用来抵制"元老"(Senat)的口号。然而,中国的士人即为"老人",或者说他们代表了"老者"。据史书

---

① 当某位君侯的爱妾嘲笑一位士人时,君侯门下的所有士人皆愤然离去,直至此妾被杀为止(Tschepe, *Hist. du R. de Han*, p. 128)。详见《史记·平原君虞卿列传》中赵平原君斩美人以向士人谢罪的故事。——译者

② 此事使我们想起约西亚(Josias,《旧约》中犹大〔Juda〕之王名——译者)统治时期犹太人"发现"圣律的史实。同时代的大史学家司马迁并没有提到此事。

所载,秦穆公在一次示范性的公开忏悔中表示,他犯了听从"年轻人"(即战士们)而不听从"长者"的过错。"长者"虽无勇力,却有经验。① 事实上,这是转向和平主义,继而转向传统主义的关键点。传统取代了神性。

二、孔子

孔子死于公元前 478 年,与作为编纂者的孔子的名字联系在一起的经典作品中最古老的一些部分,可以告诉我们一些具有神性的战争君主的情形。《诗经》里的英雄诗歌,如同希腊和印度的史诗一般,吟咏着进行车战的君主。但是,这些英雄诗歌,就其总的性质来说,已不再像荷马或日耳曼的史诗那样,赞颂个人的英雄行为或纯粹是歌颂人类的英雄精神。当《诗经》最后编纂时,君主的军队已丝毫没有从征武士的浪漫气息,或者如荷马史诗式的冒险的浪漫精神。那时的军队已具备有纪律的官僚化军队的性质,尤其是已置有"武官"。在《诗经》里,君主之所以在战争中取胜,并非由于他们自己是个较伟大的英雄,而是因为在天神的面前,他们具有道德上的正义,并且也因为他们具有较高超的神性的美德。这正是决定军队士气的关键所在。相反,他们的敌人是为神所厌弃的(gottlos,不信神的)罪犯,压制与毁坏自古以来的良风美俗,并侵扰了其臣民的幸福,因此已丧失了神性,沦为孽障。胜利,与其说激起英雄式的喜悦,不如说引发道德上的思索。中国的伦理著作不同于几乎所有世界其他神圣的伦理经典,其显著的特点是,其中没有任何"有伤风化的"(anstößig)言论,也没有丝毫可以觉察到的"不合礼仪的"痕迹。显然,中国的伦理著作经过了一种非常有系统的净化工作,而这很可能就是孔子的特殊贡献所在。通过士人及官方史学的努力,中国的古代传统在史书里获得了实用性的根本改变,这种实用性的改造,显然要超出《旧约》例

---

① Tschepe, *Hist. du R. de Tsin*, Var. Sinol. 27, p. 53. 详见《史记·秦本纪》中秦穆公不听百里奚与蹇叔的劝谏,出兵袭击郑国,结果秦军惨遭失败的故事。——译者

如《士师记》(Buch der Richter)中所确立的那种庄严崇高的范式。在孔子主持下完成的那部编年史(即《春秋》)里,即包含了关于出征与惩罚叛乱者的最索然无味与最客观的枚举;在这方面可与亚述人的楔形文字记录相比拟。如果孔子真的——如传统的看法——说过他的性格可以很清楚地从这本书里得知,那我们就不得不同意那些(中国与欧洲的)学者对此说法的意见:他的独特成就在于,从"礼"(Schicklichkeit)的观点出发,将事实做了系统的、实用主义的修正——在这点上,他的著作对于其同时代的人而言,其意义不言而喻,然而对我们西方人,它的实用意义大半都变得隐晦不明了。① 君侯与大臣的言行举止都像是君主的典范,他们道德高尚的举止受到上天的酬报。做官以及凭功升官受到推崇。虽然诸侯国仍奉行世袭制,某些地方官职也是世袭性的采邑,然而经典作家对世袭制——至少是那些世袭性的官职——持怀疑态度,并认为它们归根结底只不过是暂时性的。在理论上,皇帝的尊严(Kaiserwürde)也具有世袭性。传说中理想的皇帝(尧与舜)从大臣中指定继承人(舜与禹),并把选定的继承人置于他们自己的儿子之上,而不管这些继承人的出身如何,完全根据朝中重臣对他们个人神性的认定。帝王也以同样的方式选定其所有大臣,而只有第三个帝王,即禹,没有指定他的首相(益),而是推举他的儿子(启)作为其继承人。

与古老而真实的文献与碑铭不同的是,我们无法从大多数的经典著作中找到本来的英雄观念。孔子的传统看法是:谨慎优于勇敢,智者不应该拿自己的生命去干不恰当的冒险。自从蒙古人统治中国以来,举国的太平盛世更大大增强了此一心态。这个帝国变成了一个和平的帝国。由于帝国被认为是个统一体,根据孟子的说法,在帝国境内无"正义的"(gerecht)战争。就帝国的版图而言,军队的力量相比之下是微小的。在

① 个别的隐瞒的确是有的,例如隐瞒了吴国对它的母国鲁的攻击。但是,除此之外,鉴于材料不足,我们很可以严肃地提出这样的问题:他的著作是否可以被看作是对史书的一种伟大且带强烈道德色彩的注释。

武士的训练与士人的训练分开之后,皇帝在为士人举办的国家考试之外,也保留了武士的体育与文学竞赛,并发给合格者以资格证明书。① 然而长久以来,获得这种资格证明书与在军中的实际的升迁发迹几乎毫无关系。② 事情的结果是:武人在中国被鄙视,就像在英国武人亦曾受过200 年的蔑视一样;一个有教养的士人是不会在社交场合中与武官平起平坐的。③

三、考试制度的发展

在统一的王朝时代,官吏阶层(der Mandarinenstand)——中国所有等级的文官皆取自这个阶层——是一个持有文凭的、享有俸禄的官僚阶层,而他们的官职与品位则取决于通过考试的次数。这些考试分为三个主要的等级④,由于有中试、复试、初试以及其他许多特殊的条件,考试的次数要增加许多倍。单单初等考试就有 10 种不同的种类。对一个不明

---

① 1900 年,慈禧太后看到某位御史提出的废除此种武官证状的提案时,显得非常不高兴。参见1899 年 1 月 10 日《京报》上关于"正统军"的批示,以及中日甲午战争期间"检阅"(部队)的指示(1894 年 12 月 21 日《京报》),有关军阶之意义的批示(1898 年 11 月 1 日、10 日),以及较早发布的、例如 1878 年 5 月 23 日发布的指示等等。

② 有关这项措施,参见 Etienne Zi S. J. *Pratique des Examens Militaires en Chine* Variétés Sinologiques Nr 9。考试的项目是射箭与某些体力的比试,先前还要作一篇论文,不过从 1807 年起,改为写下《武经》(战争理论)——相传产生于周代——中的一段 100 字的文字。有许多武官并未获得军衔,而满洲人是完全用不着参加考试的。

③ 1894 年,皇帝在一道敕令(载同年 9 月 17 日《京报》)中,就一军人出身且因战功而转任文官的道台(地方首长)受到同仁批评一事评论道:虽然这位官吏的行为在所提及的事情上客观而论并没有错;不过,他在自己的举止中,以这样或那样的方式显露出"粗暴的军人作风",因此,"我们必须要问自己,他是否具备了处于他那种等级与地位的人绝对必要的有修养的举止。"以此提示他再回任军职。想要废除作为"军事"训练组成部分的射箭与其他非常古老的体育活动——其起源可能与跟"男子之家"相联系的礼仪有关——几乎是不可能的。慈禧太后之所以拒绝那些改革提案,其中的道理就在于此。

④ 法国的作者们大多把生员、秀才称为"学生",把举人与进士分别称为"硕士"与"博士"。在"学士"这个等里,只有那些出类拔萃的考生有权要求得到奖学金。得到奖学金的学士称为廪生("国库俸禄领受者");由学政(Direktor,相当于今天的校长——译者),选拔出来并送往北京的称为拔贡;其中被准许入太学的,称为优贡;至于那些用金钱买得学士头衔的,称为监生。

身份的陌生人,最先提出的问题通常是:"他已通过几次考试?"因此,尽管中国人崇拜祖先,但有多少个祖先并不是决定其社会地位的要素。情形恰好相反:一个人能否设一个祖庙,并允许在祖庙中供奉多少个祖先,乃视其官位的高低而定。同样,一个人能否像非士人阶层那样在祖庙中享有一个祖宗牌位,也取决于其官阶。① 甚至连城市之神在众神中的地位都得看此一城市官员的级别而定。

在儒教占统治地位的时代里(公元 5—6 世纪),这种入仕做官的办法以及考试制度显然尚未出现。看来,至少在封建诸侯国里,权力通常是掌握在几个"大家族"的手里的。只是汉朝(由一个暴发户所建)才把任人惟贤作为一种原则确立下来。而到了唐代(690 年)才制定了最高级的考试制度。如前所述,人文教育最初极可能(或许有少数例外)——或许还是法制上规定的——是被那些"大家族"所垄断的,就像早期的吠陀教育在印度被垄断的情形一样。这种遗迹一直存在到现在。皇族成员,虽然未能免除所有的考试,但初试是可以免掉的。每位应试者的保证人,直到最近代为止,都必须证明应试者乃"良家出身"。到了近代,这项保证只意味着将理发师、法院差役、乐师、家仆、役夫及其他等人的子孙排除在外。然而,与此种考试制度并行的,还有"荫补"的制度。也就是说,在各省所容许的考生最大配额里,这些高官的子弟享有特殊的和优先的地位。在授予学位的名单上,需要有官方的惯用语"官宦出身"、"庶民出身"。功勋卓著的官员之子弟都可以拥有最低一级的品位,以作为光荣称号。这些都是古代等级状况的遗习。

自 7 世纪末以来,考试制度即已彻底实行。此一考试制度乃是帝国家产制统治者用来防止封闭等级形成的手段之一,以免封建藩臣与政府高级官员独占官职俸禄的权利。考试制度的最初迹象,似乎是出现在后

---

① 子孙所具有的神性的禀赋,也就是其氏族及祖先的神性的禀赋的明证。始皇帝在位时,废除了这种习俗,因为儿子不得对父亲下断语。然而尔后,几乎每一个新王朝的建立者都莫不追加其祖先封号。

来成为独裁制的诸侯国秦国,大约是孔子(与 Huang Kong)生活的时代。选官任职,基本上取决于军事上的才干。然而,在《礼记》与《周礼》中,都以相当理性主义的方式,要求地方首长定期考核其下属官吏的道德,并据此呈报皇帝,作为他们晋升的依据。在汉朝这个统一的国家里,和平主义开始成为选拔官吏的主导因素。在士人将正君光武皇帝(即刘秀)于 21 年成功地拥上皇位,并支持他对抗受拥戴的"篡位者"王莽之后,士人的势力即大大地强化起来。在这以后发生的俸禄斗争里,士人发展成为一个团结的等级。关于士人在这些激烈的俸禄斗争里的情况,我们下面还会谈及。

就中国的盛世与文化的真正创造者而言,唐朝的光芒至今仍闪烁不熄。唐代首次(7 世纪)规定了士人的地位,并设立了培养他们的大学。另外又创建了翰林院,即所谓的"科学院"(Akademie,或译研究院)。翰林院首先是编纂史书以了解前贤的往事,其次负责检查皇帝的行为是否符合习俗或道德标准。在经历了蒙古人的风暴后,14 世纪建立了具有民族意识的明朝,并发布了基本上封闭的法规(abschließende Statuten)。[①]按照法规,每个村必须立学,每 25 家设一所。但由于学校并没有得到国家或政府的资助,所以此一法令有名无实,丝毫不起作用。或者确切地说,正如我们在上文中已经知道的,是什么力量控制了学校。官吏们选出最好的学生,并将其中的一定的员额送到大学。大体上,这些大学(即国子监)已经残破,虽然它们有一部分是新近才成立的。1382 年(即明太祖洪武十五年),政府给予这些"大学生"(即监生)米粮以为俸禄;1393年,确定了"大学生"的数目。从 1370 年起,就只有考试合格的人才有任补官职的资格。于是,各地区之间为了争取得到候补官职很快燃起战火,尤其是南北之间。南方的应试者由于来自较为广阔的地区,因而具

---

① 关于这点,参阅 Biot, *Essai sur l'histoire de l'instruction publique en chine et de la corporation des lettre's*, Paris, 1817. 此书仍有参考价值。

有较高的学识,但是北方却是帝国的武力的基石。因此,皇帝进行了干
预,并且惩罚了(!)将"榜首"(Primus,拉丁语,指一个班级中最优男学
生,泛指第一名——译者)给南方人的主考官。南北因此分榜。可是,此
后不久,又立即展开了一场官职荫补的斗争。虽然在 1387 年举办了一
场武官子弟的特考,然而无论文官或武官都进一步要求有指定他们的继
承人的权利,这无异于要求重新封建化(Re-Feudalisierung)。1393 年,
此一要求被认可,不过最后是修正过了的:被荐举者(die Präsentaten)
有进入国子监的优先权,并确保其俸禄的享有权。1465 年时每一官员可
荐举三子,1482 年则限一子。在 15 世纪,我们看到这样的现象:国家由
于急需军费,允许人们用钱买进入国子监的资格(1453 年)以及买官职
(1454 年)。虽然这些措施在 1492 年(明孝宗弘治五年)时被废止,但
1529 年又再恢复。同样,朝廷的各部门之间也互相倾轧。自 736 年(唐
玄宗开元二十四年)后,礼部负责考试,而吏部则负责官员的任命。后者
经常抵制应试者,而前者则以罢考进行还击。形式上是礼部尚书,而实
际上却是吏部尚书(即宫廷大臣 Hausmeier)最后成为中国最有权势的
人。而后,商人也开始入仕,对这些商人,人们曾期望他们少"悭吝"一
些,当然,这种期望是很没有道理的。① 满洲人(清人)支持古老的传统,
因此重视士人,并在尽可能的范围内保持官职分配的"纯洁性"。虽然如
此,跟往日一样,这时仍有三种猎取官职的途径:(1)皇帝恩赐的"公侯"
子弟(考试特权);(2)握有荐举之权的高级官员为其下属官吏所举行的
简单考试(每三到六年举行一次),每次这种考试无疑可使这些属官升到
更高的位置;(3)惟一合法的途径——纯正并有效地以考试获取资格。

考试制度在本质上的确能发挥皇帝所赋予它的各种作用。有一次
(1372 年),有人——我们可以想到是哪一类的人——向皇帝建议,根
据正统的道德神性(Tugendcharisma)所得出的结论,应该废止考试制

---

① 马端临在其著作中即对此表示不满。译文见 Biot, p. 481。

度,因为只要道德一项就足以证明谁可以取得做官的资格。但这个建议很快就被驳回了。这事完全可以理解:因为双方——皇帝和应试者——在考试制度里存在着利害关系,或者至少双方都这样认为。从皇帝的立场而言,考试制度所扮演的角色,正如俄国专制君主的品位秩序(Mjest-nitschestwo,俄文原文为 Местничество,俄国 15 至 17 世纪按贵族门第规定的任官等级——译者)所扮演的角色一样,虽然就技术而言,其手段并不相同。此一制度导致候补者互相竞争官职与俸禄,因而使得他们无法联合起来形成封建官吏贵族。获取官职的机会对任何人开放,只要他们能证明自己有足够的学养。考试制度也因此而达到了它的目的。

四、儒家教育在社会教育体系中的地位[①]

现在,我们要讨论一下这个教育事业在一些伟大的教育类型中所处的地位。当然我们在此无法附带提出一整套关于教育学目的与方法的社会学的类型学。不过,对此作一些短论也许是合适的。

就教育的目的而言,历史上有两种极端对立的类型:一种是要唤起神性(亦即唤起英雄品质或神话天赋);另一种是传授专门化的技术知识。第一种类型相应于具有神性的统治结构;后者则相应于理性的以及现代官僚式的统治结构。这两种类型虽然对立,但彼此间并非没有任何的关联或过渡。武士英雄或巫师也需要专门的训练,而专门官吏一般而言也不完全只接受知识上的训练。然而,它们是相互对立的两极。在这极端对立的两者之间则存在着各种教育类型,其目的无非是要养成学生的某种一定的生活方式。无论这种生活方式是世俗的还是宗教的,但归根结底是有等级之别的。

巫师与武士英雄所给予其子弟的那种古老的神秘的禁欲精神及英

---

① 关于所出的题目,Williams 有举例,参见 Zi, a. a. o.

雄式的神性教育,目的在于帮助尚未剃度的出家人(Novize)获得一种泛灵论意义上的"新灵魂",并且由此而获得再生。用我们的话来说,在于唤起作为纯粹个人的新受训者天赋的才能,并对这种才能加以考验。因为神性既教不来,也训练不来。它要么在胚胎中即已存在,要么通过一种神话般的再生奇迹而注入,除此之外,它是达不到的。相反,专业教育则试图训练学生,使之实际上符合于管理的目的。具体地说,使之能用于行政机关、商业办事处、工场作坊、科学或工业实验室,以及有纪律的军队等组织里。原则上,任何人都可以受训以达此目的,虽然程度各有不同。最后,修养教育(Kultivationspädagogik)则企图教育出一种"文化人",至于这种文化人的性质如何,则得看起决定性作用的社会阶层的文化理想而定。这意味着培养一个人某种内在与外在的生活态度。原则上,这在每个人的身上都可以做到,只是目标各有不同。如果起决定性作用的阶层是一个等级上优先的武士阶层(例如日本),教育的目标就是把学生塑造成某种典型的武士宫臣,他们鄙视舞文弄墨的士人(die Federfuchserei),就像日本的武士(Samurai)所鄙视的一样。在特殊的场合,这个武士阶层也会呈现出不同的特征。如果起决定性作用的是一个教士阶层,那么其教育目的在于把门徒培养成为一个圣典学者(Schriftgelehrter),或者至少成为一名知识分子;同样,其间也有极为不同的特色。事实上,这许多组合与中间环节从未以纯粹的形式存在过,所以我们在本文里无法加以讨论。这里,我们只想谈一谈中国的教育在这些教育类型中的地位。原始的神性再生教育的遗习,诸如乳名、前已简单论及的少年成年仪式(Jünglings weihe)以及新郎易名(原文如此)等等,在中国长久以来就是与教育资格考试并行的一种仪式(正如我们西方的新教坚信礼一样)。资格考试由政治当局所垄断,然而从教育手段上看,教育资格考试——就一种普通教育的意义而言——又是一种"文化的"资格教育。这种"文化的"资格教育,类似西方传统的人文主义的资格教育,但又别具特性。在德国,这种人文主义的资格教育,一直到最近为止,都还是走向民政及军事领导地位的官职生涯所必需的一个先决条件。同时,此种人文主义的教育也在有待培养成为军政领导的学生身上加盖了印记,表明他们在社会上是属于"有教养者"阶层。然而在进行等级教育的同时德国已加入了理性的专业训练,并且部分地取代了此种等级的资格教育——这是中国与西方非常重要的区别。

中国的考试,并不像我们西方为法学家、医师或技术人员等所制定的新式的、理性官僚主义的考试章程一样确定某种专业资格。另一方面,中国的考试也不确定考生是否具有神性,如对巫师与男子社团(Männerbünde)所进行的典型的考验。当然,我们在下文中需要马上对这个命题加以限定。不过,至少就考试技术而言,这个说法毕竟是对的。中国的考试,目的在于考查学生是否完全具备经典知识以及由此产生的、适合于一个有教养的人的思考方式。对于这种特殊资格的要求,中国的学校要比我们的人文高级文科中学(Humanistische Gymnasien)更为强烈。我们的人文高级文科中学,今天大多追求实际的目的,借助古希腊罗马的文化对学生进行正规训练。就考试时向学生提出的试题而言,中国的低年级学生的毕业考试的试题,大体上具有德国高级文科中学最高年级的作文题目的性质,或许说得更确切些,相当于德国女子学院尖子班(Selekta)的论文试题。所有阶段的考试都要检查对书法、文体以及对古典经籍的掌握[①]程度,最后——和我们的宗教、历史与德语课相类似——是对某种可以说是规定的思想的检查[②]。这种教育的性质一方面是纯世俗性的,另一方面则受到正统解释的经典作者的固定规范的约束,因而是极度封闭且墨守经文的教育。就我们讨论的内容而言,这点

---

① 在中级("硕士级")考试里尤其如此:论文题目多半是要求对某有关的经典文本作一种旁征博引的、训诂的、文献的与历史的分析。参见 Zi, a. a. o. p. 144 所举的例子。

② 这主要发生在最高一级("博士级")考试(即殿试——译者)的时候。殿试通常是由皇帝亲自出题,毕业生的等级也由皇帝决定。殿试时通常出的题目,主要涉及行政上的动机问题(Opportunitätsfragen),特别是唐(Tang?)帝的"六问"之一(参见 Biot, p. 209,注 1 及 Zi, a. a. o. p. 200,注 1)。

是至关重要的。

在印度教、犹太教、基督教和伊斯兰教里，教育之所以具有文献性质，是由于教育完全掌握在受过文献教育的婆罗门及经师，或受过专业文献训练的信奉书本宗教（Buchreligion，其宗教命令基本上是文书形式的启示，并且启示的灵感是从被写下的文字中得到——译者）的牧师和修道士的手中。相反，有文化教养的希腊人，只要教育仍然是希腊式的，而非"古希腊文化的"（hellenistisch），主要仍保持作为一个美丽青年（E-phebe）与重步兵（Hoplit）的身份。《宴飨篇》（Symposion）中的对话，最清楚地说明了上述论断：柏拉图笔下的苏格拉底说道，他在战场上——套用大学生的用语——从来也不曾"畏缩"（gekniffen）过；同样，柏拉图也曾借阿尔希比阿地斯（Alkibiades）之口说出了同样重要的话。中世纪的骑士军事教育以及后来的文艺复兴时期的沙龙士绅教育，对早期经由经典、教士及僧侣所传授的教育来说，是一种抗衡力量，具有不同的社会意义。在犹太教与中国，此种可相抗衡的教育，在某些地方完全没有，在另一些地方也差不多是完全没有。在印度，就像在中国，文献教育手段的实际内容，是赞美诗、叙事短篇小说以及仪式、典礼上的决疑辩难（Ka-suistik，引述理论、社会习俗惯例等进行判断的决疑论——译者）。然而，在印度，文献教育以宇宙起源学说的和宗教哲学的思辨作为其基础。在中国，虽说这类的思辨在经典作家的作品及继受下来的注释里并非完全缺乏，但显然，它们只扮演着一个非常次要的角色。代替这类宇宙创生、宗教以及哲学思辨的是中国的作者们发展出的社会伦理的合理体系。中国的知识阶层，从来就不是一个像婆罗门一样的自主的学者阶层，而是一个由官员和官职候补人组成的阶层。

中国的中等教育（Höhere Bildung）并非一直像今天这个样子。封建诸侯的公共学校（Pan Kung，泮宫），除了传授礼仪与文献知识外，还教舞蹈与武艺。只是当帝国成为一个家产制的统一而和平的国家，以及最终实行通过考试选拔官员的制度之后，与早期希腊教育极为相似的古老教育,就被转变成一直流传了 20 个世纪之久的这个样子。

中国中世纪时期的教育,尽管起决定性作用的是如正统的"小学"(Siao-Hio,指研究文字、训诂、音韵的学问。古时小学先教六书,所以有这名称——译者)这样的教材,但舞蹈与音乐仍有相当的分量。虽然古代所留下来的战舞似乎只是一些残编断简,但是孩童还得按年纪学习某些舞蹈,其目的是为了抑制有害的情欲。如果小孩在受教时表现不佳,则应让他跳舞与歌唱。音乐能使人变好,而礼和乐则是自制的基础。[①]在这方面,音乐所具有的神秘的意义是首要的:正确的音乐,即根据古老的规则并严格按古老的标准使用的音乐,可以镇鬼神。[②] 在中世纪,射箭与驾车(即射与御)仍然被认为是士绅子弟的一般教育项目。[③] 不过,这基本上只是个理论上的问题。实际上,只要我们细查一下小学的学习科目,就会发现,家庭教育——从七岁起就按男女性别分开——主要是向孩子灌输一种大大超乎西方人所能想象的礼仪——一种特别强调对父母、对所有的长辈及一般长者尊敬与崇敬的礼仪。至于其他,小学讲的几乎全部是自我控制的规则。

除此种家庭教育以外,还办有学校教育。每个县按理应设有一所公立学校(volksschule,指八年制中小学或四年制小学——译者)。中等教育则以通过第一关的入学考试为先决条件。中国的中等教育因此具有两个特点:第一,它就像所有由僧侣所举办的教育一样,完全是非军事的,纯粹是文献性的;第二,严格地说,它是文字性的,亦即它将书写的性质发展到极端。这一点部分是由于中国文字的特殊性以及由此特殊性所形成的文学艺术所造成的结果。[④] 由于中国文字一直保留着图像的特

---

① 参见 *de Harlez ed . Siao Hio*(《小学》), Vol. Ⅴ. p.11, Vol. Ⅰ. pp. 29, 40。朱子的引言,p.46, a. a. o. 关于年龄阶段的问题,参见 Vol. Ⅰ. p. 13。

② a. a. o. Vol. Ⅰ. 2, 25,以及导论 Nr. 5f。

③ 这也有文献上的规定。

④ 此处有关语言和文字的叙述,全部采自那些杰出的汉学家,特别是已故的 W. Grube 教导非专家时的纪实,而并非笔者自己的研究所得。

色,并未理性化为地中海商业民族所创造出来的拼音字母的形式,所以,中国的文学作品同时诉之于眼睛与耳朵,并且主要诉之于眼睛。任何古典经文的"朗读",本身就是一种从字形到(非书写)话语的转译。尤其是古老文字的直观性质,其本质就与口说的语言距离遥远。单音节的语言,不仅要求听音(Laut),而且要求听调(Ton),再加上它的严整简洁及其句法结构上的严密的逻辑性,使它与文字的那种纯直观的性质形成极其鲜明的对照(中国语言由声母与韵母组合成字音,结果文字的数量大大超过了发音类别,因此必须以平、上、去、入四个声调来区分同音异字——译者)。但是,正如格鲁柏(Grube)所正确指出的,中国的语言,部分由于它具有异常理性的结构,所以它无法为诗与系统性思维服务,也无法促进演说术的发展;而希腊文、拉丁文、法文、德文及俄文等诸语言的结构,各自以适合自己语言的方式发展出雄辩术来。文字符号(Schriftzeichen)的数量,较之必然受到限制的语词音节(Wortsilbe)的数量,显然要丰富得多。因此,所有的幻想与热情就自然远离贫乏且公式化和理智化的口语,而转向寂静优美的书面语言。通常的诗歌语言(Dichtungssprache)归根到底是从属于文字的。具有艺术价值并与士绅身份相称的,不是口语,而是书写与阅读,因此士绅能接受书写的艺术产品,口语是属于庶民的事情。这点正好与希腊文化形成极鲜明的对照。希腊人认为谈话(Konversation,或译对话)就是一切,所有的感受与直观都得转译为对话这种合适的形式。在中国,文学文化(Literarische Kultur)的最精巧的作品,在一定程度上既聋且哑地交织在如丝缎般的光滑中,其价值远高于戏曲,戏曲只是在蒙古人统治时期才开始繁荣。在著名的社会哲学家中,孟子系统地使用了对话的形式。正是由于这个缘故,我们很容易把他视为惟一完全达到"明晰性"的儒教代表人物。被雅理各(Legge)称为"孔子语录"的《论语》之所以给我们如此强烈的影响,也正是因为在中国(偶亦见于其他各种文化),学说是以宗师回答弟子问题时所用的警句——部分或许是真的——来表达的。因此,在我们西方人看来,这就是被转换成口语的形式了。此外,叙事文献中尚有古时战争国王对军队的讲话,简洁雄浑,给人以深刻的印象。另外,一部分具有教导意义的史书是由演说词组成的,其性质相当于教皇的"训谕"(Allokution,指罗马教皇对红衣主教的告谕——译者)。除此之外,演说在官方文献中就无关紧要了。演说之所以无法发展,正如我们在下文中即将看到的,是由于社会与政治上的因素。一方面,中国的语言尽管有其逻辑的特性,但中国的思维还是一直停滞于相当具体形象(直观)的状态。逻辑、定义与推理的力量,尚未为中国人所接受。另一方面,这种纯粹的文字教育使得思想与表情(即表达动作)相分离,其分离的程度,较之任何其他具有文献性质的教育来得更大些。在学生了解字义之前两年,要学写大约 2000 个字符。同时,考生必须把注意力放在文体、诗艺、古典经文的精通以及思想的表达上。

非常突出的是,在中国的教育里,甚至在小学教育里,缺乏任何计算的训练。然而,在公元前 6 世纪时,亦即战国时代,中国已发展出进位的思想(der Positionsgedanke)。[①] 流通中的"算计"(Rechenhaftigkeif)遍及居民的各个阶层,而行政部门的结算既细致入微,又漫无头绪,其原因则如上述。中古时期的青年教育(《小学》第一篇,第二十九章)里,也将算术列于"六艺"之中。战国时代的数学据说就包含了比例法则运算、商业计算以及三角学。据说,这些文献在始皇帝焚书时全都化为灰烬了。[②]无论如何,计算在后代的教育里再也没有被提及。[③]

在历史过程中,计算在官绅阶级的教育里节节后退,最后终于完全消失:受过教育的商人只好在账房间里学习计算。自从帝国统一和理性

---

① 参见 J. Edkins, *Local value in Chinese Arithmetical notation*, Journ. of the Peking Oriental Society Ⅰ Nr. 4, p. 161f。中国的算盘所采取的是十进位法。已经失传的古老进位法似乎源于巴比伦。

② 参见 de Harlez, Siao Hio, p. 42, 注 3。

③ 俄国学者 Timkovski 也强调这一点,见其 *Reise durch China* (1820—1821),由 Schmid 译为德语(Leipzig 1825)。

化倾向在国家管理中衰退之后,官员就是一个有教养的士人,而不是一个有"闲暇"从事计算的人。

此教育的世俗性质,使它与其他的、通常和它相近的文献性质的教育体系形成鲜明的对照。中国的文献考试纯粹是政治事务。学业的传授部分来自个别私人的教师,部分则来自大学所设立的师资,而没有任何的教士参与其中。西方中世纪时的基督教大学之成立,是出于实际的和理念上的需要,即需要一种理性的、世俗的和教会的法学以及一种理性的(辩证的)神学。伊斯兰教大学,照着后期的罗马法律学校与基督教神学的样子,从事圣律与教义的决疑论难;犹太教的经师(拉比)则做法律的诠释工作;而婆罗门的各哲学派别则专注于思辨哲学、仪式与圣律。总而言之,授课者均是由教会的高级人员或神学家组成的教师团体,或者至少是其基本的成员。另外则有世俗的教师,他们负责传授其他的专业知识。在基督教、伊斯兰教与印度教的教育里,俸禄便是目标,为了俸禄,教育文凭便成为追求的对象。此外,追求者当然也希望能获得从事仪式活动与拯救灵魂的资格。至于"无偿"(gratis)地进行劳动的古犹太教师(拉比的前身),其目标则只是想取得指导俗人律法事务的资格,因为此种授课在宗教上是不可缺少的。

不过,上述的种种教育始终受到神圣的或宗教仪式的著作的约束。只有希腊的各哲学流派纯粹从事俗人教育工作,摆脱了所有经典的束缚以及对俸禄的直接关注,而完全投身于希腊式的"绅士"(Kaloikagathoi,美善合一者——译者)的教育。中国的教育不仅考虑到俸禄利益,而且受到经书的束缚,但它是一种纯粹的俗人教育,一方面具有仪式、典礼的性质,另一方面又具有传统主义的、伦理的特性。学校既不教数学、自然科学,也不教地理学及文法。中国的哲学并不像希腊的哲学那样,具有一种思辨与系统性的性质,并且从另外的意义上说,也不具有像印度教及西方神学所具有的上述特质。中国的哲学缺乏西方的法律学所具有的理性——形式化的特性,也缺乏拉比的、伊斯兰的以及印度的哲学所具有的那种经验的决疑论之特性。中国的哲学并没有蕴生出烦琐哲学，因为它并不像以希腊思想为基础的西方与近东哲学那样从事专门的逻辑学研究。逻辑学的概念对中国哲学向来是陌生的，因为中国的哲学始终以全然实际的问题与家产制官僚体系的等级利益为其思考的取向，它离不开经书，缺乏辩证性。这意味着中国哲学不知道所有西方哲学的这些核心问题，这个事实很明显地表现于中国哲学家——尤其是孔子——的思维方式之中。中国哲学家的思维方式是极其实践的、务实的，其思想工具固守着一种形态，这种形态——恰恰表现在某些被认为是孔子所言的真正精妙的格言里——以其隐喻的寓意性使人觉得更接近印第安酋长的表达方式，而非理性的论证。由希腊城邦首先发展出来的演说乃是政治上和法庭上起作用的理性手段，在缺乏形式化司法的官僚式家产制国家里显然没有发展的余地。中国的司法，一部分是（由高级官员主持的）草率的专制司法（Summarische Kabinettsjustiz，指政府或高级官员对案件的非法干预——译者），一部分是案卷司法（Aktenjustiz，完全依靠公文办案——译者）。没有辩护词（Plädoyer，检察官或辩护律师在判决前所作的总结发言——译者），只有参加者的书面呈文与口头交代。中国的官僚机构注重传统的风尚和礼节，这些束缚同样有碍于法庭辩论的发展。中国的官僚体系认为，讨论"最后的"（Letzte，意为微不足道的——译者）思辨问题在实际上毫无用处并且是不适当的，因为这可能带来革新；顾及自身的地位，他们拒绝讨论这些问题。

如果说科举考试的技术及实际内容在性质上全然是世俗的，代表一种"对士人文化修养的考试"，而一般民众对士人的看法则完全是另一回事了：他们赋予士人一种神秘的神性意义。在民众的眼里，一个通过考试的候选人，绝对不仅只是个在知识上够资格做官的人，他已证明拥有神奇的特性。我们将会看到，一个有资格证书的中国官吏所具有的神性，就如同一个神宠教会组织（Kirchliche Gnademanstalt）中考试合格且被授予圣职的教士所拥有的一样，或者如同一个通过其行会考试并证明合格的巫师所拥有的一样。那些成功地通过考试的候选人与官员之地位,在几个重要的方面,都与天主教的神甫助手(Kaplan)的地位有相似之处。对一个弟子而言,完成了课业与考试,并不意味着他的未成熟期已告结束。想通过考试取得初级学位(Baccalaureat,指生员、秀才——译者)的考生,受到校长和考官的严格管束。考生如果表现不佳,则会遭到除名,还可能会被打手心。在地方考试(即在贡院举行的乡试或会试)的考场里,考生罹患重病或甚至自杀的情形屡见不鲜。而考试被视为神性的、巫术性的"考验",考生患重病或自杀,被认为是个人品行恶劣的明证。官职候补人在严密的监视下幸运地通过较高一级的考试,最终获得一个与他所通过考试次数与等级相应、并由其保荐者所推举的官职后,往后的一生仍然在学校的控制之下。除了受上司的控制以外,他还得经常地接受御史的监视与批评:他们的训斥甚至涉及天子在礼仪上的正确与否。官员的自责(Selbstanklage)①,不仅历来有所规定(类似天主教的忏悔,被看作是一种功绩),而且是定期的,通常每三年一次。他的功过表,即经过御史与上司可靠的调查予以确认的品行表(Konduite)就会公布在帝国公报上(Reichsanzeiger)。② 根据这张品行表的结果,来决定他是否连任、荣升或者降职。③ 通常,对这张品行表的结果起决定性作用的,不只是事实本身的因素,更重要的是"精神",这种"精神"即终生不渝地坚持公务上的师徒关系(Pennalismus)。

---

① 例如在汉代,即早在考试制度施行之前,一名粗心大意的守边武官即作了这样的自我谴责,见 E. de Chavannes ed. Aural Stein 所收集的文件 Nr. 567。

② 今天的《京报》,其起源可追溯到唐朝(618—907)的第二位统治者(即太宗——译者)。

③ 据《京报》所载,政府部分参考御史的报告,部分参考上司的报告,对官吏作出不同的处理:有功的官吏受到嘉奖和提升(或类似的许诺);缺乏能力、资格不足的官吏则被贬任他职,"以便他能够积累经验"(参见 1897 年 12 月 31 日或其他时候的《京报》),或者停职待命;完全无用的则被除名;成绩卓著但与其失误相抵的,只有改正错误后方得晋升。总之,几乎所有的处置都有详细的理由。这类公告往往选在年终时发布,不过其他时候也不少。也有(显然)死后方被贬降而判以笞刑的情况(见 1895 年 5 月 26 日的《京报》)。

五、士人阶层的等级性质——贵族与贡生的荣誉

所有的士人,即使是那些只通过考试而未任官职者,都是享有特权的社会等级。士人在巩固了自己的地位以后,很快就享有特殊的身份特权。其中最重要的有三:1. 免除徭役,亦即免除卑下的劳动(Sordida munera,拉丁语);2. 免除笞刑;3. 享有俸禄(包括奖学金)。长久以来,由于国家的财政状况,第三项特权经常遭到相当大的折扣。虽然生员(Seng)每年仍能拿到 10 个银元的奖学金,条件是每三到六年之内必须参加举人考试(相当于西方的学士考试 Lizentiat),但这当然无法解决一切。正如我们已经看到的,修业期与待仕期(Karenzzeit)的负担,事实上都是由氏族来承担的。氏族希望能看到他们的成员最终能获得一官半职,以便收回投资。其他的两项特权至今仍有意义。因为,徭役无论减低到何种程度,总是经常发生的;而笞刑还是一种国家的处罚形式。笞打是从中国小学中的恐怖体罚教育就开始的。这种教育的特色令人想起我们中世纪的教育,但其发展更为极端。根据记载,这种教育包含了以下几个特征①:氏族或村落的长老收集了"红卡子",亦即学生的名单(馆单 Kuan tan)之后,就在绰绰有余的无官可任的士人中聘请一位来做某个时期的学校老师。祖庙(或其他空屋)常被用为教室。从早到晚,都可以听到孩子们齐声吼叫(das Unisono-Brüllen)书上诸"行"的声音。学生整天处在一种"迷蒙"(Verbiesterung)的状态之中(中国的"蒙"字象征一头猪在杂草中)。学生(原文为大学生 Student)以及获得学位者(原文为 Graduierte,指府县学的毕业生秀才),仍然会受到打手心的惩罚,但不再打在旧式的德国母亲所用的术语——所谓上帝所允之处(即臀部)上。得到较高学位的人(举人以上),只要他们不被降级,则得以完全

---

① 参见 A. H. Smith, *Village life in China* Edinburg, 1899, p. 66ff。

免除此种体罚。

徭役的免除,是中世纪时就已确立的。但是,尽管(正因为)有这些特权,正如我们所观察到的,它们是靠不住的,因为它们随时会由于遭到贬斥而被剥夺。在这样的基础上——以考试毕业证书作为身份资格、可能遭到的贬斥、青年时期受的体罚、即使到了老年仍然不免常常遭到贬斥——封建的荣誉观念是不可能得到发展的。但是在过去,这种封建荣誉观念曾强烈地支配过中国人的生活。

史书对"坦诚"(Offenneit)和"忠义"(Loyalität)大加颂扬,称它们为基本美德。[1] "光荣地去死"是一句古老的口号。"遭受不幸而不知何以自尽为无勇。"这句话尤其是对一位不战"至死"的军官所发的。[2] 对一位输掉一场战役的将军而言,自杀而死被尊为一种特权。允许他自杀,表示放弃处罚他的权利,因此便要他再三地考虑。[3] 这些封建的观念,由于宗法制的孝的观念而发生了变化:孝意味着为了主人的荣誉,即使结果是毁言加身甚至牺牲性命,也必须加以忍受。一个人在一般的情况下,能够(而且应该)通过忠诚的服务去补偿主人所犯下的一切过错。向父亲、兄长、债主、官吏以及皇帝叩头,确实不是封建荣誉的表征。相反,对一个循规蹈矩的中国人而言,向钟情的女子下跪,简直是一种忌讳。所有这些都与西方的骑士与扈从(Cortegiani)相反。

在很大的程度上,官员的荣誉具有这样一种特性:它是由考试成绩和上司正式的评语确定的学生荣誉,即使在他通过了最高一级的考试后,依然如此。在某种意义上说,每个官僚体系莫不如此,至少在其较低

---

[1] 以下参见 Kun Yu, *Discours des royaumes*, *Annales Nationales des Etats Chinoises de X au V Siecles*, ed. de Harlez, London, 1895, pp. 54, 75, 89, 159, 189 及其他各处。

[2] Tschepe, *Variétés Sinologiques* 27, p. 38。这名武官自请处分。类似的例子见 A. Stein 的文件, a. a. o. Nr. 567。

[3] 参见 1895 年 4 月 10 日的《京报》上的敕令。在威海卫失守之后,那些以身殉职的武官被追加官称。其原因显然是由于他们自己承担罪责,而免除了此一耻辱对皇帝的神性所造成的伤害。

的层次上是如此;在乌滕堡(Württemberg),则有著名的"一分、费舍尔"(Note-I-Fischer,德国学校评分,一分为优秀——译者),即使是处于最高职位上的官员也有这样的成绩记录;不过这与中国的情形极不相同罢了。

六、君子理想

由考试制度所培养出来的这种独特的学生精神,与中国正统的(甚至也几乎是所有非正统的)学说所依据的根本前提紧密相连。神与鬼、善神与恶魔、属天的阳气对属地的阴气等,此种二元论也同样存在于个人身上,这就使得发展人的灵魂中的阳气成为教育(包括自我教育)的惟一任务。① 因为凡是能使自身阳气压倒附在己身的恶灵(鬼)力量的人,就能拥有支配鬼神的力量;根据古老的观念,他就是个具有神奇力量的人。善神指的是那些守护世界之秩序、美与和谐的神灵。因此,使自己达到完美并反映出这种世界的和谐,便是个人可以获得此种神奇力量的至高无上的和惟一的手段。君子(Kiün-tse),亦即"贵人"(der fürstlíche Mensch),以前则是"英雄"(Held),在士人活跃的时代里,就是全面达到自我完善的人。就传统文献所灌输给其信徒的那种古典的永恒的心灵美的准则而言,君子们已成为一种"艺术作品"。另一方面,至迟自汉代起,②士人即坚信,神灵会报偿在社会或伦理上表现卓越的"善良"(Güte)。因此,由古典的(典范的)美所调节的善行,便是自我完善的目标。每一个学生都渴望达到合乎典范的完美的成绩,这也是考试所想证明的最高和最终的标准。李鸿章年轻时的野心便是想成为一个完美的

---

① 不过,至少在某个地区有一太极庙,太极是原始物质(混沌),据说由其中再分别发展出两个实体(即"太极生两仪"——译者)。参见 Michels 所译《十六国疆域志》(*Schih Luh Kuoh Kiang Yun Tschi*),第 39 页。

② 根据 de Groot。

文人,①亦即一个通过最高一级考试的"桂冠诗人"(即进士)。他一直以自己是个杰出的书法家,且能默诵经典,尤其是孔子的《春秋》(前面提到的、照我们的看法是非常不充分的《编年史》)而自豪。他的叔父在确认他有此一能力后,即原谅他年轻时的恶习并为他谋得一个官职。对李鸿章而言,所有其他的知识,诸如代数、天文,都只不过是"成为一个伟大诗人"必不可少的手段罢了。他为慈禧太后所作的祭嫘祖庙(Tempel der Seidenban-Schutzgöttin,嫘祖系传说中黄帝的妻子,发明养蚕——译者)的祈祷文,由于达到古典诗的完美,因而得宠于皇太后。

机智的文字游戏、婉转的表达法、引经据典以及洗练而纯粹的文字修养,被认为是士绅君子会话的典范。所有的现实政治都被排除于此种会话之外。② 令我们西方人感到奇怪的是,这种纯化的(Sublimiert,被升华的)、受经典束缚的"沙龙"教养,如何能治理广大的疆土。而事实上,即使在中国,也的确无法光以诗来管理国家大事。但中国的官职受禄者却通过其文书形式之合于准则的正确性,来证明其等级资格,证明其神性。因此,此种文书形式便在官方的文书往来中具有重要的意义。皇帝众多的重要的诏书——皇帝扮演文艺大祭司的角色——用的就是说教诗(Lehrgedicht)的形式。另一方面,官吏必须以其管辖的"和谐"来证明其神性,也就是说不允许有任何由于自然或人事的不安而造成的纷扰。实际上的管辖"工作"则可由下层官僚来负责。如前所述,在官员上面的,是身为最高祭司的皇帝、他的士人研究院及其御史团。他们可以公开给予官员酬报、处罚、斥责、警告、鼓励或嘉奖。

官吏的全部管理活动以及事业上的命运,连同他们的辩解,由于"人事档案"的印发以及所有那些报告、奏议与鉴定的发表,都公之于群众,

---

① 参见 Gräfin Hagen 摘译的李鸿章的回忆录, Berlin, 1915, p. 27, 29, 33。

② 参见陈季同(Tscheng Ki Tong)为欧洲人写的那些绝妙精巧(虽然相当肤浅)的篇章,由 A. Schultze 译成德语: *China und die Chinesen*, Dresden und Leipzig, 1866, p. 158。关于中国的会话, Eduard Graf von Keyserling 在其 *Reisetagebuch eines Philosophen* 中有所提及。他对中国的会话所作的某些观察与上述颇相符。

其公开的程度远大于我们西方任何一个在议会监督下的管理,西方的议会管理极端重视保守"公事秘密"。至少根据官方的说法,中国的政务通报是皇帝呈奏上天与其臣民的一份连续的报告书,是由皇帝的神性资格而产生的一种特殊责任的古典表现。无论官方理由的真实性与所公布资料的完整性多么可疑——毕竟我们的官僚系统所传达给议会的也是如此,中国的这套程序,至少在舆论对官吏管理工作的意见压力间,设置了一道相当坚固而且经常有效的安全阀。

七、官吏的威望

在所有的家产制国家里——包括中国及其他国家,老百姓的憎恨与不信任,主要针对着与人民实际接触最密切的下层统治者。民众对政治的冷漠并逃避与"国家"的任何接触(这种接触并不绝对必要),在中国是典型的,其他的家产制体系也不例外。但此种不问政治的态度并不损害塑造中国民众性格的官方教育的重要意义。

训练期间的严格要求,部分是由于中国文字的独特性,部分则是由于教材的特色所致。这些严格的要求以及通常是很长的等候官职的时间,迫使那些无法靠自己的财产、借债或前面已经提到的家族积蓄过活的人,在完成其学业之前,就得找一样(从商人到神医等各式各样的)实际职业。因此,他们并没有学到经典原著,而只是学到最高的(第六级)教本《小学》①,此书因其年代久远而令人崇敬,其内容主要是经典作家的文章选录。将读书人圈子与官僚体系分隔开的,只是文化程度上的不同,而不是教育种类上的不同,因为只有经典教育这一种教育。落第者

---

① 《小学》(由 de Harlez 译为法语,载 *Annales du Musée Guimet* XV 1889)为朱子(12 世纪)所著。朱子最重要的功绩是以系统化的形式将儒教彻底圣典化。关于朱子,参见 Gall, *Le Philosophe Tchou Hi*, *Sa doctrineetc.*, Variétés sinologiques 6., Schanghai, 1894。《小学》基本上是以历史实例来注解《礼记》的通俗易懂的书。在中国,每个小学生都熟悉它。

的百分比极高。由于各省举人的名额是固定的,①因而较高一级的考试合格者在比例上要更小,但他们总是要比官职候补人的数目多出好几倍。于是,他们就借助私人的保举,②靠着自己的或借来的金钱购买这些官职缺额,争取得到这些官职俸禄。俸禄官职的售卖,在中国与在欧洲的功能是一样的,是一种为了国家目的来筹集资金的手段,而且经常取代正常的考试取士。③ 改革者反对卖官职的抗议,正如在《京报》上的无数类似的抗议书所表现的,一直持续到此古老体制的最后一天。

官吏的正式任期较短,一般为三年。这与伊斯兰教相应的制度相似。由于任期短,使得国家统辖——尽管在理论上它是万能的——无法对经济施加有力而理性的影响,只能断断续续间歇不定地干预经济。国家辖制拥有的固定官吏(专任官吏)寥若晨星,一点也不够用。单是这些官吏的数字就足以显示,通常事件只好任其自然,只要事件的发展不涉及国家的权力及财政的利益,只要传统的势力——氏族、村落、行会以及其他的职业团体——仍然是秩序的正常的承担者。不过,虽然民众对政治持非常冷漠的态度(前文中已提到),官职候补者阶层的观点却对中产阶级的生活态度产生相当大的影响。其原因首先和主要在于,一般老百姓认为通过科举取得任官资格者具有神秘的神性。考生通过考试的成

---

① 各州省都有"举人"的配额。当公布某种紧急公债(Notanleihe)时,就会出现这样的情况——甚至在太平天国革命之后,筹集到所规定的最小金额的省份,通常被答应提高举人的配额。每次科举,只取 10 名"进士",其中的前三名享有特别的尊荣。

② 只要比较一下这三名获得最高学位者的来历和最高级官员的来历,就可以清楚地看出私人保举的支配地位,见 Zi, a. a. O. Appendix 11, p. 221,注 1。在 1646 年到 1914 年间,高级官吏共有 748 名,而满洲人就占了 398 人,虽然其中只有三人获得最高的学位(由皇帝取置榜首的三名进士)。撇开这点不谈,湖南省凭借曾家的权势地位,也占去 58 席,也就是所有高官的 1/6,而将近 2/3 的进士级学位获得者则出身于其他各省,不过在高级官员中总共才占了 30%。

③ 明朝的皇帝们于 1453 年首先有系统地运用这个办法(不过,卖官作为一种财政手段,始皇帝早已采行)。最低一级的买官金原先是 108 皮阿斯特(Piaster,尤指埃及、土耳其等国的辅币单位——译者),大约相当于学俸的资本价格,后来则为 60 两纹银。在一次黄河泛滥后,为了扩大市场以筹措到可观的资金,价格一度滑落到 20~30 两。自 1693 年起,"生员资格"的买主也准许参加高等的科考。道台一职的买价,连同所有的附加费用,约需 4 万两。

绩证明,他在很大的程度上是"神"的载体。高级官员被认为具有巫术性资格。如果他们的神性得到"证实",他们死后或甚至在生前,就经常会成为崇拜的对象。书法(Schreibwesen)与文件所具有的原始神秘意义,赋予他们的印章与笔迹以驱邪和治病的作用,考生的应试用具,甚至进而也有这种神秘的意义。凡有子弟被皇帝点为最高级考试第一名(即状元)的省份,不仅获得一项荣誉,同时也得到一份利益,[①]而所有通过考试被榜上题名的人,都会"名闻乡里"。每一个重要的行会与其他俱乐部,都必须有一士人来担任秘书,这些及类似的职位都开放给那些分配不到官职但却获得功名的读书人(原文为 Promovierte,获得博士学位者)。拥有官职者以及官职候补者,由于他们的巫术性的神性以及他们的保举关系(尤其当他们是出身于小市民阶级时),他们就理所当然地成为"听取忏悔的神父"和氏族之所有重要事务的顾问,在这点上,他们类似印度发挥着同等作用的婆罗门(导师,Gurus)。拥有官职者(即官员),正如我们刚才提到的,与国家御用的大包商及大商人不相上下,是最有机会累积财富的人。因此,不论是在经济上还是人事方面,这个官吏阶层对居民——不管是在氏族之内还是在氏族之外——的巨大影响力,差不多等于埃及的书记和祭司的联合影响力。不过在氏族内部,长老的权威,正如我们先前所强调过的,还是个强大的抗衡力量。尽管在民间戏剧中个别官吏的"尊严"(Würdigkeit)遭到人们的嘲笑,但文献教育的威望坚如磐石地深植于民众心中,直到西方训练的现代知识阶层出现,这种威望才被摧毁。

八、经济政策的见解

知识阶层的这种社会性质决定了他们在经济政策上的立场。据相

---

① 这就是皇帝在安排进士的名次时,有可能会考虑到候选人是否属于那些从未出过状元的省份的原因。

传数千年的说法,中国的国家制度具有一种宗教与功利的福利国家的性质,这点与带有神权政治印记的家产官僚体制结构的许多其他典型特征倒是一致的。诚然,由于上面已经讨论过的原因,自古以来实际的国家政策,总是对经济的经营管理(die Wirtschaftsgebarung)采取放任自流的态度,至少在关于生产与营利事业方面。中国的情形与古代近东的情形一样,除非有新的移民、进行水利工程以改良土壤以及财政或军事的利益等因素介入,国家才会干涉经济生活。军事及军事财政上的利益对经济生活的干涉往往是相当深入的。正如我们所看到的,这些干涉包括赋役、垄断政策和税收诸方面,干涉到重商主义和等级制度的规则。随着国家黩武主义的结束,所有这类计划性的"经济政策"归于消失。政府意识到其管理机器的脆弱,因此只满足于关心河道的排水与维护,这可是供应几个重要省份米粮所不可缺的;至于其他方面,则保持着典型的家产制应付物价上涨与消费的政策。政府不具有现代意义上的"商业政策"。① 据我们所知,官员在水道沿线上所设立的税所,只是基于国库上的理由,而从来不具有经济政策的性质。如果撇开紧急状态不谈——这往往会对具有神性的政治当局构成政治危机,政府大体上只注意国库的需求与警方的经济政治利益。就我们所知,在 11 世纪的时候,王安石曾经怀有最宏伟之蓝图,想要建立起一个统一的经济组织,即建立一个垄断全部庄稼收成的国家商业组织。除了国库的收益之外,此一计划首先要解决的是平衡物价以及相关的土地租税改革等问题。但这个尝试失

---

① 司马迁的贸易均衡论著(即《平准书》——译者),是中国财政学的一篇非常杰出的代表作,也是中国国民经济学的年代最古老的文献(参见(Chavannes ed. Nr. 8, Kapitel ⅩⅩⅩ in Vol. 111)。在我们看来,不属于"贸易均衡"的题目有如下这些:战国时期商人的巨额利润,国家统一后商人地位的下降及其被拒于官职之外,薪金的固定及随之而来的地租之固定,商业、山林、水域(为豪族所占有)的租税课征,私铸货币的问题,私人财富过巨的危险(不过,按照孔子的说法,有财斯有德),运输费用,用钱买官爵,盐铁专卖,商人注册,国内税(Binnenzölle,如关卡所征的税——译者),稳定物价的政策,反对向国家供货商投标(直接向手工业者投标),等等。此种财政政策的目的,在于通过稳定性达到国内的安定,而不在于对外贸易的均衡。

败了。因此,经济在很大程度上继续处于无人管理的状态;与此相适应,厌恶"国家干涉"经济事务成为一种持久的基本情绪。此一情绪特别针对垄断的特权①,而垄断恰好又是任何家产制政权习惯用来解决财政问题的手段。不过,臣民的一切福利依赖于统治者神性的这种信念,导致许多不同的观念的产生,而反对国家干涉经济事务只不过是其中之一。这些观念往往相当突然地产生,彼此缺乏任何的联系,使得家产制政权不断地(至少时常地)干涉各种事务,这同样也是一种典型的现象。再者,政府当然有权在饥馑时管制消费,制定出相应的食品政策;此一政策也是儒教理论的一部分,儒教理论有各式各样关于支出的特别的规范。不言而喻,任何官僚制度都特别厌恶由纯粹的经济因素即由自由交换所引起的过于明显的社会分化。中国这一世界帝国,经济上基本变得自给自足,社会上均等划分(sozial gleichartig gegliedert),在这些条件下,经济情况日益稳定,因此不可能产生如 17 世纪英国文献里所探讨的经济问题。当时存在于英国的、政治上为政府所无法忽视的并且还有"政治性小册子"(Pamphlet)为其利益辩护的自信的市民阶层,在中国是没有的。在家产制官僚政体的条件下,政府的态度是"静态的",也就是说,只有当传统及官僚阶层的特权受到威胁时,政府才会认真地考虑商人行会的态度。政府并没有采取"动态的"态度,因为中国不存在(不复存在)有足够强大的扩张性资本主义的利益,而在英国却存在这种利益,它能迫使政府为其服务。

九、士人阶层的政敌——苏丹制与宦官

只有当我们对士人所必须对抗的势力有所认识之后,才能理解士人

---

① 公行商人在惟一对外国人开放的广州港口之贸易独占权,一直持续到 1892 年,此一措施旨在阻止野蛮人与中国人的任何交往。此种商业垄断所取得的巨大收益,使参与贸易垄断的俸禄官职者斥拒任何自愿改变这种状况的企图。

总的政治地位。此处,我们暂且不谈各种异端邪说,因为后面(第七章)我们将会谈到。

在早期,士人的主要对手是那些封建时代的"世家",他们不愿放弃对官职的垄断。他们必须适应家产制度的要求与占优势的文献知识,设法找到各种途径与手段,利用皇帝的宠幸来为其子孙铺平道路。其后,士人的对手是那些资本主义的买官者:这是等级平等化(Ständische Nivellierung)与财政中的货币经济所造成的自然结果。士人与买官者的斗争不可能是持久的和绝对成功的,而只可能是相对成功的。因为每次战争的需求总会迫使缺乏资金的中央政府以高价卖出官职俸禄作为应付军需的惟一手段。这种做法一直持续到近代。士人除了必须对抗世家与买官者以外,还必须要应付政府对专家官吏的理性主义的兴趣。专家官吏早在601年的隋文帝治下就出现了。1068年(宋神宗熙宁元年),正值宋与西夏及辽进行艰苦的自卫战争的时候,在王安石当政下,专家官吏曾欢庆过一次短命的全面胜利。但传统又再次击败他们,而他们的这一次失败是永远的。然后士人只剩下一个主要而且是永久的敌人:苏丹制(Sultanismus,某些伊斯兰教国家的君主制——译者)与支持此制的宦官理政。① 儒士因而对于后宫的势力怀有很深的疑虑。看不到士人与宦官的这一斗争,是很难理解中国历史的。

士人与苏丹制之间2000年来持续不断的斗争,是从始皇帝时开始的。此一斗争发生在每一个朝代,因为有进取心的统治者总想借助宦官与平民暴发户的力量,来摆脱自己对有身份的士人阶层的依赖。无数反对这种专制形式的士人,不得不为自己等级的权力而牺牲自己的生命。

---

① 有关这方面的材料,不仅充斥于官方编写的明史中(参见下注),而且也大量地出现在《十六国疆域志》里(见 *Histoire géographique des XVI Royaumes*, ed. Michels, Paris, 1891)。1368年,在翰林院的请求下,宦官被逐出国家政务之外(p. 7)。1498年,翰林院抓住皇宫失火的机会,向皇帝递交呈文,要求"言论自由"(发生事故时的典型要求),对抗宦官宠臣(参见下注)。

不过,长期的斗争,归根结底还是士人获胜。① 每一次的干旱、洪水、日食、战败以及任何发生的具有威胁性的事件,都会很快使权力落入士人的手中。因为这些事件都被认为是与传统决裂以及废弃古典生活方式所造成的结果,而此一传统与生活方式的守护者,恰恰是以御史及"翰林院"为其代表的士人。当这些事件发生时,当局允许人们"自由发言",为皇帝出主意,其结果往往是非古典的政府形式被废除,宦官遭到杀害与放逐,生活方式又回复到古典的模式,总之,符合于士人的要求。由于王位继承所采取的方式,后宫体制的危险性是相当大的:未成年的皇帝处于妇人的监护之下,这在一定的时期简直成了规则。最后一位摄政太后慈禧即曾试图借宦官之力统治天下。② 我们在这里不打算讨论道教徒与佛教徒在这些贯穿于整个中国历史上的斗争中所扮演的角色,例如为什么以及到何种程度,他们特别会成为宦官的自然同盟者? 又是在何种局面下,他们和宦官联合起来? 我们愿略微提及,至少在近代的儒教看来,占星术是一种非古典的迷信。③ 它被认为是皇帝赖以治理天下的、具有神性意义的惟一的"道"(Tao)的竞争者。其实,情况原来并非如此。在这里,翰林院与全体星占学家之间的竞争扮演了一个决定性的角色;④或

---

① 例如,在乾隆皇帝钦定的《御撰通鉴纲目》里(ed. Delamarre),我们可以找到有关这种斗争的大量例子。就拿15世纪来说吧:1404年,一名宦官担任军队的统领(Delamarre译本,p. 155),此后即常有此例,如1428年(p. 223)。1409年,宫中内官侵入到行政机构中(p. 168)。1443年,一名翰林大学士要求废除内阁统治、减轻徭役,尤其要求皇帝准许士人参议,结果为宦官所杀(p. 254)。1449年,一名宠幸宦官在士人的要求下被杀(p. 273),不过,1457年又为其立了几座庙。1471年,朝廷顾问与皇帝的往来必须通过宦官(p. 374)。据闻,秦孝公时(公元前361—前328年)也是如此。1472年,宦官提任秘密警察(p. 273),1481年,在御史的要求下,宦官担任秘密警察的制度被废止(p. 289)。1488年,旧有的礼仪又恢复了(此种情形不时发生)。1418年,一名宦官被罢官的同时,士人的处境也非常难堪,因为在这名宦官的身上发现了向其行贿的士人的名单。结果士人成功地隐藏了这份名单,并找到了其他的借口将贿赂者一一去职(eod. p. 422)。

② 参见 Bland and Backhouse, *China unter der Kaiserin-Witwe*, 由 Rauch 从英文译为德文(Berlin, 1812)。另见陶模(Tao Mo)于1901年写的反对慈禧太后使用宦官的著名呈文。

③ 1441年,占星们所预告的日食并没有发生,礼部为此向皇帝道贺,不过,却为皇帝所拒。

④ 参见前文已引的翰林院于1878年向两宫太后呈递的奏章。

许源于耶稣会的天体观测仪器也在此中插上了一脚。

儒教徒确信,宦官所相信的巫术会带来所有类型的灾难。陶模(Tao Mo)在其1901年的呈文里指责太后于1875年不顾御史们的抗谏——御史吴可读(Wu Ko Tu)为此而自杀——而废立应当登基的真正的王位继承人。陶模遗留给皇太后的这份奏章及他写给儿子的书信,都以其雄浑之美而著称,[1]其真诚与坚定的信念是无可置疑的。同样,由于受了宦官的影响[2],皇太后和许多亲王相信义和团(Boxer,有的史书里称为"拳匪"——译者)具有巫术性神性。太后的这一信仰足以说明她的整个政策。在临终时,这位一直令人佩服的女人留下了她的谕告:(1)永远不再让女人来统治中国;(2)永远废除宦官制度。[3]如果报道正确的话,与她的所作所为不一样,这个谕告的内容无疑是实现了。然而,我们也不必怀疑,对于一个真正的儒教徒而言,此后所发生的一切事件,尤其是"革命"与(清)王朝的垮台,只不过证明了相信王朝古典美德的神性意义这一信念的正确性。在现实里未必有、但也可能发生的儒教复辟事件里,此一信念可以被加以利用。

儒教徒归根到底是个和平主义的、以国内福利为政治取向的士人,对军事强权他们自然持拒绝或不理解的态度。儒士与武官的关系前面已经说过。正如我们所看到的,所有的史书关于这类例子比比皆是。史书里可以看到对"禁军"(Prätorianer,原指古罗马皇帝之护卫军——译者)出任御史(及官吏)的抗议。[4]由于宦官特别容易像纳尔塞斯(Narses,东罗马帝国皇帝约士丁尼〔Justinian〕一世的统帅,于552年征服在意大利的东哥特人,554—567年,任意大利首任总督——译者)那样成为受宠的将军,因此士人对于纯粹苏丹制的家产军队之敌视,是不言而喻的。

---

① 参见 Bland and Backhouse, *China unter der Kaiserin-Witwe*, Kap. X1, p. 130f.

② 见太后于1901年2月所下的诏书。

③ 同上。

④ 例如《御撰通鉴纲目》(ed. Delamarre, p. 167, 223)第1409与1428条。早在1388年,也有类似的谕令颁给军人,禁止其干涉行政(a. a. o.)。

士人以曾经推翻受人拥戴的军事篡位者王莽而自豪。可想而知,在独裁者当道时,平民参与统治的危险总是存在的。不过在中国我们只知道有这么一次而已。与此相反,事实上士人是屈服于已建立的政权的,不管该政权像汉朝一样纯粹是经由篡夺而建立的,还是像蒙古人或满洲人的政权那样是由征服而建立的。即使他们必须有所牺牲——例如满洲人占去了50%的官位,而这些人并未具有教育的资格证明,他们也臣服了。只要统治者能顺应士人对仪式与典礼的要求,士人就会——用现代的话来说——立足于"事实的基础"之上。

"按照宪法"(Konstitutionell)——这是儒教徒的理论,皇帝只有在任用持有文凭的(diplomiert)士人作为官员时,方能统治;"依照经典"(Klassisch),皇帝只有任用正统的儒教官员才配统治。对此的任何偏离,只会带来灾祸,而如果还是执迷不悟的话,那么皇帝就会垮台,而王朝也会覆灭。

第六章　儒教的生活取向

一、官僚政治与僧侣统治

中国的家产官僚政治,既不曾受到一个独立自主的僧侣统治(Hierokratie)的竞争,也从未受到一个不断被削弱的封建主义势力或一个从未得到发展的市民阶层势力的侵扰。像中东、伊朗或印度那种在社会上有势力的先知(Prophetie),在中国是闻所未闻的。[1] 这里从来没有一个以超世的神的名义提出伦理"要求"的先知。中国宗教始终如一地不间断性地排除了先知的存在。最高祭司长——政教合一的统治者——所要认真对付的是封建贵族,而非先知。任何让人想到是先知发起的运动,政教合一的政权就会把它视为异端邪教而用暴力有计划地加以扑灭。中国人的"灵魂"从未受到过先知的革命洗礼,[2]也没有私人的"祈祷"。受过礼仪及文献教育的官员,尤其是皇帝,照料着一切,而且也只有他们能够如此。

---

[1] 关于早期的隐士,参见第七章。

[2] 关于佛教,参见第七章与这些论文的第二卷(指 Max Weber, *Hinduismus und Buddhismus*, *Gesammelte Aufsätze zur Religionssoziologie*, vol. Ⅱ, Tübingen, 1921)。

尽管容许道教存在,但就我们从历史文献中所知,从没有出现过强而有力的道士阶层。尤其是各种独立自主的宗教力量并没有发展出自己的拯救学说、自己的伦理与教育。因此,官吏阶层的过分强调智慧的理性主义(intellektualistischer Rationalismus)得以自由地充分发展。而理性主义,无论是在中国还是在其他国家,从内心深处就蔑视宗教。在中国,这种理性主义不需要宗教作为驯服民众的工具,但是为了那些驯服的目的,它也允许职业的宗教人士保持一定的官方的作用。换言之,为了使民众驯服,宗教的作用是绝对必要的,即使是对于受传统束缚而势力强大的地方氏族,宗教的作用也是根除不了的。宗教任何外在和内在的进一步发展,都被断然斩绝。祭拜天地大神以及一些相关的被神化的英雄和专司神灵,乃是国家的事务。① 这些祭典并不由教士负责,而是由政权的掌握者来主持。由国家所规定的这种"俗世宗教"(Laienreligion)乃是一种对祖灵神力的信仰及崇拜。所有其他的民间宗教信仰,原则上仍停留在一种毫无系统性的、巫术与英雄的专门崇拜并存的阶段上。关于这点,我们后面还将谈及。家产官僚政治的理性主义,对于这种被它从内心深处所鄙视的混乱状态,几乎根本不打算进行系统的整顿,更确切地说,它无条件地接受这种混乱状态。因为从一方面讲,从儒教的国家理由这一立场出发(Staatsräson,封建专制时代不顾道德与法律的国家利益至上原则,以国家为名的理由——译者),宗教必须是"为民而立"的。根据大师(Meister,从上下文看,指孔子——译者)所言,没有信仰,世界是无法保持秩序的。所以,维护信仰在政治上甚至比对民生的关怀更重要。另一方面,皇权本身即是个至高无上的、通过宗教仪式而神圣化的结构,从某种意义上说,它超出民间所崇奉的众神之上。皇帝个人的地位,正如我们所见的,完全是基于他作为上天(其祖先所居的上天)的全权代表("天子")所具有的神性。不过,同样正如我们所见

---

① 参见第一章。

的,个别神灵之所以具有意义及受人尊敬,仍得视其神性的灵验程度而定,就像意大利那不勒斯的车夫与船夫所信奉的圣徒一样(此圣徒之名为 Christophorus,是 14 个救苦救难的圣徒之一,原为基督的背负者,后被尊奉为车船驾驶人的守护神——译者)。恰恰是这种宗教信仰的神性的性质,符合官吏阶层自保的利益。因为任何降临到国家的灾难都不会使作为整体的官吏阶层自身遭到否定,最多只是表明:个别官吏或皇帝神圣的合法性已经无效;或者是某个专司神灵遭到遗弃。由于现世的秩序以这种特殊的非理性的方式确定了下来,所以在官吏权力的合法性以及超世的力量之间便产生了一种尽善尽美的结合。因为可以想象,要是超世的力量有丝毫的独立,那么它与它在人间的代表之间就会出现竞争。任何民间信仰的理性化——使之成为一个超世取向的独立宗教——都不可避免地会构成一股与官僚权力相对立的独立势力。这种"事态"(Pragma)一再发生,一旦有人试图松动此一杂草丛生的历史大厦的一块砖石,就会遭到官吏阶层的坚决抵制。中国的语言里没有特别指"宗教"的字眼,有的只是:(1)"教"(Lehre 学说,例如士人学派的学说);(2)"礼"(Riten),不管是宗教性质的礼还是传统性质的礼,都称为礼。儒教的中国官方称呼即为"士人之学说"(Lehre der Literaten,或译儒家学说)。

中国的宗教,不管它是巫术性的或祭典性的,就其意义而言是面向今世的。中国宗教的这一特点较诸其他宗教都要更为强烈和更具原则性。除了本来的崇拜伟神巨灵的国家祭典之外,各种的祭礼尤其受到推崇。在这些祭祀里,祈求长寿扮演了主要的角色。很可能中国所有原来的"神的"观念,其最初的意义源于这样的信仰:十全十美的人能够逃脱死亡并且永生于一个幸福的王国。① 无论如何,一般而言,正统的儒教中

---

① 参见 Chavannes 编译司马迁《封禅书》的序言(*Journ. of the Peking Oriental Society*, Vol. Ⅲ, No. 1, 1890)。

国人(而不是佛教徒),是为了他在此岸的命运,——为了长寿、子嗣与财富以及在很小的程度上为了祖先的幸福——而祭祀,全然不是为了他在"彼岸"的命运。这与埃及人保护死者(Totenpflege)而重视自己来世的命运形成强烈的对比。长久以来,开明的儒教徒就有一种非正式的、但却盛行的看法:人死后,灵魂悄悄离去,化为蒸气流散于大气之中,要不然即是绝种。这一理论受到了权威人士王充的支持。不过,正如我们曾经提及的,王充的神的概念是充满矛盾的。在他看来,不应该以一种人神同形概念来理解神,但是神毕竟是一种"体"(Leib)———种无形的流体,在个体"熄灭"(Verlöschen)即死亡之后,本质上与神相像的人的精神即再度化为此种无形的流体。12世纪的唯物论者与无神论者朱夫子(朱熹)则完全摈除了人格神以及永生的观念。然而这并不能防止后世正统的哲学家对于人格神之信仰的出现。不过,官方的儒教,也就是康熙皇帝在17世纪时所颁布的16条圣谕,仍然保持着唯物论者与无神论者的立场。

长久以来,官方的儒教,至少对任何对来世的希望而言,抱着一种绝对不可知论的、根本上否定的态度。即使是在此一观点尚未普及的地方,或者是在道教或佛教的影响占优势的地方(下面我们会讨论到),人们对于自己彼岸命运的关注,还是比不上对可能对此岸生活产生影响的神灵的关注。

就像几乎所有其他的家产制组织一样,中国也信奉"弥赛亚主义",希望出现一位此岸的救世主皇帝。① 但是中国人并不像以色列人那样,寄希望于一个绝对的乌托邦。

由于缺乏任何的来世论和任何的拯救学说,或者缺乏任何对超验的价值与命运的思索,国家的宗教政策依然保持着简单的形式。一方面,

---

① 参见公元前3世纪时屈原写的诗歌(屈原在其《楚辞》离骚中,以"美人"隐喻理想中的明君——译者)。另见 *Conrady, Hochschulvorträge für Jedermann*, vol. XIX, XX, Leipzig, 1903。

此一政策规定,祭祀活动由国家主持和管理;另一方面,它又容许那些自古就有的、对私人来说不可缺少的、训练有素的个体巫术僧侣的存在。

国家祭典故意安排得平淡和质朴:它包括献祭品、仪式性的祈祷、音乐及富有节奏的舞蹈。很显然,所有恣意纵情的因素都被严格而有意地去除,这也表现在官方的五声音阶的音乐中。在官方的祭典里,几乎所有的迷狂、禁欲与冥思①,都不存在,这些都被认为是无秩序与非理性的兴奋的成分,这是官吏们的理性主义所无法容忍的,就像罗马官僚贵族眼里的酒神祭典那样具有危险性。当然,官方的儒教并没有西方意义的那种个人的祈祷,而只有礼仪规范。传闻孔夫子生病时,拒绝他人为其祷告,而他本人据报已永不祈神祷告了。然而,公侯和高官为其政治社团的福祉而献上的祈祷词,一直到现在都被认为是有效力的而为人所珍视。

由于这些原因,儒教也必然缺少那种人具有不一样的(宗教的)能力(Qualifikation,资格)的体会,顺便提一下,儒教对此是非常无所谓的。因此,任何从宗教上区分"恩宠等级"(Gnadenstand)的想法必然与儒教格格不入。

家产官僚制度在政治上是与封建制度以及任何世袭等级的划分相对立的。这种对立符合于古典儒家的伦理学说,因为它把人的原则上的平等作为前提。此一观念,正如我们所看到的,并非是固有的。封建主义时代盛行的观念是"贵胄"氏族与庶民之间有神性的分别。士人的统治在受教育者与未受教育者(或愚民——14世纪时的明朝创立者这么称呼后者)之间划下了明显的鸿沟。不过官方的理论依然主张:并非出身,而是原则上任何人都可以获得的学识,才是决定性的。"平等"当然并不是指在所有自然禀赋上的绝对平等。有的人由于天赋较高而轻易做到他人得尽全力才能做到的事。但是每个人至少都可以做到儒教官僚体

---

① 有关其萌芽的讨论,参见第七章。

制下的国家理由与社会伦理的要求——这绝非是追求可望而不可即的东西。如果国家的治理情况良好,那么,每个人就必须在自己身上寻找外在或内在的成败的理由。人性本善,恶乃是由外部通过感官侵入内心的;品质上的差异是指个人和谐发展上的差异。这种特殊的观点是由于缺乏一位超世的伦理之神。再者,这种观念也反映出家产制国家里的等级关系。当然,高贵的人希望能流芳百世,不过只是为了证明自己的精明强干(Tüchtigkeit)。

二、缺乏自然法与形式的法逻辑

原则上,只有生存处境能把人分为若干等级。相同的经济状况和相同的教育造成根本上相同的性格。如前所述,对于儒家来说,物质上的富裕,从伦理上看,并不是一个首要的诱惑之源(不过当然也承认有种种的诱惑),而毋宁说是一个用以提升道德的极为重要的手段。下面我们会了解到这其中的道理。另一方面,个人自由的任何领域都未得到自然法的认可。在中国的语言里,甚至没有"自由"这个字眼。这很容易用家产制国家的特性和历史的回忆加以解释。实际上,最终受到切实保护的(并非西方意义上的得到保证的)惟一的制度,是私人的现有物质财产,尽管此一制度是在私人领域长期受到赋役义务之否定后才出现的。除此之外,再没有法律保证的自由权利。"私有财产制度"事实上只有相对性的保障,它并没有享受到克伦威尔对平等论者所发表的意见里那种神圣的威名。① 在家产制的理论里,皇帝不可能是谁的客人,而上司也不可能是其下属的客人,因为按照法律,属下的所有财产都是属于上司的。

---

① 平等派(The Levellers)是英国17世纪资产阶级革命时期(或英国内战时期)的一个急进党派,主张实行以自耕农与小市民为基础的彻底的民主制。克伦威尔代表资产者与商人的利益,是独立派的首领,主张实行共和制。从书记员帕普斯(Clerk papus)在野营所作的速记记录里便可见到这种以自然法的观点来讨论平等的选举权(das gleiche Wahlrecht)的事实,这在世界史上还是头一回。

不过,这主要只还具有典礼上的意义。官方偶尔强烈地干涉到土地的耕作与分配,不过,这显然主要是由国家财政需要所决定的。此种干涉使得半传说性的井田制及其家产制规范下的"土地权"数百年间一直保持着熠熠光辉。为了维持社会的安定,财产的分配尽可能平等,为此,在"土地权"这些理想中表现出一种偏重可"食"的政策,此种食物政策与埃及的国家仓储政策相吻合。在这个领域里,家产制的理想是物质的公平,而非形式的法律。因此,财产与生计,一方面是实际的、合乎目的的问题,另一方面又是关心民众吃饭的社会伦理问题。中国的社会伦理不是西方那种自然法个人主义的社会伦理,后者恰恰是近代由于形式法与物质公平之间的紧张对峙而产生的。中国有文化的统治阶层认为,它理所当然地应该是最富有的阶层,不过为了让普天之下的民众感到满意,最终的目标是尽可能普遍地分配财富。

神圣而永恒的自然法只存在于神圣祭典的形式中(其巫术的效果自古以来已得到证实),以及对祖先神灵的神圣义务里。带有现代西方印记的自然法之发展,除了其他因素外,主要是以行之有效的法律(例如西方已有的罗马法)之理性化为前提的。不过,第一,罗马法是自治的城市商业活动的产物,因为这种商业活动需要一套固定的起诉范式;第二,它是罗马的法律自由职业阶层理论技巧理性化的产物;第三,它是东罗马帝国官僚政治的产物。在中国,并没有一个法官阶层,因为那儿缺乏西方意义下的律师事务所(Advokatur)。之所以如此,是因为中国福利国家的家产制特色及其微弱的职权,并不在乎世俗法律的形式发展。在中国,正如本书前面已经提到过的,"专横破坏国法"(Willkür bricht Landrecht)的地方上的习俗也抵制法律(Contra legem)。特别值得一提的是,中国的法官——典型的家产制法官——以彻底家长制的方式来判案,也就是说,只要是在神圣传统所允许的活动范围内,他绝对不会根据形式的律令和"一视同仁"来进行审判。情况恰恰根本相反,他会根据被审者的实际身份以及实际的情况,或者根据实际结果的公正与适当来判决。这种"所罗门式的"卡地-司法(Kadi-Justiz, Kadi 系伊斯兰教国家的审判官)也不像伊斯兰教那样有一本神圣的法典为依据。系统编纂而成的皇朝法律丛书,只是因为它是由强制性的巫术传统所支撑的,所以才被认为是牢不可破的。在此情况下,存在于西方、伊斯兰教以及某种程度上存在于印度的神圣的法律与世俗的法律之间的紧张对峙,便完全没有了。古希腊罗马(尤其是斯多噶学派)以及中世纪意义上的那种自然法学说,显然是不可能在儒教里产生的。那是由于哲学或宗教上的基本要求(Postulate)与"俗世"之间的紧张而造成的一种"原始状态"的学说。因为这种学说不可缺少的中心伦理概念,是为儒教所不知的。这点下文将会提及。

我们西方现代法律的理性化是两股同时起作用的力量的产物。一方面是资本主义的力量,它关心严格的形式法与司法程序,倾向于使法律在一种可计算的方式下运作,最好就像一台机器一样;另一方面是专制主义国家权力的官吏理性主义的力量,它所关心的是系统地制定法典和使法律趋于一致,并主张将法律交由一个力争公平、地方均等之升迁机会的、受过合理训练的官僚体系来执行。只要这两股力量缺少其中之一,便无法产生现代的法律体系。正如盎格鲁撒克逊的习惯法(Common Law,不成文法律——译者)所显示的,近代资本主义确实可以在一种非体系性的、但经济上保证强者之自主权的法律基础上生存下去。这种法律缺乏严格的法理逻辑的分类,但却是由一个律师阶层所创造出来的形式法律,他们的法理思维经过罗马法和天主教教会法规(Kanonisches Recht)的训练。另一方面,理性主义的官僚体系注重形式上的纲要性的总则,并且关注官吏普遍的可任用性和法的一致性。特别是上级机关的法令,在理性主义的官僚体系看来,与不可侵犯的传统——地方上或社会上自作主张地对法律加以区别的这种随意性——相比,具有不容置疑的优越性。凡是官僚体制能够起支配作用的地方,受关注的不仅是形式上去完成法律规范(Rechtsnorm),更受注意的是其实在的"公道"。

的确,这种公道可与官僚体系的内在伦理(Ethos)相符。倘若没有经济上强大的资本主义利益或者社会上强而有力的司法阶层与之抗衡,官僚体系便会从实在方面将法律理性化及系统化,并且会摧毁并不在乎"实在公道"的形式法技术。中国的家产政体,在帝国统一之后,既没有考虑到强而有力且不可抑制的资本主义利益,也没有估计到一个自主的法学家阶层。然而,它必须考虑到能保证其合法性的传统的神圣性,同时也必须顾及其统辖组织的强度界限(Intensitätsgrenze)。因此,不仅形式的法学未能发展,而且它从未试图建立一套系统的、实在的、彻底理性化的法律。总的看来,司法保持着神权政治的福利司法所特有的那种性质。就这样,不仅哲学的和神学的(Theologisch)"逻辑学"(Logik),而且包括法学的"逻辑学",都无法发展起来。

三、自然科学思维之欠缺

在中国,系统化的、自然主义的思维也得不到发展。西方以数学为基础的自然科学,是众多理性思维形式的一种组合,这些理性的思维形式源于古希腊罗马的哲学,并在文艺复兴的基础上由技术"实验"发展而来。这种技术"实验"最早并不是产生于科学领域,而是出现在艺术(Kunst,或译技艺)领域,它乃是现代自然科学所有学科的特别要素。文艺复兴的"实验性的"(experimentierend)高等技艺,是两种要素的独特结合的产儿:西方艺术家以手工业为基础的经验技能,以及他们由文化史和社会所决定的纯粹理性主义的功名心。他们把自己的技艺提高到与"科学"同等的地位,以求取其艺术的永恒意义,以及自己的社会威望。这点恰恰是西方所特有的。另外,如我们所知,还有一种极强烈的"回归"(Rückkehr)古代的动力。除了达·芬奇(Leonardo da Vinci)所体现的艺术风格外,音乐,特别是16世纪的以意大利音乐理论家查里诺(Zarlino)为代表的实验键盘音乐(Experimentier-Klaviatur),乃是巨匠大师们以文艺复兴艺术家特有的"自然"概念进行活动的中心。此外,特殊的社会条件,就像在古代那样,对将技艺训练提高成为一种高度的竞赛也起到积极的作用。北欧经济在经济上与技术上的兴趣,尤其是矿业的需求,使思想史增强威力(geistesgeschichtliche Gewalten)而把实验变成为自然科学。细节此处从略。中国的技艺虽然技巧精湛、高雅精美,但却缺少任何这种导致理性主义的功名心(西方文艺复兴意义上的)的原动力。在家产式官僚体制的条件下,统治者阶层的竞争完全只是受俸禄者及士人猎取功名禄位的竞争,这种竞争把其他所有的追求都扼杀了。此外,相对而言很不发达的工商业资本主义也无法提供经济上的额外津贴(Prämien,工资等以外的酬金——译者),而酬金对于将经验技术转化为理性技术却是必需的。① 因此,一切都仍然是一种被升华的经验(sublimierte Empirie)。

其结果,官吏阶层对待生活的这种内在的(immanent)态度,凭借其特有的实践理性主义而得以任意发展。在这种实践理性主义的支配下,官吏阶层摆脱了所有的竞争,没有理性的科学,没有理性的技艺训练,没有理性的神学、法律学、医学、自然科学和技术,没有神圣的权威或者势均力敌的人类的权威;而只有一种切合于官僚体系的伦理,而这种伦理,只有在顾及氏族内部的传统势力时,以及在对鬼神的信仰中,才会受到限制。在这种官僚体系的身旁,没有任何其他特殊的现代理性主义的因素——对西方文化来说,它们是决定性的(Konstitutiv),无论是支持它的还是与之竞争的因素都没有。中国的官僚体系像是被嫁接(aufgep-

---

① 中国的发明,除了用于内河航运以及为亚洲内陆陆路上的使节指引方向的指南针以外,还包括书本印刷(用于行政上的目的,因为用手抄的办法复制文件效率很差)、火药、纸、瓷器、丝绸、炼金术以及天文学(用于国家所需的占星的目的)。用于军事的火药,也许是在 12 世纪,不过肯定是在 13 世纪,被中国人发明的。总之,不管怎么说,中国人发明火药要比佛罗伦萨人首次使用火药于战事的时间要早一个世纪。然而,中国人使用火药的技术是非常原始的。由于帝国的安定,人们对改善火药缺乏兴趣。中国人最初很害怕西方的火炮,认为它们具有巫术的效力,所以才试图引进。有关中国的种种发明,参见 W. A. Martin, *Chinese discoveries in art and science*, Journ. of the Peking Or. Soc. vol. Ⅳ, p. 19ff.

fropft)于古老的地基上而延续下来,而此种地基在西方早就因古代城邦的发展而崩解了。所以,由这个官僚体系所承载的文化几乎可以被看作一种实验:支配官职俸禄阶层的实践理性主义一成不变,究竟产生了怎样的结果?正统的儒教,便是这种状况的结果。正教的统治地位是具有神权政治性质的世界帝国与其官方规制的学说相统一的一种产物。在斗争激烈的战国时期里,就像在西方古代的城邦文化里一样,存在着许多活跃的、相互斗争的知识流派。相互对立、纷争各异的中国哲学,在时间上大约与西方古代哲学是在同一时期里发展的。自从帝国的统一得到巩固后(大约在公元初),就再也没有完全独立自主的思想家出现过。只有儒教徒、道教徒与佛教徒继续争斗。在得到承认的或容许的儒家学说内部,哲学和与之相连的统辖政策之争继续存在,直到满洲人的统治最终把儒教封为正教为止。

四、儒教的本质

儒教,就像佛教一样,只不过是一种伦理,即道(Tao)①,相当于印度的"法"(Dhamma,又译达摩)。不过,与佛教形成强烈对比的是,儒教纯粹是俗世内部的(innerweltlich)一种俗人道德(Laiensittlichkeit)。与佛教形式更加鲜明对比的是,儒教所要求的是对俗世及其秩序与习俗的适应,归根结底,它只不过是为受过教育的世人确立政治准则与社会礼仪的一部大法典。世界的宇宙秩序是固定和牢不可破的,社会的秩序不过是世界宇宙秩序的一种特例罢了。伟大神灵的宇宙秩序显然只希望世界的尤其是人的幸福。社会秩序亦如此。只有融入内在和谐的宇宙之中,才能实现帝国"幸福的"安宁和心灵的平衡。如果在某些情况下未能达到这一境地,那么人的愚昧以及(尤其是)国家与社会的领导无方,

---

① 道这个词具有多义,下面我们还会谈到。

就该对此负责。因此,在 19 世纪的一道圣旨里,就将暴风席卷某省的原因归咎于居民玩忽了某些治安的职守(像私纵嫌疑犯以及拖延诉讼等等),因而引起了鬼神的不安。皇权神授的观念,以及将宇宙秩序与社会秩序等同起来的观念,决定了这个基本的前提。因此,凡事都取决于官吏们的行为,而这些人是对这个社会——一个被设想为庞大的、在家产制支配下的共同体——的领导负有责任的。君主必须将未受教育的民众当作子女来对待。他的首要任务便是在物质上与精神上照顾好官吏阶层,并且与他们保持良好的、可敬的关系。个人效劳于上天的最好的方法便是去发展自己真实的本性,因为如此一来,每个人内在的善性无疑地便会显现出来。因此,所有一切皆是教育问题,而教育的目的在于使人根据自己的天资发展自己。没有所谓"彻底的恶"(das radikal Böse)。我们只有回到公元前 3 世纪,才能找到对此持异议——肯定人的原始堕落——的哲学家。① 对于正统的儒教而言,只存在着缺点或错误,而这是由教育不足引起的。世界,特别是社会这个世界,过去和现在确实像人一样不完美。善神与恶魔并存。然而,要是人能达到各自的教育水平,统治者能具有神性,那么世界是再好也没有的了。世间的秩序是文化的需求、不可避免的分工以及由此产生的种种利害冲突完全自然发展的结果。根据孔夫子现实主义的看法,经济的与性欲的需要是人类行为的基本动力。因此,强制性暴力或社会隶属关系之所以是必要的,并不是因为生物的堕落与"原罪状态"(Sündenstand),而是由于一个简单的经济的事实情况:与日益增长的需求相比,已有的生存手段(Subsis-

---

① 他们得出的结论正好与基督教的结论相反:人身上的善是后天人为的文化产物。这一结论,较之正统的学说,更加强调"文化的世界"的意义,也就是说,更加强调教育的意义。我们可以指出异端学说的某些形而上学的提法(参见 F. Farjenel, Journ. Asiat. G. Soc. 20, 1902, p. 113ff),例如,物质的永恒性;物质的精神原理(太极)不仅产生出世界,而且像泛神论一样,是一种善的原理。自 11 世纪起,这个论点得到了一个正统的经典注释学派的支持,看来这合乎逻辑,不过却很不彻底。此外,根据司马迁的描述,我们有理由认为,甚至连孔子也相信以星占术为基础的宇宙创成论(五行是以古代统治者的形态按顺序排列下来的)。参见 Chavannes 编译的司马迁的著作,第一卷序言,Paris 1895, p. CXLⅢ;并参见下文。

tenmittel)是不足的。如果没有强制性暴力,人与人之间就会发生战争。因此,强制秩序本身、财产的分化以及经济利益的斗争,原则上是根本不成问题的。

儒教虽然发展了一派宇宙起源的理论,但本身却极无形而上学的兴趣。这个学派对科学的要求同样的低。数学虽然曾进步到三角法[1],但是由于没有被采用而很快地衰微了[2]。孔子本人显然对早为中东地区所知的二分点岁差(die Präzession der Äquinoktien)[3]一无所知。宫廷天文学者的职位不同于宫廷占星师(前者是历法的制作者,而后者既是编年史作者又是有影响力的顾问),它是个秘密知识的拥有者,而且其官职是世袭的。然而相关重要的知识却没有什么巨大的发展,可是天主教耶稣会会士却以他们从欧洲带来的天文仪器在中国取得了极大的成功。自然科学总的说来仍停留在纯经验的水平上。似乎只有一些从古老的植物学(亦即药理学)著作——据说是一位皇帝所作(指神农皇帝的《本草》——译者)——引用出来的语句,被保留了下来。历史学科则得益于古代的重要性。考古学的成就似乎在10世纪与12世纪达到顶峰,而编年史的技术随后也同样达到了高峰。王安石曾试图创制一个职业的执法阶层来担任官职,但他的努力最终徒劳无益。因为正统儒教除了对纯粹的古物研究或者纯粹的实用项目感兴趣以外,其他概无兴趣(这个论点会在第七章里加以证明)。

---

[1] 中国的算术据说在6世纪时就已经有了数字进位的观念(参见 J. Edkins, *Local Value in Chinese Arithmetical Notation*, Journ. of the Peking Or. Soc. Ⅰ, Nr. 4, p. 161f,他将此一知识推溯到巴比伦〔?〕)。此一传闻中的知识仍有待考察。如上所述,在19世纪时,算盘是以珠粒来定值的。

[2] 不过,数学至今仍被包括在九门选修课的附加考试项目中,通过此一测验,考生或者可以获得升迁,或者可免于贬降。

[3] 参见 Eitel, *China Review* XVⅢ, p. 226。T. de Lacouperie 仍然坚持自己的看法,认为中国古代的文化起源于巴比伦(*Western Origin of the ancient Chinese Civilization*, London, 1894)。

五、形而上学的摆脱与儒教的入世的本质

儒教徒对巫术的态度,原则上与犹太教徒、基督教徒和清教徒对待巫术的态度一样,即怀疑巫术的真实性(在新英格兰,也有焚烧女巫的事)。但是,巫术没有救世的意义,这点是十分重要的。犹太教的拉比坚信:"对以色列而言,星宿不起什么作用。"这就是说,对于虔诚的宗教信徒来说,占星决定论在耶和华的意志面前显得软弱无力。同样,儒教也认为巫术在面对德行时是无计可施的。凡是以古典方式生活的人,就不必畏惧鬼神;只有身居高位而不修德行者,才会让鬼神有用武之地。

此外,儒教完全排斥佛教圣者与其道教模仿者的那种冥想。根据传闻,孔夫子拒斥"素隐行怪,后世有述焉"(语出《中庸》),这可以说是对老子的神秘主义的一种尖锐的抨击。可是对某些过去的伟大贤人——相传他们孤隐于世,孔夫子的态度却有些暧昧,他只隐晦曲折地说,只有当国家管理得不好的时候,人们才可以退隐。此外,孔夫子有时预言,能知未来的天赋,乃是一种完美德行的报答。这是惟一具有神秘色彩的一句话。不过,仔细地想想,就会发现这种天赋不过是指正确地解释预兆(Omina)的能力。而说这话的人是不想让自己落后于职业的卜卦道士。对于出自民间并在全世界流行的希望——期待未来能出现一位"救世主式的"模范皇帝,如前所述,儒教既不指责,也不过问。据称,这位未来的模范皇帝,这个童话人物(Märchenfigur)被接受之后,会有一只凤凰出现以为先兆。[①] 儒教所关注的只是此世的事物。

六、"礼"的中心概念

受过传统习俗教育的人,会以恰如其分的礼貌虔诚地参加古老的仪

---

① 参见 Michels 所译《十六国疆域志》,p. XXI 诸注解。

式典礼。他会根据他所属的等级的习尚和"礼"的要求——一个儒教的基本概念！——处理自己所有的行为,甚至包括身体的姿势与动作,做到彬彬有礼,风度翩翩。史书作者们经常喜欢详尽地描述孔夫子如何以完美无缺的灵巧(Eleganz)来行事:作为一个善处世者,他会根据对方的身份,在从礼节的观点上看极为复杂的场合下,来欢迎所有参加典礼的人。自身和与社会保持和谐与平衡的"高等的"人("王侯似的"或"高贵的"人),是反复出现在孔夫子所留下来的话里的一个中心概念。这样的人,在任何社会状况下——无论等级是高是低——都会按照自己的社会地位行事,而不会失去自己的尊严。这样的人们的特点是:冷静沉着、风度翩翩、文雅、威严,符合那种遵循礼仪秩序的宫廷沙龙的要求。与古伊斯兰的封建武士所具有的热情与炫耀相反,我们在中国发现的是警觉的自制、内省与谨慎,尤其是对任何形式的热情(包括欣喜在内)的抑制,因为热情会扰乱心灵的平静与和谐,而后者正是一切善的根源。不过,此种摆脱并不像佛教那样扩展到所有的欲望,而只是针对一切非理性的欲望。这样做的目的,并不像佛教那样是为脱离此世得到拯救,而是为了适应此世。当然,儒教伦理中完全没有拯救的观念。儒教徒并不渴望得到"拯救",不管是从灵魂的转世还是从彼世的惩罚中得到拯救。这两个观念都是为儒教所不知的。儒教徒并不希望通过弃绝生命而获得拯救,因为生命是被肯定的;也无意于摆脱社会现实的救赎,因为社会现实是既有的。儒教徒只想通过自制,机智地掌握住此世的种种机遇。他没有从恶或原罪(他对此一无所知)中被拯救出来的渴望。他惟一希望的是能摆脱社会上的无礼貌的现象和有失尊严的野蛮行为。只有对作为社会基本义务的孝的侵害,才是儒教徒的"罪孽"。

七、孝

封建主义把荣誉视为基本美德,而家产制则以孝顺为基本美德。

封臣之忠诚的可靠性以荣誉为基础,而领主之仆人与属官的隶属性则基于孝顺。当然,这种区别并非对立,只是强调点的不同。西方的封臣也将己身"托付"(Kommendierte sich)给领主,而且就像日本的封臣一样,有孝的义务。自由的官吏也有作为他行为动机的等级荣誉。这在中国与西方都是如此,而中东和埃及则有所不同,那儿的官吏是从奴隶等级升上来的。无论何处,文武官员对君主的关系都保持着某些封建的特征。即使在今天,个人对于君主的宣誓,都还是这种隶属关系的标记。君主通常出于王朝的利益而强调这些官职关系的要素,而官吏之所以如此,则是出于等级利益的考虑。封建主义的残余仍然相当强大地存在于中国的等级伦理中。对封建主的孝,是与子女对父母的孝、学生对老师、官职等级制度中下级对上级,以及一般对任官者的恭顺相并列的,因为孝对所有这些人来说原则上是适用的。事实上,封臣的忠诚已被转化为官吏之间的庇护关系(Patronagebeziehung)。忠诚的基本特性是家长式的,而非封建的。孩子对父母的无限的孝道①,被一再地作为绝对根本的德行提醒孩子注意。当种种德行之间发生冲突的时候,孝先于一切。② 孔夫子在一句格言里赞赏一位高官,称赞他出于孝心,为了不违忤(desavouieren)父亲而继续容忍无可争辩的滥用职权的恶行。他之所以如此,是因为他父亲出任同一职位时也是如此容忍的。然而,这与《书经》(schu-King)里的一段记载形成对比:皇帝任命一个儿子继任其父亲的官职,以弥补其父在任职期间所

---

① 对母亲也应该孝顺。1882年,有个喝醉酒的儿子动手打斥责他的母亲。这母亲便雇了几个人将儿子捆绑起来,即使在参与行动的众人苦苦哀求下,还是将他给活埋了。共同参加活埋儿子的人,因行事方式欠妥而受到处分,不过不久也就被赦免了。至于这位母亲,惩罚的事是根本谈不到的(1882年3月13日《京报》的一则敕令)。
② 孝也优先于对君侯的服从。封建时期时,有位君侯命令一名官吏捉住和拘留其犯了反叛罪的儿子。这官吏拒不执行君侯的命令,君侯便命令另一名官吏去逮捕这个抗命的官吏。结果这位抗命的父亲自杀了,而传统则责成这位君侯承担他所犯下的过失(参见 Tschepe, a. a. o. p. 217)。

犯的过错。①。在孔子看来,任何人的行为,在人们看到他以何种方式
为其父母服丧之前,是不能看作合格与否的。在一个家产制国家里,
子女对父母的孝被转化到所有的从属关系里。因此我们完全可以理
解,一个官员——孔子有段时期也做过大臣——会认为孝是所有其他
德行的源头。孝是对履行官僚体制最重要的等级义务——无条件的纪
律——的考验与保证。军队从英雄格斗转变为有纪律的部队,这种社
会学上的基本变化,中国在史前时期就已完成。对于纪律的无限威力
的信仰,在所有的生活领域里均可以发现。这种信仰不仅见于非常古
老的名人轶事里,而且在孔子同时代人的心目中深深地扎下了根。
"抗命(Insubordination)比思想卑劣更坏",因而"无节制",亦即浪费挥
霍,比俭约更糟。不过,也有相反的说法:俭约会导致"下等人的"或庶
民的思想,这与有教养的人的身份地位是不相称的,因此,俭约不应予
以积极的评价。此处,就像在任何等级伦理中所看到的一样,对于经
济的态度,是个消费问题,而不是工作问题。"高等的"人对经营是不
屑一顾的。是的,经济上的经营本来是不适合高等人去做的。其原因
并非在原则上拒绝财富本身,相反,在一个治理得好的国家里,人们以
穷困为耻。若是天下无道,则以拥有财富为耻,因为这或许是任官时
以不光彩的手段而获得的。有关财富的取得,留待后面再说。经济的
学问是个做官的学问。

　儒教的官吏道德,就像其他任何的官吏道德一样,反对官吏直接或
间接地参与营利的行当。参与营利被认为是道德上的缺陷,并且与其个
人的身份地位不相符。官吏的薪水本身不高,而且就像在古代一样,主
要是以实物支付,所以,官吏愈是在实际上依赖官薪,他就愈加迫切地利

---

① 参见 1896 年 6 月 6 日《京报》所载的牛庄司令官之子的请求报告。这位司令官被控于对日
战争时怯战,因而被贬斥到西部地区去做修筑驿道的强制劳役。司令官之子请求让他自
己代替已积劳成疾的父亲服劳役,或者允许他以 4000 银两为父亲赎罪。这份报告连同当
局赞扬请愿人的孝心的提示,一并转递给了皇帝。

用其职位来谋利。不过,这种功利主义的,即非封建亦非苦行主义的伦理,并没有发展出原则上反货殖的理论(antichrematistische Theorie)。相反,儒教创造了极具现代意味的供与求、投机与利润的理论。和西方不同的是,货币的收益性是不言而喻的(利息,在中国与希腊一样,被称为资本的"孩子"),而且此一理论好像对利息的限制一无所知。当然,有某些王朝的法规确实是反对一些"高利贷"行为的。不过,私人得益的资本拥有者仅仅是不允许当官而已;而受过教育的知识分子得超脱于货殖之外。只要社会对追求利润本身产生疑虑,那么这种疑虑本质上是政治性的。

八、经济思想与对专家的排斥

孔夫子认为,贪欲(Gewinnsucht)乃是社会不安定的根据。显然,他这里所指的是在收购商或垄断者的利益与消费者的利益之间所产生的典型的、前资本主义的阶级冲突。儒教在这方面自然主要采取倾向消费者的政策,不过,对于经济利润的敌意并不强,一般民众的心理亦如此。敲诈勒索的和不公正的官吏,尤其是税务人员和其他的胥吏,在戏曲里遭到严厉的谴责,然而对商人与高利贷者却似乎不太加以指控或嘲弄。儒教对于佛教寺院的愤怒与敌视,导致唐朝武宗皇帝于 844 年的毁教之役。儒教反对佛教寺院的根本理由在于:寺院将民众引离了有用的劳作。实际上,正如我们所知,"通货政策"在其中扮演了一个角色。在整个的正统文献里,经济活动受到高度的重视,只要这种追求有几分成功的把握。孔子本人也会追求财富,"虽执鞭之士吾亦为之"。然而,这种成功的保证未必真有,于是,其结果是对经济利润采取一种非常保守的态度:心灵的平静与和谐会被营利的风险所动摇。因此,官职受禄者的立场便表现为对伦理的神化。由于只有官职能够使个人人格臻于完美,因此惟有它才配得上高等人的地位。孟子曾说:"无恒产而有恒心者,惟士为能。若民,则无恒产,因无恒心。"(见《孟子·梁惠王篇》)经济上的、医药的以及教士的行业(Erwerb),都是些"小技",因为它们会导致专业的专门化(这是很重要的一点,并且与我们上文所述的紧密相关)。而高等人则追求全面发展,这在儒教的眼里只有教育能够做到,并且也是做官所特别要求的。而官职恰恰是家产制国家里缺乏合理的专业化的表征。然而,正如王安石的政治改革企图所显示的,文献里也隐隐约约地提及,有人主张以现代官僚体制里具有专业能力的官员,取代传统的通才式的官员,因为没有人能无所不通。不过,中国古老的教育理想,不仅与上述这些注重实际的要求形成强烈的对比,而且也与我们欧洲的理性的客观化的管理机制形成强烈的对比。在古老的传统熏陶下成长起来的儒仕,自然而然会将带有西方印记的专业训练视为对最低贱者的训练。[1] 这无疑是那些反对所有西方意义"改革"的极为重要的反对势力的一部分。"君子不器"这个根本的原理告诉我们,君子是目的本身,而不只是作为某一特殊有用之目的的手段。中国儒家的教育理想与以社会为取向的柏拉图式的理想恰巧相反。柏拉图的理想建立在城邦的基础之上,并且以人只有通过精通一艺才能达到自己预定目的的信念为出发点。儒教高尚的等级理想与禁欲的耶稣教会的职业概念形成了更加强烈的对立,因为前者主张培养出具有通才的"绅士"(Gentmen)或"德沃夏克"(Dvorvak)所译的"贵人"(君子)。这种建立在全才基础上的"美德",即自我完善,比起通过片面化知识(Vereinseitigung)所获得的财富要来得崇高。即使是处于最有影响地位的人,若不具备来源于教育的这种美德,在世上便会一事无成。因此,"高等"的人所追求的是这种美德,而非营利。

总之,这些就是孔子简要概括的关于对职业生涯与财富之态度的基

---

[1] 导致皇帝于 1905 年 9 月 2 日下令废除古来"文化"测试的那则奏章,内容相当空泛,只涉及一个重要的问题:由于每个人都想借助科考来夺取一份俸禄官职,因而阻碍了人们对国民教育的热心。

本论点。

九、君子理想

儒教对于职业生涯与财产的态度,不仅与早期伊斯兰教先知的言论中提到的封建贵族之奢华享乐形成对比,而且也与佛教的拒绝沾染俗世物质相反。此外,儒教的生活取向还与印度教严格的传统主义的职业伦理以及清教把通过某一合理专门化的职业所进行的在世的、禁欲的营利劳作神圣化这种态度相对立。如果我们将此一根本的对立暂且略去不谈,那么,我们便可在儒教与清醒的清教理性主义之间发现各种独特的相似性。君子要避免美人的诱惑。如孔夫子所说:"吾未见好德如好色者。"①根据传说,心怀忌恨的邻国君主为了排挤掉孔夫子的职位,而进献给鲁侯一群美丽的女子,她们为这位在道德上听信谗言的鲁侯所带来的欢悦,远远超过他的政治告诫者的教诲所带来的欣喜。总之,孔子本人把女人看作完全非理性的生物,就像家仆一样难以对付。降低身份迁就她们,会使她们忘了保持一定的距离;严格对待她们,又会使她们生气。②佛教徒怕见女人,主要源自其遁世的思想;而儒教徒对女人的轻视,则源自其清醒的理性。当然,儒教从不禁止纳妾,为了繁衍子孙,除一位合法的妻子(嫡)以外,原则上允许同好几个情妇(Konkubinen)姘居:在多次被提及的封建诸侯的盟书里,就只反对给庶子以嫡子的继承人地位;而对于反对后宫非法影响的斗争,则披以反对阴(女性)胜于阳(男性)的外衣。朋友间的忠诚受到高度赞扬。人需要有朋友,但必须在同等级中选择。对于身份比自己低的人,必须友好地对待。此外,一切伦理都溯源

---

① 参见司马迁的《史记·孔子世家》(ed. Chavannes p. 336)。
② 作为所有美德之大敌的"好色",早在古书里就被视为是不可救药的(《国语》〔*Discours des Royaumes*〕,p. 163。一位君主的侍医对生病的君主如是说)。爱情与国家利益之间的冲突,完全以后者为重来加以解决。此种状况的"悲剧性",至少一度在诗歌里得到了叙述。见《论语·阳货篇》,子曰:"唯女子与小人为难养也。近之则不逊,远之则怨。"——译者

于农民邻里组织古朴的交换原则：我之待你一如你之待我。这种"交互性"(Reziprozität)是孔夫子在答问中作为所有社会伦理的基础提出来的。不过，激进的神秘主义者(老子、墨翟)那种对敌人的爱，则遭到孔子的断然拒绝，因为这与正当的报复(国家原由的一个原则)背道而驰：以义御敌，以爱待友；倘若以爱待敌，那么又将以何待友？总而言之，儒教心目中的有教养的君子，是个既"仁"(Wohlwollen)又"刚"(Energie)、既"智"(Wissen)又"直"(Aufrichtigkeit)的人。但是，所有这一切必须在"慎"(vorsicht)的界限之内，品行低下的人正是由于缺乏慎而无法通过"中庸"之道。这种伦理具有如下的特殊性：一切均在社会礼仪的限度之内。因为只有礼仪才能将"君子"塑造成为儒教意义上的"名流"。因此，作为基本美德的正直，乃是以礼的戒律为其界限的。不仅孝的义务在礼中具有无条件的优先地位(为了孝的缘故，被迫说谎是允许的)，而且——根据传闻描述的孔夫子的亲身实践——社会的礼的义务也具有优先性。据说夫子曾经说过："三人行必有我师"，意思是说，我服从多数。他依据此一"礼"来挑选古典经书。司马迁认为，孔夫子大约在诗经3 000 首(?)中，择选出了 306 首(原文如引，应为 305 首——译者)。

只有通过不断的学习，才有可能臻于完美，而这指的是文献经典的学习。"君子"凡事都不断地和重新地反省与"学习"。事实的确如此。据说，在国家官职考试中，有 90 岁的考生并不稀奇。不过，这种不断的学习，只不过是吸取现有的思想罢了。根据一则关于孔夫子的传闻报道：夫子在年老时曾试图凭一己的心灵来进行创造，并试图单凭思想便有所成就，但事与愿违，只好又回归到书本的学习。在他看来，若不读书，心灵只会在"原地空转"。"缺乏见解的概念是空洞的"这个定理遂由"缺乏阅读心得的思维是无创造性的"来取代。因为不经学习，如前所说，追求知识就只是浪费精神，仁慈会成为愚蠢，正直会成为缺少谋略，刚毅会成为粗鲁，大胆导致不逊，而性格的倔强则导致放肆不轨。如此一来，作为这种适应社会伦理的最高之善的"中庸"就达不到了。于是在适应社会的伦理中就只有一个真正绝对的义务,即:作为纲常之母的孝;以及仅有一个人格完美的普遍手段,即:文献经典的教育。不过,君主治国的智慧,正如孔子曾面告哀公的,在于选择(古典意义上的)"正确的"宰相。

十、经典作家的意义

此种教育只能通过学习古代的经典作家才能够实现,经典作家具有纯粹正统的形式,其绝对的典范作用是不容置疑的。虽然我们有时也会发现这样的意见:一个人为了目前的问题而请教古代,是会造成祸害的。然而,就像李格(Legge)所认为的,这必须被解释成为对古老的封建状况的一种拒绝,但很难说是反传统主义。因为整个的儒教已彻底变成了传统的经典法规。李斯著名的丞相报告,确实是反传统主义的,它直接指向儒教,并于公元前 213 年帝国统一与官僚体制诞生时,导致一场焚书坑儒的大灾难。报告中说,一帮文人贬今颂古,引导人们蔑视皇帝的法令,以他们书本权威的标准来批评皇帝的法令。在李斯看来,有用的书籍只是那些关于农业、医药和预言的书——与儒教的价值取向恰恰相反。我们看到:李斯是位封建制的摧毁者,他的彻底的功利式理性主义,有利于巩固他个人的权力地位,同时有利于人们摆脱作为儒教理性主义屏障的传统这一束缚。但如此一来,他便动摇了权力利益和统治阶层的合法利益之间一种明智的妥协,而这个制度的国家理由正是建立在这种妥协的基础之上。因此,基于自身安全的理由,汉朝很快地又全面回复到儒教的路线上。实际上,一个处于绝对权力地位、并垄断官方教士功能的家产制官僚阶层,除了保持一种注重典籍的传统主义的心态之外,别无其他选择。只有典籍的神圣性本身可保证支撑官僚系统之地位的秩序的合法性。由于此,官僚体系就必须限制它本身的理性主义;同样,在面对民众的宗教信仰时,它也必须如此。正如我们已注意到的,民间宗教信仰的存在,能保证民众的驯服,并可使民众对政府组织的批评有所限制。个别统治者可能会失去神性而成为坏的统治者。倘若如此,他就不是神授的,因此可以像任何不称职的官吏一样被免职。然而,作为体制本身,必须基于孝的基础之上,而每一次传统的动摇,都会危害到孝。基于这些众所周知的理由,儒教丝毫也不打算在伦理上使既有的宗教信仰理性化。儒教认为,由皇帝和官吏主持的官方祭典和由家长主持的祖先祭祀,是这个既定的俗世秩序的组成部分及前提。《书经》里的君主在做决定时,不仅要征询帝国的大人物和"人民"(当时,无疑指的是军队)的意见,而且还要向两种传统的占卜方式请教。如果来自这两方面的认识发生矛盾,那么只好诉诸决疑论的探讨。特别是因为知识阶层所抱的上述那种态度,私人生活关于心灵指导与宗教指引的需求,便停留在巫术的泛灵论与崇拜功能性神祇的水平上。除非有先知预言的介入,否则这些现象总是难以避免的,然而中国并未有先知预言的兴起。

这种神秘的泛灵论,已被中国的思维纳入一个被德·格罗特(de Groot)称之为"普遍主义"(Universismus)的体系里。然而,创建此一体系的并非儒教一家。我们必须考虑参与创建它的种种势力——在儒教的眼里,它们全都是异端。

十一、正统教义的历史发展

首先,我们必须简短地说明,儒教虽然被其他的士人学说最终所接受,但儒教并不总是惟一被接受的学说,也不是惟一为国家所认可的中国哲学。洪范(Hung fan),亦即宏伟的计划,就是这种哲学的技术上的表现。愈往前溯,则士阶层愈不认同于儒教正统。在战国时代,有各种相互竞争的哲学派别,它们之间的竞争即使在帝国统一之后也未曾消失,而且每当皇权衰落时,竞争尤为激烈。儒教的胜利只是在 8 世纪时才见分晓的。这里,我们不打算扼要地重述中国哲学的历史。不过,正教的发展倒可以借助以下的事实来加以具体说明。我们暂且不谈老子及其学派的立场,因为它与正统相距甚远。我们打算在第七章详谈这个问题。在孔子之后,我们还可以发现杨朱、墨翟这样的哲学家。杨朱是个伊壁鸠鲁式的宿命论者,他与儒教徒不同,贬斥教育的意义,因为一个人的独特性是他的注定的"命运";墨翟则在很大的程度上摆脱了传统的影响。孟子前和孟子的时代,皇权衰落的公元前 4 世纪时,孙卿(Sun Kung,儒家八派之一的孙氏之儒,见于《韩非子·显学》——译者)——某一诸侯国里的一名活跃的官吏——站在反儒教的立场上,认为人性本恶。辩证学家、禁欲者(如 Tschöu Tschang)和纯粹的重农主义者(如许行 Hu Hing),都各自采取一套相去甚远的经济政策而彼此对立。还在 2 世纪时,崔寔(Tsui;Schi)的《政论》(Tschung Lun)就对和平主义持严厉的批判态度,认为在长期太平时代里,社会风气会变坏,会导致放荡不羁的行为和性的享受。①

所有这些都是非古典的异端,孟子即与其时代的异端作斗争。然而他的同时代人荀子,却赞同儒家的看法,认为人性之善乃是人本身(而非神)的一种艺术品(Kunstprodukt,意为后天的产物)。因此,在政治上他主张:"神是民众之心的表现。"同样,彻底的悲观主义者杨朱与孟子的看法也大相径庭,他认为最高的智慧在于忍受生活和摆脱死亡的恐惧。神的意志是"无常的",这往往成为善人之所以遭受不幸的解释。

司马迁(其父似乎是道家)②曾对他那个时代相互对立的士人学派作过一番系统分类。他分别出六个学派:第一,形而上学者,他们根据天文学进行阴阳思辨;第二,墨翟(墨子及其学派),受到神秘主义的影响,主张生活和丧葬的绝对简朴(即使是皇帝也不例外);第三,语文学家学派,

---

① 参见 Fr. Kuhn, *Abhandlungen der Berliner Akademie*, 1914。详见《群书治要》,卷四十五中崔寔的《政论》:"凡天下之所以不治者;常由人主承平日久,俗渐弊而不寤,政浸衰而不改,习乱安危,逸不自睹。或荒耽嗜欲,不恤万机;或耳蔽箴诲,厌伪忽真……"——译者

② 参见 Chavannes 为其所编译的书所写的前言,p. XⅢ。

他们注意语词的解释,主张概念的实在论(Begriffsrealismus),相比之下,这是非政治的学派,并且从诡辩者时代就流传下来;第四,法律学派,他们(如后代的崔寔)是威慑理论的代表者;第五,道家(我们在第七章中再加以讨论);第六,"士人学派",即司马迁所追随的儒家。不过,司马迁所代表的儒家立场,在很多方面后来都显示出是非古典的。

十二、早期儒教的激越

司马迁很尊敬那位有名的黄帝,因为黄帝最后变成了隐士(Anachoret),这就带有道教的意味。① 司马迁的宇宙起源学说(即五行说),显然是起源于占星术。正统的儒教徒当然会赞同他对财富的推崇,也会同意他所提出的论证:只有富人能够正确地遵守礼俗。然而,他把经商看作营利的手段并加以推荐,却让儒教徒感到有失体统。② 他们当中的某些人并不会指责司马迁对于绝对决定人命运的"天意"的怀疑,因为的确有有德之士因饥饿而死。汉朝的碑刻上也有类似的说法。例如,汉代的一块墓碑上(约公元前 25 年)有一段哀悼死者早逝的铭文是这样的:"人生自古即有行事无瑕而未获报偿者。""他的音容犹在"(参照司马迁)。"他会使自己的子孙显得高贵"(这是古老的世袭神性的观念;如前文所提,较新的观念已相异于此)。"他已归赴阴府。"405 年的一段墓志这样写道:"凡人皆有死。"完人没有个人的特点(他已与道合一,参阅第七章。可能受到庄子的影响)。对于升官和丢官的沉着态度,受到赞扬。升迁决定于"正直"、"孝悌"与"对死者的崇敬"。不过,从整体来看,是"天无悲悯,既病且死"。"上帝"则从未被提及。整个的思想与情绪与司马迁的相近。完全看不到后代那种强有力的乐观主义。

然而,司马迁的立场毕竟是值得怀疑的。他所说的英雄主义"无

---

① 参见 Edkins, *The place of Hwang Ti in early Taoism*, *China Review*, Vol. ⅩⅤ, p. 233f。
② 对此持不同看法的是 Pen Piao(彭彪?),参见 Chavannes, a. a. o. Appendix Ⅱ。

用",与后代的归因于孔夫子的学说是一致的。不过,名声就是一切,美德是"目的本身",君主必须直接接受教育等等,阉人司马迁的这些教诲就不是古典的了。与此相反,司马迁在其史书中以娴熟、冷静的笔调,出色地表现了孔子自身的实践。司马迁写给他的朋友任安(Jen Ngan)的书信,以其最正统的儒家风格而著称。任安当时受到拘禁而求助于由于政治上遭受嫌疑而被阉割的司马迁①,但却无效。复职后的司马迁回信道:他实在无法也不愿帮助他,因为害怕招致危险。"已行于悠远之路"的灵魂,可能会迁怒于他(即司马迁),也因而危及他,所以,他希望向任安阐明他之所以不救他的理由,因为"士为知己者用"是道地的儒家教义。司马迁并没有去讨论他那位不幸的朋友的命运,而只是描述了自己的不幸:遭受阉割。这位书信者是如何忍受他所遭受的痛苦呢?他列出最重要的四点:第一,为了不使自己的祖先受辱;第二,为了不使自己的人格受到侮辱;第三,为了不损伤理性与尊严;第四,为了不侵害"适用于所有人的规则"。他,这位书信者,会以完成他的著作来洗刷耻辱。

全信使我们想起了阿贝拉(Abälard,1079—1142,法国神学家和经院派哲学家——译者)写给情人赫勒斯(Héloise)的信件,其中漠然的枯燥说教或许是出于类似的理由!伤人感情。然而,人与人之间的关系的这种冷静的调节,是真正儒教式的。虽然有些事我们在感情上难以接受,但是我们不该忘记,我们在上章末尾所引述的那些华美而傲然的文书,通篇充满了儒教的精神。司马迁所引述的始皇帝的碑文②,即谴责了违反"理性"的行为。司马迁与儒教徒是这样解释这篇碑文的:只有通过学习③与知识,才能获得对合理行为的指引。对儒教而言,"知识"——通过经典的研读所获得的有关传统和古典规范的知识——最后决定一切。就此而言,我们将会看到儒教对于世界的态度已与中国的其他派别截然

---

① 对中国人而言,基于祖先崇拜的缘故,宫刑是一种灾难性的厄运。
② 见 Chavannes 编译的司马迁的《史记·秦始皇本纪》,p. 166。
③ 赞扬之辞见于前引汉代碑铭中。

不同。

十三、儒教的和平主义性质

儒教的"理性"是一种秩序的理性主义。陈季同说:"宁做太平犬,不做离乱民。"①正如这句话所显示的,儒教的理性本质上具有和平主义的性质。② 历史上,这一特性一直受到强调。例如在乾隆皇帝御批的明代史(即《御撰资治通鉴纲目》)中有这样一句话:"惟有不嗜杀人者能一之。"③因为"天道无常,惟理是辅"。这是统一帝国发展下的最终产物。相反,孔子是主张要为被杀害的父母、长兄以及朋友复仇的,这是一种男子的义务。不过,儒教的伦理仍是和平主义的、入世的,纯粹以敬畏鬼神为取向的。

鬼神并没有道德评判资格,相反,在中国以及在埃及,非理性的司法建立在这样的信仰上:受压迫者(der Bedrückte)的大声疾呼会引来鬼神的报复,当受害者由于自杀、忧伤、绝望而死时,尤其如此。这种坚定的信仰,最晚起于汉代,其基础是对官僚体制与向天投诉之权利的理想化反映。我们也看到,伴随着真正的(或自称的)被压迫者大众的齐声呼号,对于官吏的约束有多大的力量。基于同样的敬畏鬼神的信仰,尤其是当歇斯底里的群众运动可能引起自杀危险的时候,任何一位官吏都不得不作出让步。1882 年,一个将其厨房小厮毒打致死的官员,在众人的压力下被判以死刑。④ 对于鬼神在这方面作用的信仰,是中国平民大众惟一的但却非常有效的和正式的大宪章。不过,鬼神也监视着所有种类

---

① 参见 A. Schultze 的德译本 *China und die Chinesen*, 1896, p. 222。
② 据说孔子自称无资格谈论军事上的事。详见《论语·卫灵公篇》。孔子对卫灵公的提问回答道:"俎豆之事,则尝闻之矣,军旅之事,未之学也。"——译者
③ 参见 Delamarre 所译《御撰通鉴纲目》(Paris, 1865),其中收集了大量类似的格言。
④ 参见 Giles, *China and the Chinese*, New York, 1912, p. 105。

的契约,它们拒绝监护强制性的或非道德的契约。^① 因此,道德的合法性,具体地受到泛灵论的保证,而不只是作为一种共同习性得到保证的。不过,所缺少的是救赎宗教那种井井有条地指引生活的中心力量。关于缺少这种力量的结果,我们将作进一步的论述。

---

① "要盟也,神不听"(意即:强迫签订的契约,得不到神的监护)。早在 2000 多年以前,人们就有这种看法。参见 E. H. Parker, *Ancient China Simplified*, London, 1908, p. 99。详见《史记·孔子世家》中孔子对子贡"盟可负邪"的回答。——译者

第 三 篇

道 教

第七章　正统与异端（道教）[①]

一、中国的教义与仪式

　　中国官方的国家祭典，就像其他地方一样，只服务于公共的利益；而祭祖则是为了氏族的利益。两者都与个人的利益无关。自然的巨灵日益被非人格化，对它们的祭祀被简化为官方的仪式，而此种仪式逐渐地排空了所有的感情要素，最后变成了纯粹的社会习俗。这是有教养的知识分子阶层所完成的工作，他们完全漠视大众的典型的宗教需求。高傲地弃绝来世[②]、弃绝此世中个人的宗教性救济保证，只有在高贵的知识分子阶层内部才能做到。知识分子的这种态度，即使能够通过古典的教

---

① 有关道教的原始资料，参见 de Harlez 与 Legge 所译出的文献。至于一般性的论述，参见已引用的 W. Grube 的杰出的遗著《中国人的宗教与文化》(*Religion und Kultur der Chinesen*)，以及特别是 de Groot 所著的《天人合一论——中国之宗教、伦理、国家制度、科学的基础》(*Universismus. Die Grundlagen der Religion und Ethik*, *des Staatswesens und der Wissenschaft Chinas*, Berlin, 1918)。

② 除了前面所引用的碑铭资料之外，我们还可以求助于中国的文献，例如在 Harlez 所译的《小学》(a. a. o. V. Buch, Nr. 86)中，即告诫人们不要相信那些为死者求取来世幸福的佛教僧侣之骗术。其理由是：随着肉体的腐烂，人的精气亦告消散，所以我们既帮不了死者的忙，也损害不了死者。

义——此乃惟一的课程——强加给非官员（Nichtmandarin），但是它不可能填补仪式缺乏情感要素这一空白。紧接着孔子之后，各式各样的功能神祇和神化的英雄人物突然地出现在文献上。这些神祇此时才开始出现的形成过程，实在令人费解。因为在其他地方，此一现象是属于较早期阶段的：某些典型的功能神祇（"主事"），像雷神、风神等等，是早期的农民宗教所特有的；神化的英雄是中国业已过去的封建时期的产物，他们体现的是封建的英雄战斗。然而，功能神祇的专门化与固定化（下至管厕所的女神），就像古罗马时代的努米那（Numina，古罗马人所崇拜的泛灵鬼神——译者）的专门化一样，可能是在官僚体制统治下逐渐扩展的祭典习俗所造成的。孔子被封为圣人，是历史人物成为祭祀对象的第一个确定的例子。① 在官方模棱两可的术语中，尤其是在图像的描述中，有众多的特点让我们认清，天帝原来被认为像个人的样子。如我们所知，直到 12 世纪，才实现了这位天帝的受唯物论制约的非人格化。人民大众被禁止直接参与对非人格化之最高存在的国家祭典祈祷与供献活动。对他们而言，原初的"天主"——后来加进了有关他的诞生、统治、遁世与升天的传说——似乎一直还活着，并且在家庭的祭祀中受到崇奉。而执掌祭天的官方代表，自然是无视于此的。现今所知的、被官方的祭祀所否定的、被儒教置于诸"神"之中的其他民间神祇，同样肯定是古老的功能神祇。将这些神祇原来的性质和后来的性质之间的关系解释清楚（亦即弄清楚其在"泛灵论"中的地位），此一棘手的问题，只有专家才能做到。同样，只有专家才能够解释清楚创造奇迹的自然物与人工制品（史前时代人类制造的工具），从而说明"物神崇拜"的地位问题。这里，我们不打算对这些问题进行专门研究。我们感兴趣的，更多的是官

---

① 就像在天主教会里一样，家产制的恩宠机构于此也会做一种区分；被尊奉为神的人，用天主教的用语来说，只享有"尊敬"（Verehrung），而不像那些伟大的自然神灵一样，享受到人们的"崇拜"（Anbetung）。当然，这样的区分，和其他类似的事情一样，在民众的心目中只不过是形式而已。

182

方的教会和非古典的民间宗教在这个问题上的不同立场。而且我们希望知道,民间宗教是否能变成(或已是)一种转向的生活方式的源泉。事实很可能是这样。因为大部分民间神祇的祭拜,只要它们不起源于佛教,都被儒教及其支配下的宗教组织视为异端。这种被视为异端的宗教流派,就像以儒教为取向的慈善机构一样,一方面是祭祀(和巫术)实践,另一方面也是教义。有关民间神祇的祭拜,我们很快就会谈到。不过,首先我们得进一步澄清古老的民间神祇与儒教的伦理学说之间的根本关系,这也许是有益的。

我们可以利用手边的实例,来考察一下古希腊哲学的社会伦理学派别和古希腊民间神祇之间的关系。通过考察,我们可以发现,任何时代的知识分子阶层,当面对历史上已存在的粗野的民间信仰时,都会陷入一种尴尬的境地。古希腊的国家给予形而上学和社会伦理学的思辨以自由的空间。国家只要求遵守流传下来的祭祀义务。因为一旦忽视了它们,就会给城邦带来不幸。古希腊的哲学派别及其古典时期的主要代表人物,与儒教独特的社会伦理取向及儒家的中国知识分子有相似之处,他们均对神灵置之不论。总的说来,古希腊哲学家只是单纯地参与古代传下来的仪式,就像中国的官绅知识分子圈子和一般而言我们的知识分子圈子所做的一样。但是,在某一点上存在着重大的区别。为了教育上的目的,儒教所编纂的古典经书不仅成功地剔除了民间的神祇,而且也消灭了所有有悖其伦理习俗的事物。正如我们已经指出的,这或许就是孔子最重要的功绩。我们只要读一读柏拉图在《理想国》(*Politeia*)中与荷马展开的著名的辩论,就会认识到,古典希腊哲学的社会教育理想与儒教何等的相似。虽然荷马在崇尚伦理的理性国家里并没有地位,但他在传统的骑士教育上却有巨大的影响力,而且被奉为古典作家。在好战的城邦里,荷马及其英雄神的作用是不可能为行政当局和教育者所抹杀的;也不可能建立起一个以经过伦理学净化的文学(和音乐)为基础的士人统治(就像中国的家产制因其利益所在而实行的)。此外,即使世界帝国内部由于城邦的驯服而安定下来,换言之,帝国内部已铲除了纯粹的政治障碍,当时并存的各种哲学派别,没有一个能像中国的儒教那样,成功地取得独占性的正统地位。如果以中国为例进行推理,势必要接受某一派别的哲学为惟一正确的国家哲学,就好比假设罗马皇帝只容许斯多噶派的哲学,并且只任命斯多噶派分子担任官职。这在西方是不可能的,因为没有任何哲学派别宣称(或可以宣称)自己具有绝对传统主义的合法性。然而,孔子却能宣称自己的学说是惟一合法的,并致力于确立此种合法性。正是由于这个缘故,西方哲学无法做到像儒家学说那样,为一个俗世的统治者及其官吏提供政治性的服务。希腊哲学派别,就其内在的特性而言,以自由城邦的问题为取向,它们的基本课题乃是"公民"的义务,而不是"臣民"的义务。它们和古老而神圣的宗教恭顺戒律之间缺乏一种内在的联系;而此种戒律恰恰可以为一位家产制统治者的合法利益服务。绝对地适应此世,以及拒绝任何可疑的形而上学的思辨,与政治上最具有影响力的希腊哲学家的激情(pathos)是格格不入的。而中国的儒教,正是由于缺乏这种形而上学的思辨,恰恰迎合中国当权者的政治需要。斯多噶学派一直到安东尼王朝时代,始终是敌视机遇的反对派的学说,然而到了塔西图斯王朝之后这个反对派消失,这才使得罗马皇帝接受了斯多噶派的理论。在思想史上,这也许是古代城邦的独特性所留下的最重要的结果。

所以,西方在公元前就已出现的哲学理论、社会伦理与民间宗教仪式之间的对立现象,即以如下的状况保持下来:"荷马时代"的英雄神祇与民间神祇崇拜,相应地被发展成为官方制度;而哲学家们的学说则成为不受约束的私人的事情。这和中国的情形正好相反。在中国,一套被奉为圣典的学说和被这一学说神圣化的宗教性的国家祭典,与众神并存;对于众神的崇拜,正如我们将要看到的,一部分由官方来执行,一部分是官方所容忍的,另一部分则属于私人事务,不过还是受到官方的怀疑。当然,得不到官方承认、有时候受到怀疑的私人宗教崇拜,这种情形也存在于西方古代,并且和官方的诸神祭祀并行。这类私下的崇拜,有的会以其自己的一套救世论及与其相配合的伦理而名噪一时,例如从起初的毕达哥拉斯主义,到罗马皇帝时代的救世主崇拜。中国某些非官方的崇拜亦如此。不过,西方和中国的情形不同:在西方,这种发展导致基督教——一种救世论的团体——与官方当局的世界历史性的结合,此一结合至今仍具影响力;而中国的发展则走上另外的道路。有一段时期佛教在中国似乎也可以扮演类似的角色,因为它已被皇帝正式接受。关于这个问题,我们往后将专门进行讨论。然而,由于上面已经提到的种种利害关系的缘故,诸如儒教官僚体系的反对、重商主义与货币本位政策,以及最后的一场大灾难(指发生在唐武宗会昌五年的灭教事件),佛教却被限制在一种受到容忍的(但毕竟很有影响的)崇拜活动的地位上。正如我们下面会看到的,佛教在中国的影响,对于我们此处特别关心的问题,亦即经济思想,关系不大。在中国,大多数古老的民间神祇——它们的数量由于有一大批新创造的神灵而大大增加——都处于一个教士阶层的庇护之下,此一阶层之所以受到容忍,是因为它宣称自己来源于一位哲人(老子)及其教义。此一教义与儒教的教义最初并无原则上的不同,但后来它却与儒教形成对立的关系,最后则彻底地被视为异端。我们不可避免地要注视一下这个异端。

　　个人神秘的或禁欲的救赎需求,对于(古典的)儒教而言,完全是风马牛不相及的事情。在印度,此种对救赎的追求,源于不受教士束缚的有文化的俗人阶层,尤其是受过吠陀经典教育或未受过充分教育的贵族阶层。个人的救赎需求,正如其在任何官僚体制里所遭遇到的情形一样,在中国理性主义的官僚体制下,很少受到重视。

二、隐修思想与老子

隐遁者①(Anachoreten)自古就出现在中国,不仅庄子的书中②提到,而且存留下来的图画里③都有隐士的形象,而儒教徒本身也承认他们的存在。某些摘记甚至可以让我们作出如下的假设:那些英雄与文士原先在年老的时候能退隐到山林里过着独处的生活。确实是这样。在一个纯粹由战士组成的社会里,"老者"往往是毫无价值的,因而遭到社会的遗弃;很有可能的是,那些隐居者最初就是由这些"年龄级别"(Alter-sklassen)而产生的。然而,这是一些靠不住的推测:进入历史时代后,老年人过一种隐居的生活,就像在印度那样,从来不被认为是正常的。不过,只有从"尘世"中抽身出来,才会有时间与气力来思索,以及捕捉神秘的感觉。孔子跟他的对手老子一样,独居而不任官职。惟一不同的是,神秘主义者——老子与庄子——因为他们的救赎追求而拒绝担任官职,而孔子则因未能任职而离群索居。对于政治上不得志的文人,隐逸的生活是取代自杀或自请处分④,是从政坛上退出的一种正常的形式。诸侯国中的一位君主之弟,吴国的仲雍,就退而隐逸。⑤ 庄子曾报道过的那位有成就的帝王黄帝,是退位而成为一名隐士的。我们可以推想到,早期隐居者的救赎目标,首先是为了长寿,其次是为了获得神秘力量。一句

---

① "至"(Schi)即圣人,"遁、逸、隐"(tun, jih, jin)即离群索居的隐士,"仙"(Sien,由"人"与"山"组成的文字符号)即隐居于山中的隐士。

② 参见 de Groot 在其《天人合一论》中的叙述。另见 A. Conrady a. a. o. 以及 Chavannes 编译的司马迁的《史记》中的注释。

③ 图画中常将神仙(Rischi)描绘成不修边幅的庶民。

④ 史书中有这样一个示例:越国的大臣范蠡,当他的君主丢失一座城池的时候,他即表明,若按古来的规则,他必须自杀。不过,他并没有这么做。后来,这人显然是因为在一次对齐国的胜战之中作为大臣而聚集了大量的财富。尔后,他果真将这些财富分给了他的朋友并当了隐士,完全和某些印度的大臣至今还在做的那样。参见 Tschepe, *Histoire du Royaume de Ou*, *Variétés Sinologiques*, 10, Schanghai, 1891, p. 157, Appendix Ⅰ。

⑤ Tschepe a. a. o. (公元前 6 世纪)。

话,长寿与神秘力量,是大师们以及待在他们身边侍奉左右的一小群弟子们的目标。

三、道教与神秘主义

与上述情形紧密相关的是一种处世的神秘态度以及基于这种神秘态度之上的哲学。只有从现世中隐退,尤其是从俗世的高官厚爵中隐退的人,才能够受到圣人的指引,这是黄帝在问道时所得到的回答。隐士就是"居家的学者",即有德才而隐居不愿做官的人。这已预示了后来与儒教官职候补人的对立,因为隐居者的"哲学"已远远超乎于此。对所有真正的神秘主义而言,对现世的绝对冷淡,是不言而喻的目的;同时我们也不应该忘记,长寿,如前所述,也是隐居者追求的一个重要目的。根据原始的"形而上学",以简约而理性的方式对待(也可说是"管理")呼吸(它显然是生命的支柱),从这个观点上看似乎是很重要的。生理学上证实,呼吸的调节有利于某种特殊的脑髓状态,从而导致人的长寿。"圣人"应该是"不死不活"的,并且行止如无生者。老子为了证明其自身的圣洁曾经说过:"我乃(逃脱俗世之智慧)之愚人也。"庄子则不愿受官职的"约束",而宁愿生活得"像一头在泥沟里打滚的猪"。"与天地万物一气","抛脱肉体",是他追求的目标。对于调节呼吸这种相当古老的现象是否曾受到印度的影响,专家们意见不一。① 在逃避官职的隐士当中,最著名的要算老子(要是传说对的话②,他比同时代的孔子活得时间长)。在他的身上,印度的影响似乎并不是无迹可寻。

---

① de Groot 反对中国古代即受到印度的影响的说法。
② de Groot 认为,关于老子当隐士的传说是可信的。

四、神秘主义的实际结果

这里,我们所要探讨的并不是作为哲学家的老子①,而是他在社会学中的地位和影响。单单从术语上就可以看出老子与儒教的对立。在《中庸》这部著作里,孔子之孙子思把具有神性的皇帝所特有的和谐状态称作平衡状态。在受到老子影响或自称追随老子的著作里,此种状态被称为"虚"或"无",可以通过"无为"或"不言"而达到。这显然是属于典型的神秘主义的范畴,并且决非中国仅有的。根据儒家的学说,礼——祭典与礼仪的法则——是产生"中"的手段②;而对于神秘主义者来说,这些手段则一文不值。像失了心神那样地行事,从而将心神摆脱感官,这种内在的态度,是使道士(在一定的意义上可以说是道博士)获得法力的惟一路径。被认为是老子所作的《道德经》教导说,生命等于拥有"神"(Schen),因此长生之法就是养神。老子对生命的看法与儒教徒对此的看法完全一致,不过两者的手法互异。

我们反复遇到了"道"这个基本的范畴,正是由于这个道,异端的道教徒与儒教徒后来才分道扬镳。这两个学派,以及一般而论所有的中国思想,都长期地坚持道这个基本范畴。同样,所有古代的神祇也是这两个学派所共通的。不过,许多被正教(儒教)视为非古典的神祇(主要是一些被尊奉为神的人)——长生术的一种转向——统统被道教收纳到万神殿里来。两派都有同样的经书,但是异端(道教)将被儒教指斥为非古典的老子《道德经》与庄子的著作加了进来。如德·格罗特所特别强调的,孔子并没有拒绝其对手的各个基本范畴。孔子也没有拒斥无为(Laissez faire,法语,意为自由放任),而且显然,他有时也相当接近在道

---

① 今天我们很可以说老子是位时髦的哲学家。有人说老子是位半神话性的人物,《道德经》被怀疑有大量的改动,或者被证明是后世的作品。对以上这些说法,我们并不感兴趣。就算老子是位虚构的人物,但学派的对立毕竟是个事实,这正是我们所要关心的。

② "中"即平衡之意(英文是"weak"),它是儒教的基本概念,在道教里被重新解释为"虚"。

中完成的无为的巫术性神性的说法。让我们进一步探讨两者的对立。

五、正统与异端学派的对立

儒教将祭祀中所有狂喜的、放纵的成分全部清除掉,而且像罗马的官僚贵族一样,把这些成分视为不庄重的东西而加以拒斥。不过,巫术活动,此处也和世界各地一样,仍免不了出现狂喜和纵情的场面。巫(男巫或女巫)与觋(男巫师),原是古代的郎中与祈雨师,至今仍然存在并且在所有时代的文献里均有所提及。在神庙的庆典里,他们仍狂呼乱舞。起初,他们吸收巫术的"力",然后是"灵",最后则是"神",并通过它们而产生作用。巫与觋后来表现为是"道教的",至今人们也认为他们是属于道家的。然而在初期阶段,老子与其门徒并不纵酒宴乐,他们肯定会把这种恣意的狂欢看作有失尊严之举而加以拒绝;如同所有的神秘主义知识分子一样,他们所寻求的是淡淡的神迷(apathische Ekstase)。下面我们会看到,只有后代的巫师才会一致地认为他们自己是老子"道教的"继承者,并且将老子视为鼻祖,因为他恰巧是位文人或者被当作读书人。神秘主义者在现世性、长生观方面,比儒教徒更为彻底。然而,这两个中心学派之间到底存在哪些本质的区别呢? 它们的教义是什么呢? 人们喜欢把异端称为"道教"。

"道"本身是个正统的儒教概念。它指宇宙的永恒秩序,同时也是宇宙的运行,这在一切非辩证的形而上学中经常得到证实。① 在老子的学说里,道同神秘主义者典型的寻神联系了起来。道本身是永恒不变的,因而具有绝对的价值。道既是秩序,又是产生万物的实际理由,它是一切存在的永恒原型的完美化身。一言以蔽之,它是惟一的神圣的总体。完全如同一切冥想的神秘主义一样,一个人只有将自我绝对虚无化,摆

---

① 以下请特别参照 de Groot 的论述,他极力强调这种分裂(道在儒道两教概念上的分裂——译者)的后天的性质(Sekundärer Charakter)。

脱世俗的利益及热情,直到完全的无所作为("无为")时,方能及于道。这一点,不仅孔子本人,就连他的学派都能够接受,并且确实见诸行动。"道"在孔子与老子的心目中,同样是一个有效的概念。然而,孔子及其门徒并不是神秘主义者。对大多数的神秘主义者以及老子而言,想要借助冥想达到内心与神合一这种状态,势必会导致对作为宗教救赎源泉的入世文化的鄙薄。在某种程度上,老子确有这样的看法。因为老子也认为,至福是一种心神的状态,是一种神秘的合一(Unio mystica),而不是像西方的禁欲主义所认为的那样,是一种需要通过积极的行动来验证的恩赐。像所有的神秘主义一样,老子的神秘主义对外界产生影响时,不是以理性的方式,而仅只是以心理学的方式:无差别的泛爱思想(akosmistische Liebesgesinnung)兴许是由老子所开创的,它是神秘主义者所特有的、无对象的精神快感与淡淡的神迷所产生的结果。此种纯粹属于心理的情况,此处也得到理性的解释:天与地由于其对人类的完全无私的照拂,由于它们那只有神才具有的无条件的慈爱,因而被确认为合法的、最伟大的神灵。而教义中的长生主义成分,构成了这些自然力(天与地)之永恒存在的基础,而这些自然力至少已接近了那永恒的道。神秘主义者正是按此榜样行事的。心理制约的内在状况也同样得到理性的解释。到处都一样,神秘主义者过着一种与世隔绝的生活,以此保持他在世间的善良与谦恭。这种生活内容造成神秘主义者与现世的一种特殊的断裂关系。这种与现世断裂的态度,即便不完全扬弃行动,至少也将行动减低到最小的程度,因为这是考验遁世者神宠状态的惟一可能的方式,并且也惟有这样才有可能证明他不受俗世的干扰。按照刚才提到的老子的理论,这也同时是延长尘世生命或者甚至超出尘世生命的最佳保证。老子本人(或其学说的诠释者)并未发展出关于长生不老的真正教义;这似乎是后代的产物。个人一旦完全得道便能进入永恒之天堂的想法,虽说是个相当古老的观念,但不具有权威性的意义。就老子而言,把此世的行动缩减到最小的限度,毋宁说是神秘的圣灵附体的直接结果。老子只是点出——而非得出——所有神秘性宗教的某些结论。被老子奉为比儒教"君子"理想更高的"圣人",不仅不需要俗世的美德,并且从根本上否定这种美德,因为它可能会危害到自身对圣灵的追求。在老子看来,俗世的德行以及对它的高度评价,就是俗世失去神圣之神性的一种征兆。这是一种中国人喜爱的二律背反的说法。老子认为,以儒教的基本美德"礼",亦即"礼节"来维系的世界,是层次最低的。然而,这个世界终究是这样地存在着,因此有必要使自己去顺应它。

此种顺应只有通过某种方式的相对化才有可能。老子并未作出断然拒绝俗世的结论,尤其是他在原则上也并不摈弃代表官绅阶层利益的有教养的绅士(君子)的这一理想。如果他摈弃君子的理想的话,恐怕他的思想也就流传不到我们了。当然,在对现世的适应上,他所要求的是与儒教的"小"德相反的"大德"。换言之,他所要求的是绝对完善的伦理,而不是社会相对化的伦理。然而,这样的要求,最终既不会使他得出禁欲的结论,也不会让他在社会伦理里提出积极的要求。之所以会如此,一方面是因为冥想的神秘主义并不能产生出这样的要求;另一方面也是因为尚未得出最终的结论。根据传统的说法(其实际内容是靠不住的,但仍为某些知名的专家所相信),孔子与老子之间的对立,是由于老子的神秘主义给政治理想带来的某些非常相对化的结论所造成的。一方面,理性主义的士倾向于根据中央集权制和理性的官僚体制来统治一个福利国家;另一方面,神秘主义者则主张国家的各个部分尽可能地自主与自足,因为这些小共同体可能有农民或小市民的质朴的美德。因此,神秘主义者提出了如下的口号:尽量地减低官僚体制的成分,因为神秘主义者的自我完善不可能由国家操持的文明政策来促成。在老子与孔子那次著名的会见里,传说老子曾劝诫孔子:"去子之骄气与多欲、态色与淫志。"除此之外,老子还进行了一些对神秘主义者而言是理所当然的,对理性主义的社会伦理学者却是无法接受的论证:"是皆无益于子之身。"也就是说,这无益于达到与神圣的"道"的原理那种"神秘的合一"。

神秘的"醒悟"（明）——在它的基础上,万事万物皆自现于人的眼前——的获得,如果我们从孔子留下来的言论中加以推论的话,是这位儒教的创立者个人所无法达到的目标,并且也在他的能力范围之外。传说感到惊讶不已的孔子称老子为"龙",就说明了这一点。"圣"对老子来说是个基本的概念,但在儒教的体系里却无关紧要。这并不是说儒家不知道这个概念,而是孔子认为圣这种状态从来就没有人（包括他自己在内）达到过。因此,这个概念与儒家的君子（"有教养的"人）理想毫无关系。圣者,在孟子看来,基本上就是达到完美境地的君子。相反,老子的圣这个字符表达了一种谦恭,而他的神圣概念,作为一个严格个人主义的自我救赎的范畴,结果却走上了与儒教的理想正相反的道路。儒教的理想是以教养为准则,以适应现存的世界与社会为取向的。老子拒斥代表神学的那些有典籍教养的学者（儒教徒）;西方的神秘主义者也出于同样的理由拒斥神学,因为它导致背离上帝。就像所有彻底的神秘主义救赎被以支配、整顿现实生活为目标的社会伦理学者斥之为"利己主义"（Egoismus）一样,老子的神秘救赎理所当然地受到他们类似的指责。事实上,老子的神秘主义,如果彻底地实行起来,只能追求自己的救赎;若要影响他人,他们也只能以身作则,而不会诉诸宣传或者社会行动。完全彻底地实行神秘主义,势必会把入世的行动看作对灵魂的救赎无关紧要而加以拒绝。这里,我们可以清楚地发现政治冷漠态度的某些征兆。不过,在政治冷漠这点上的不彻底性,也是老子体系的典型特征及其体系里所有悖论与困难的源泉。

老子（或其诠释者）和孔子一样,属于同一个阶层,因此,就像每一个中国人一样,视某些事情为当然。首先,他肯定统治的正面价值,这必然与寄托于来世的自我救赎的目的发生矛盾。统治的这一正面的价值,首先来源于普遍预设的统治者神性的使命。老子也认为,人的幸福,终究要依赖统治者的素质。据此,神秘主义者得出这样的结论:统治者个人必须具有与道神秘地合而为一的神性,进而通过统治者这些品质的神奇作用,神秘的救赎就可以作为神的恩赐分配给所有的臣民。然而,对非神秘的社会伦理学者来说,只要统治者本身被上天所确认,并且他的德行被神灵认为符合社会伦理,就足够了。孔子与老子,或者至少他俩的继承者,都信鬼神,并且接受官方的万神殿(虽然《道德经》显然大大地摆脱了巫术的束缚)。一个以实际政治为取向的中国学者,是不会拒绝所有这一切的。因为根据他的判断,不可能有这样一位超世的人格化的造物主和世界的统治者:他不仅按照自己的判断统治着所有的生灵,而且在他的面前,所有的创造物都是非神圣的。同样,印度的教育在这个主要的问题上也接近于中国的教育。因此,将上帝与创造物对立起来的禁欲伦理在中国或印度就行不通了。本质上是泛灵论的这种既有宗教,对于寻求救赎的神秘主义者来说,最终无关紧要,这是易于理解的。我们已经看到,而且将不断地看到,受儒教熏陶的社会伦理学者也是这么认为的。孔子和老子都确信,俗世统治中的良好秩序是使鬼神安静的最好办法。将鬼神信仰作这种神性的转变,也正是老子的门徒之所以无法采取极端的政治冷漠态度的原因之一。另一方面,可以理解的是,家产制国家里的官吏和官职候补人组成的知识分子阶层,既不承认个人主义式的救赎追求,也不会接受神秘主义者那种病态的谦恭,尤其是他们不会接受神秘主义者所提出的统治者及其官吏要具备神秘的神性的要求,这就好像罗马的主教教会不会承认个人的普纽玛神性(Pneumatisches Charisma)的要求一样。更可以理解的是,理性主义者的官僚体制权力国家,坚决主张将一切纳入国家的政治实践里。正是上述两方面的原因使我们感觉到(而且经常可以感觉到),一个中国人能够详尽而正确地阐述儒教,但对于道教却无能为力。欧洲的科学界普遍地认为,今日的中国人,似乎没有一个能够正确地重新体验老子(或其诠释者)的观点,深入他们原初的、内在的经验关系里。

老子神秘主义的伦理学结论及其继承者或冒充的继承者所表述的那些结论,有助于儒教确保其优势地位。这是由于神秘主义者态度的内在矛盾所造成的。

在老子本人的学说里,正如在大多数冥思的神秘主义里一样,任何出于宗教动机的与世界的主动对立是找不到的:由冥思决定的理性知足的要求,乃是基于可以延年益寿的动机。然而在老子的学说里,压根儿不存在神与创造物之间的对峙——因确定有一位全然超越于生物界与外在于俗世的人格性造物主兼世界统治者而被保证的对峙。同样,对老子而言,人性之善乃是个不言而喻的出发点。他最终并不真正地漠视或甚至拒绝俗世,而只是要求将俗世的行动降到最低点。因此,基于上述的种种理由,儒教的经济功利主义有可能进一步发展成为享乐主义,并成为指导现实世界的一种行之有效的社会伦理。神秘主义者"享有"道。其余无法或无意做到这点的人,则享受他们所能达到的东西。在这点上明显地暴露出道教和儒教在人的伦理与宗教资质问题上的原则分歧。在儒家看来,普通人与高等人不同,普通人只考虑肉体的需求;可是儒家希望通过创造富裕的生活与由上至下的教育消除这种有失尊严的状况,因为美德本身是人人都可以企及的。正如我们所看到的,儒家认为人与人之间并没有资质上的根本差异。相反,在神秘主义的道教徒看来,悟化的神秘主义者与世人之间的差异,是神性禀赋上的差异。这一点暴露出一切神秘主义内在的救赎贵族主义与恩宠分离主义:人在宗教方面有资格差异的经验。没有悟性的人,用西方的话来说,就被排除于恩宠之外,他不得不继续保持其原有的状况。这种仇视士人的悟化贵族主义,明显地表现在老子的一位弟子所作的独特的结论之中:"圣人治:虚其心,实其腹,弱其志,强其骨。"(原文见《老子》第三章)老子甚至有这样的见解:国家最好只限于关心人民的生计。这个见解源于他对典籍知识的厌恶,他认为典籍知识有碍于真正的悟化。倘若一个神秘地悟化了的统治者无法仅就自己的存在而直接产生出神性的、模范的影响力,那么他最好放弃一切行动。应该让人与万物尽其所能地去发展。臣民太多的知识与国家太多的管理,只会是真正危险的罪恶。只有绝对地顺从那不变的宇宙秩序和社会秩序,才能导致"静"即抑制住激情。在老子的救赎学说里,抑制激情可以通过音乐、虔诚的仪式练习、缄默与训练无感(Ataraxie)来促成。被认为是老子所著的《道德经》——连同上述的限制——集中地反映了老子的主张:要求尽可能地不干预。此一要求与古典儒教学说里所主张的对臣民施以家长式管束的倾向恰相对立。《道德经》里主张:促进民众幸福的最可靠办法就是依循宇宙的和谐的自然法则。正如我们所看到的,不干预的理论也见于正统的教义。它们很容易从世界的命中注定的和谐这一观念中推衍出来,而道正是这种和谐的体现。在很早的时期里,这种观念就已导出几乎是巴斯蒂亚(Bastiat,1801—1850,法国政治经济学家)式的阶级利益调和的理论。这些理论与经济生活里事实上存在的在管理方面相当薄弱且时断时续的干涉相吻合。异端的道教在这个问题上所采取的立场甚至更为彻底。恰恰在中国道家的"自由贸易主义"(Manchestertum)里,基于道教冥思的、神秘的性质,完全缺乏"职业伦理"的积极的特性,因为"职业伦理"只是一种以禁欲为取向,从神的意义与俗世秩序之间的紧张对峙中产生的俗人伦理。因此,俭约,这个被特别强调的道家美德,并不具有禁欲的性质,而具有本质上是冥思的性质(道家与儒家争论的主要问题即是节约丧葬费用的问题)。

我们在本章里多次谈到老子的"接班人"与"门徒",但这样的称谓与事实情况不符。老子,无论在历史上他个人的学说是什么样子,都很难说给后人留下了一个"学派"。不过,早在司马迁以前很久的时代里,就有援引老子学说的哲学家了。其后,在中国后代的历史时期里,我们发现某些至少部分自认是老子"门徒"的、神秘主义的著名人物。这种发展,只在某几点上与我们有关。

半传说性的传统说法里描述了孔子与老子的个人对立。然而这根本谈不上是"学派的对立",尤其是关于这种对立造成这两位敌对者之间的关系破裂的说法,至今没有人会相信。诚然,在气质、生活方式以及尤其是对于实际国家问题(官职)的态度上,两者之间存在着尖锐的分歧。然而学派的对立(按照德·格罗特的说法)显然是由于孔子的孙子子思与庄子的尖锐论争,才清楚明朗起来。可以确定并且为专家们(如德·格罗特)所强调的是:神秘主义者认为,理性知识不是造福于个人或集体的手段,并且对理性知识加以谴责,这在理论上乃是个极为重要的命题,可是却无法为儒教徒及其大师(孔子)所接受。除此之外,其他的一切倒还可以容忍。德·格罗特强调指出,"寂静主义"(无为)对于儒教徒而言并非全然陌生。这是因为儒家与道家均来源于古老而孤独的"思想家阶层"。战国时代的"诡辩家"在当时政治事务的压力下,大大地改变了原有的古老的态度。倘若不具备有关真正礼仪的可靠知识——那些"古人"所具备而且只有通过学习才能获得的知识,又如何能适应于道?在这种态度转变的背后,当然就是神秘主义者的漠视现世与儒教的适应现世、改良现世之意志这两者间的深刻对立。

庄子将老子的论点激烈化,以此突出其与儒教徒的对立:1. 追求"知性"(Verstand),是偏爱表面的东西;2. 追求"理性"(Vernunft),是执着于声音(话语);3. 追求"人间之爱",是自己道德训练的混乱;4. 热衷于尽义务,是违反了自然的法则(全能的道);5. 固执于"礼"(规矩),是爱好琐碎小事;6. 喜好音乐,是沉溺于恶习;7. 固执于神圣性,是耍弄伎俩;8. 追求知识,是咬文嚼字。[1] 第1、第2、第5、第8四个方面是儒教徒深恶痛绝并断然加以拒绝的。儒家认为,人应该具备四个基本的品质:仁,也就是博爱;礼,亦即生活的规则;义,是慷慨(义务);智,即是知识。这其中以礼和智最为重要。凡是偏离于此的,就是异端的和非古典的(不经)、不正确的(不端)、道德上有问题的(错的)以及误了道的(左道)。

孔子与老子的信徒之分裂,始于子思对老子信徒的攻击。然而,双方之间的激烈的争论,是由学派的发展以及彼此竞争俸禄与权势所引起

---

① 参见 de Groot a. a. O. 。

的。后代自认为是老子的"接班人"的那些士人,尽管有无为的原则并厌恶做官,但至少有时也想要建立一个类似于儒教士人的组织。《道德经》并没有被儒教徒绝对而全然地斥之为异端,不过,《道德经》就像庄子与管仲的著作一样,常被儒家视为非古典的,而且被排除于"圣"书之外,尽管曾经有一段很短的时期,皇帝也将《道德经》置于经典之列而成为参加科举考试者的必读之书。与道家相反,儒家强调"知识"的重要性,也把知识视为皇帝的美德。如果皇帝是个"学者",或许他就会采取"从容不迫的"(Ruhig)态度,而且也只有在这样的状况下,他才会从容不迫地行事。儒教徒通过编制大部头的官方百科全书(例如 1715 年出版的《古今图书集成》)将此一主旨付诸实现。儒教和道教均不怀疑帝王的神性之极端重要性,这点已明白地包含在《书经》(*Schu king*,即《尚书》——译者)里,只是诠释上有所不同罢了。

六、道教的长寿术

中国人对一切事物的"评价"(Wertung)都具有一种普遍的倾向,即重视自然生命本身,故而重视长寿,以及相信死是一种绝对的恶罪。因为对一个真正完美的人来说,死亡应该是可以避免的。这种倾向有利于一个以老子学说为基础的特殊教派之发展。一个真正完美的人("真"〔tschen〕、"清"〔tsing〕、"神"〔Schin〕)势必具有不容侵犯的权利和神性的天资[1];否则其完美又有什么办法可以证明呢[2]? 这个评判的标准自古有之。著草受到人们的重视,其组合形式在《易经》著名的卜卦系列中扮演着重要的角色。作为预卜命运的动物,乌龟由于其长寿而具有独特的作用。按照儒教的信念,修德,特别是学习,是具有长生效果的;同样,沉默、适当的劳动但避免筋骨操劳,也有同样的效果。尤其是上面提到的

---

[1] 如 3 世纪时的万妃(Wan Fei?)。参见 de Groot a. a. O.。
[2] 关于这点,参见前面所引的铭文。

深呼吸运动(Atemgymnastik),被视为一种长寿的方法而特别发达。长命的植物成为特殊的药材,因而有计划地进行探采长生不老药的行动。我们知道,始皇帝对此学派也是倍加开恩的。一切的经验表明:抑制兴奋与平静地生活,都具有长寿的效果。正如隐居者与神秘主义者的无为所告诉我们的,避免激情乃是首要的长寿的基本美德,这似乎是个无可辩驳的命题。以此为出发点,加上儒道两家所共同信奉的鬼神论的影响,长生不老术得到进一步发展。长生术一旦成为一种体系,所有消灾、治疾的巫术的理性化也就容易理解了。事实的确如此,理论上的成果,基本上成为两教所共有的财产。当然,儒家是不会实际利用非古典的学派的,这是因为对儒教徒而言,任何违背(以古典为取向)无所不能的道德这个教义的言行,只会危及伦理的统一。此外,我们也不要忘记,后宫正是利用巫术对皇帝施加影响的。正是老子道学说中所含有的这一纯粹的巫术成分,吸引着所有古老的巫师加入道教徒团体。他们在南方,即在最富庶的农业地区,为数最多,正是在那儿,道教的发展尤为蓬勃。

　　导师与其弟子一起住在城外,过着隐居的生活,这在中国和印度(与西方不同)是日后形成"道教"寺院的萌芽。当然,老子在多大程度上受到印度榜样的影响(无论老子精神上的独立性有多强),这个问题仍有争论的余地。同样,道家的寺院是如何形成的,这个问题也没有完全得到解决:道教隐居者的住所可能为佛教铺平了道路,而佛教的竞争也带来了道教的僧院运动——可能是促使隐居者加快步伐组织成社团的一种运动。道教之自主性的最明显的证明是:并非所有的法师,而只有那些最具有代表性的法师,即巫师,才能居于僧院集体之外。① 道教正是从士人的遁世学说同古老的入世的巫师职业相结合中产生出来的。"道士"实际上是些实习生,他们过着俗世生活,可以娶妻,并且将他们的技艺

----

① 当然,这点也适用于大乘佛教的作为俗世僧侣的"和尚"(Bonzen)。只不过此一现象的后天的性质,在佛教来讲是非常清楚的,在道教便不然了。

当作一种职业来经营。他们为一切可能的圣者广设祭坛,但是,往往在短暂的时期之后,由于这些圣灵被证明是不灵验的,祭坛即被他们丢弃。16 世纪时,道士们创制了大部头的正式的法规与典章集成(指明朝万历年间刻印的《正统道藏》——译者),并随时准备从政。

七、道教的僧侣统治

虽然道教几乎没有得到普遍的传播,但是它却有一整套稳固的僧侣统治的组织。江西省的一个世袭神性的氏族,垄断了长生不老药的制造,①并且独占了"天师"(上天指派的导师)的名号。曾担任汉朝宫廷顾问,并写过有关气功(Atemkunst)之书的张陵,有个后代在汉朝衰微不安的时代,创立了一个组织。这个组织有其管理机构、税收与严格的强制性的政治纪律,并成功地与政治当局相抗衡。最后,在四川建立起一个真正自治的"教会国家"。当然,这个"教会国家"最初是作为卡摩拉式的秘密组织而存在的(Camorra,19 世纪和 20 世纪那不勒斯和意大利南部一个秘密的政治恐怖组织的名称——译者),也就是太平道(太平之国)。此外,它还是一个近代组织(指太平天国——译者)的先驱。关于这点,我们后面还会谈及。这个教会国家由于 184 年一个叛教者的告发,而遭到汉朝廷的查禁与迫害。这个教会国家,由于所谓的"黄巾起义"(一个典型的反对北方的南方组织),长时期地卷入了反对政府的一场凶残的宗教战争(也是这类战争的第一次),直到 215 年,世袭教主张鲁认为投到魏将军(指曹操)的麾下做一名朝贡诸侯是较为明智的抉择为止。② 张

① 参见 de Groot 的著作,他所依据的是葛洪的《神仙传》。
② 我所利用的是 de Groot 的著作及一般流通的文献。De Groot 有关中国宗教的报告(载宗教史第二次国际会议的会报,*Transactions of the 2d Intern. Congr. for the Hist. of Rel.*,Bxford,1907. Vol. I),目前我尚未读到。同样未能得手的资料,尚有 Imbanet-Huart, *La Lègende du premier pape taoiste et l'histoire de la famille Pontificale du Tschang* (Journ As. Nov. -Dec. 1884, p. 389)。

鲁作为这样的角色获得了很高的荣誉与承认。但是,他的世俗权势在政府的帮助下大为削弱;他被官方任命为专管追谥死者为圣灵这一工作的官员,用格鲁贝(Grube)出色的说法,就是"众神档案的管理人",但不是惟一的管理人。因为除了祖先崇拜之外,人的神化(Menschen-Apotheo-se 把人尊奉为神)是"非古典的"、"道教的"诸神之来源。他们虽然为数异常庞大,但被排除在古典的祭典之外。诸神中最高之神乃天帝盘古,他与其妻居于西方的碧玉山上。他的形象来自古代一个被视为上天之主的人格神的观念。

于是,道士自称的支配鬼神的力量,开始成为他们政治生涯的基础。因为在士人与其敌对势力的斗争中,我们总是看到道教徒站在反对派一边。起初,道教徒是"贵族的";无教养的封建得益者,利用他们作为工具。他们反对儒教的仪式、典礼,[1]反对儒教对秩序与教育的狂热。这导致他们采取"人民应处于无教育状态"的立场。在司马迁的时代里,他们即采取这样的立场。一直到 124 年,士人才成功地压倒道教徒的势力,并将所有的俸禄视为他们所保留;70 个宫廷士人,来自帝国各地。[2] 但是后来,随着封建制的结束,士人的主要对手变成了由宦官、将军与不学无术的宠臣所支持的苏丹制。道教徒依旧站在士人的对手这边。宦官势力的每一次崛起,都导致巫师对政治的影响。这种斗争一再以士人的胜利而告终,而最具决定性的胜利是在和平主义的满洲人统治下的时期,不过,这场斗争仍然一直持续到慈禧太后统治的时代。我们千万不可根据我们西方的教派观念而导出错误的想法,儒教的官绅也需要道教徒为其效力的,[3]就像古典时代的希腊人也需要那些平时被他们瞧不起的"先知"与(后来的)占星师一样。正是由于这个缘故,道教难以根绝,因为作为胜利者的儒教徒本身,从来没有认真想要根除一般的巫术,特

---

① 关于此种敌对,参见 Chavannes 编译的司马迁的《礼书》(Vol. Ⅲ, p. 210, 注释 1)。
② 参见 Chavannes 上引书之序言。司马迁看到他的对手不断获得升迁,不由得发出了悲叹。
③ 例如荣禄(Jung Lu)于 1903 年所做的。

别是道教的巫术,他们只想到要独占官职俸禄。

不过,他们甚至连这点也没能完全成功。我们在下面即将看到,某些业已建成的建筑物,由于地卜上的原因,往往难以彻底铲除。例如,一旦允许道家的寺院存在,无论如何也就得允许有道士。这种情形,我们下面会看到,同样适用于佛教徒。所有的士人阶层,由于一再地害怕触怒"鬼神",包括那些非古典的鬼神,而对鬼神论与巫术作出让步。因此,道教徒不仅受到国家的容忍,在某种意义上甚至得到国家的承认。官方授予道教世袭教主张天师以道录司的职位,很显然是仿照佛教的僧院主管职位的。在某些国家的寺庙里,设有各种的道教祭司的职位,通常是:1. 一位主事(Direktor,院长);2. 一位解释秘义的祭司长;3. 一位负责抗干旱与抗水灾的方士;4. 若干一般的道士。① 在某些已获独立的藩国里,其君主的碑铭显然呈现出道教的特征。② 即便是康熙所颁布的圣谕,以及所有满洲统治者对道教的绝对摈斥,也丝毫改变不了这一点。

在探讨由正统与异端共同塑造的中国人特有的"世界观"之前,我们希望先说说佛教的地位:就政治方面来看,其地位与道教非常类似。③

八、佛教在中国的一般地位

佛教自印度传入中国,便成了一种便利的、教化的统辖力量手段,进而成为一种驯服民众的手段。

经过改革的佛教④(大乘佛教,梵文为 Mahajana),具有"非士人的"(aliterarisch)性质,特别是在诉诸女性的感情方面,因而成为后宫所喜

---

① 参见 W. Fr. Mayer 编著的中国的国家俸禄辞典: *The Chinese Goverment Schanghai*, 1878, p. 70。

② 参见前文曾引的南诏王所立的碑铭,ed. Chavannes, Journ, Asiat. 9 Ser. 16, p. 1900。

③ 关于接受印度佛教的经过与结果,我们将在佛教史的文章中讨论;此处我们只提一提某些形式上的方面。

④ 我们将于适当之处讨论这点。这并非原初的佛教。

爱的一种宗教信仰。我们一再地发现,宦官成为佛教的庇护者,正如他们之庇护道教一样。11世纪(原文有误,应是15或16世纪——译者)的明朝统治下,情况尤其如此。①

佛教之所以受到可怕的迫害,原因众多:除前面提到的儒教的通货政策与重商主义以外,还有多种多样的俸禄竞争,以及得到佛教徒支持的儒教反对苏丹制的斗争。尽管如此,佛教如同道教一样,实际上无法"根除",纵使皇帝下达严厉的敕令,或者尽管佛教与许多秘密结社("白莲教")有牵连。除了地卜的理由外(下面会提到),某些中国人不想缺少的仪式,诸如安魂弥撒(Totenmesse),只有佛教能够提供。佛教站住脚跟以后,灵魂转世的信仰就一直是流行的来世观念之一。因此,就像道教徒享有俸禄那样,佛教徒也拥有被公认的俸禄。② 此处,我们并不急于讨论这些俸禄的地位,而回过头来讨论道教。

以后道教的非士人的与反士人的性质,是它之所以能扎根于商人圈子的重要原因(虽说不是惟一的原因!)。这是一个非常明显的范型(我们将会常常遇到它),它告诉我们,一个阶层的宗教意识形态,绝对不是由纯粹的经济条件决定的。③ 相反,道教的独特性也不可能与商人的生活方式全然无关。因为道教是一种绝对反理性的,坦率地说是一种非常低下的巫术性长生术、治疗学与消灾术。在道家看来,夭折是一种对罪

---

① 在乾隆皇帝的《御撰通鉴纲目》中记录了大量的例子。例如:1451年,尽管儒教徒提出抗议,还是有5万名和尚被授予圣职(Delamarre, a. a. O. p. 288);1452年,一位影响很大的太监是个佛教信徒(同上书,p. 292),因此也是"官吏"(儒教徒)的敌人;1481年,一位和尚成为分配施舍物的首长(p. 379),他于1487年(p. 385)因一陨石坠落,在官吏的要求下被罢黜。

② 见 Meyer 有关国家俸禄的著作(a. a. O.)。每个地区设有两个僧录司(Sung Luh se),由地方官府从僧院的方丈(长老)中选出。这两个僧院的主管(Superioren)对众僧侣的品行端正负有责任。

③ 我在先前有关清教主义的诸论文中,也经常提到这点。参见 *The Protestant Ethic and the Spirit of capitalism*, tr. by Talcott Parsons; *The Protestant sects and the Spirit of Capitalism*; From Max Weber, *Essays in Sociology* (New York, 1946), Ch, XⅡ, pp. 302—322.

恶的惩罚,①但它答应可以为人祈免天折;此外,它能使(道教的、非古典的)财神以及众多神化的官僚神与功能神心悦诚服地降福给祈求者。然而,在道教里,人们很难找到任何与"市民的伦理"相近的特性。我们在这里对道教的这一方面并没有兴趣,我们只想谈谈它的间接的、消极的影响。

九、巫术理性的系统化

正统与异端对巫术与泛灵论的观念均采取容忍的态度,尤其是道教对它们的积极培植,不仅使它们得以继续存在,而且使这些观念在中国人的生活中具有巨大的、决定性的影响。让我们来略窥一下它们的影响。

一般而言,在中国,自古以来的各种经验知识与技能的任何种类的理性化,均朝着巫术的世界图像这一方向运动。天文学除了历法科学以外,其余都变成了占星术。历法科学源远流长,最初用来按四季安排农活。技术同样是原始的,一点也比不上巴比伦的成就。敌视士人的始皇帝开始修订历法,使按年月日顺序的计时法(Chronomantik)得以产生。这种计时法的特点是:纯粹依据类推和大宇宙的表象,将职责(具体的职责,而不是一般的任务)逐一分配到月份之中,配置行事日和非行事日(dies fastiund nefasti)。作为历法机构的太史("高级的著述者")起初是编年史者,后来转变成执掌天文与占星术的官方部门。但是,这种时占术的经营,靠着大量复制政府所制作的时宪书(历书,时占的基本书录),而成为"占日师"的一个财源。当人们要为某事选择一个日子时,就去请教他们。

另一方面,占星术则与非常古老的气象学有关联。季节的循环变化

---

① 正统的教义中也是这么认为。见 Chavannes 编译的司马迁,Tome Ⅰ, p. 196:"早天并非上天所致,上天只不过是人类行为的裁判。"不过,请比较第二章末尾所引的碑铭文字。

(Konjunkturen)、金星的可见度、星辰发光的样式以及风向的断定等等,据德·格罗特的猜测①,最初是由信风的意义决定的。但是后来,在以下诸方面出现了大量的文献:地震、山崩、陨石、怪胎、对儿童偶然的表现的解释(作为特别直接的媒介)以及各式各样诸如此类的巫术的"气象学"。它们专门用来测试"神灵"是否保持正常。如果神灵异常,那么国家领导就得密切注视其动向。从事安抚神灵工作的巫与觋原是古代的占候巫师与祈雨师,他们被认为是"道教的"。常见的歇斯底里的(千里眼的,法语:Clairvoyant)女人,经营这个行业特别成功。

药物学以及与之相关的药理学,都曾有过值得重视的经验性成就。它们完全以泛灵论的方式被理性化。我们曾经提到,长寿的植物是一种神药,就像希伯来人的生命之树一样,大量生长于"西方乐土"——西王母的林园里。中国人的向外扩张,在某种程度上也是由此种寻找乐土的希望所决定的(就像始皇帝为了寻求长生不老药而到海上探险一样),这应该是不成问题的。最能说明这些古老情况的莫过于一则(为人所深信的)传说了:有位王侯(指晋侯——译者)听到(!)诸病神在其腹中谈论它们应该安居于何处。在这则传说里,发高烧时产生的梦魇被以泛灵论的方式理性化了! 但是,与其他的理性化相比,这还是较为原始的。元素、季节、味觉与气候的种类,都与人的五(!)脏拉上了关系,也就是说,大宇宙与小宇宙联系了起来;巫术的疗法也依循这样的观念。《道德经》里所传授的古老的呼吸技术,一直是一种辅之以体操的治疗术,其目的在于使作为生命支柱的呼吸"存储于"体内。公元前2世纪时的董仲舒就已指出,激情有害呼吸。根据德·格罗特的说法,纪元后问世的《素问》(即《黄帝内经素问篇》),被认为是一部有关科学呼吸术的经典教科书。除此方法外,再加上"符"(也就是由具有神性的官绅用毛笔书写出的、用以护身的字画)等等。不过,我们暂且抛开从德·格罗特那儿获悉的这些

---

① 见《天人合一论》p. 343;每位读者都会看到,我们随时都会用到此书。

事物。对我们而言,《葬书》或风水所代表的地卜术的重大发展,更具有无比重要的意义。

和德·格罗特一样,我们注意到,时占者(Schi)要为各种建筑物决定兴建时辰。但更重要的是,后来他们也决定建筑物的形式与位置。9 世纪时,众多的地卜学派在经过一场斗争之后,讲究"形式"的学派战胜了其他更关心质料的泛灵论的对手。这些地卜师拥有远为广大的收取手续费(Sportel)的机会,这也许是他们取得决定性的胜利的原因之一吧。自此之后,任何形状的山岳、丘陵、岩石、平原、树木、花草与川流,在地卜上都具有重要的意义。一块独一无二的大石头,就可以因其形状而保护整个地区免遭凶神恶鬼的侵袭。在这个领域里,甚至没有什么东西是微不足道的。尤其是非常敏感的坟墓,在地卜学上是不可轻视的事情,因为它可能会成为灾祸或瘟疫的真正策源地。风水的勘察成为所有建筑物不可缺少的事项,甚至连家里的排水管这种内部工程也不例外,因为邻居的任何丧事都会归咎到另一家人的建筑物,从而引起报复;任何新墓的设置都可能会惊动所有墓地的鬼灵而引起可怕的灾难。近代以来的新事项中,尤以开矿这等事最易于触怒鬼神。最后,修建铁路、吐煤烟的工厂设施——早在公元前,中国人就懂得和使用烟煤——则会巫术般地给整个地区带来灾难。由这种信仰和风水师的收入利益所决定的技术与经济的巫术化特征,完全排除了从本土发展出现代交通与工商业企业的可能性。要想超越这个巨大的障碍,就必须要应用地位稳固的高度发展的资本主义,并且要得到大官僚阶层的支持。因为只有他们能投资大量金钱于铁路建设;同时,也必须进一步把巫与觋以及时占师与地卜师贬为"骗子"。但是这一切单靠中国自己的力量是永远办不到的。

毫不奇怪,由于某条运河、某条道路或某座桥梁从风水的观点看来是危险的而不宜开筑,不得不经常地绕行许多公里的远路。佛教的,亦即异端的寺院,由于风水的缘故——可以"改良"自然环境的风水——而获准建立,僧侣也有义务举行有关风水的重要仪式,以换取丰厚的报酬。

此外,风水师本人的赚头,据说已达到令人难以置信的数目,并且每当发生建筑上的争执时,争执的双方也都会花钱雇用风水师。

由此可见,作为一种上层建筑的巫术性的"理性"科学,诸如时测法、时占术、地卜术、占候术、编年史、伦理学、医学以及在占卜术制约下的古典的国家学说,囊括了早期简单的经验技能,并且正如各种"发明"所证明的那样,在技术上具有可观的才能(Begabung)。这种经验技能的残余至今仍到处可见。如果说作为异端的巫术师在民间的地位以及他们的营业收入往往举足轻重的话,那么士人阶层在使经验技能理性化方面则起了决定性的作用。

以五为神圣数字的有关宇宙起源的思辨,诸如五星、五行、五脏等等,反映了大宇宙与小宇宙的对应关系(表面上看似乎是完全是巴比伦式的,但是正如任何比较所表明的,这绝对是中国本土的)。中国这种"普遍主义的"(天人合一的)哲学与宇宙起源说,将世界转变成一个魔法乖张的园地。每一个中国的童话都反映了非理性巫术的大众性。怪诞的、毫无理由的神灵(dei ex machina),飘忽游行于世,而且无所不能;只有魔法才能对付它们。奇迹在伦理上的合理性是根本谈不上的。

所有这些——说得明白些——不仅受到容忍而允许存在,而且由于巫术的世界观得到承认而更加兴盛起来。这是由于各式各样的巫、觋、师,都可借助巫术的宇宙观为自己谋到大量发财的机会。道教不仅同儒教一样信奉传统主义,而且由于其非士人的反理性倾向而更具传统主义的特性。但是,道教压根儿没有自己的"伦理",对它而言,是魔法,而非生活方式决定人的命运。这一点使发展到最后阶段的道教与儒教分隔开来。因为如前所述,儒教恰恰反其道而行之,认为巫术在面对德行时显得无能为力。不过话又说回来,不管儒教如何贬低道教,当它面对巫术的宇宙观时,同样显得束手无策。这种无可奈何的心态,使得儒教徒无法从内心深处根除道教徒基本的、纯巫术性的观念。对巫术的任何触犯,只会危及儒教本身的威力。一位士人对试图触犯巫术的动议作了直截了当的回答:应该结束这种胡说八道。他说:"当皇帝不再相信征兆预示而为所欲为时,谁还能阻挡得了他呢?"在中国,巫术信仰是政府在体制上权力分配基础的一部分。

道教的教义虽然不同于巫术的粗陋和"普遍主义的"理论,但是,它并没有更理性地产生作用,也没有形成一种抗衡力量。产生于中世纪的有关行动与报复的学说(即报应说),被认为是道教的。正如我们所注意到的,这种产生于中世纪的报应说是某种巫术活动的特征,但是这些巫术活动不是由佛教僧侣进行的。根据可靠的历史资料,这种巫术活动掌握在一个特殊的僧侣阶级,或者确切地说掌握在具有平民特性的平民出身的法师阶级的手中。根据上文,我们可以估计到,道教和儒教共有一部分非礼仪的经书,例如这部《赐福密书》(指道教的劝积阴德、规诫过恶的《太上感应篇》、《阴骘录》等)就被认为是两教共有的。同样,正如我们所看到的,两教具有普遍的巫术前提。只不过这些巫术的前提在道教里大为发展。与儒教相反的是,道教的前提是把对今世和来世的积极希望联系在一起。正是这些对今世和来世的希望,是被有教养的知识分子阶层所鄙视的民间神祇的价值所在。由于这个缘故,儒教没做的事,道教的平民教士阶层却做了:道教的僧侣们一方面满足了将万神殿加以某种系统化的需求,另一方面满足了将公认的世上的行善者或灵验的鬼神一一纳入神界的需求。就这样,道教将三方面的神灵——被官方的教义加以神化的古老的人格化天神(玉皇大帝)、老子以及身份不明的第三者——联合成三合一的"三清尊"(以老子为太清太上老君,此外还有玉清元始天尊与上清灵宝道君,合为"三清")。普遍受到崇拜的民间八大天才(部分是历史人物)以及其他的天使,也凑合着列入按等级排列的神灵花名册。城隍神(通常是被册封为圣徒的城里的官吏)则被赋予掌管居民来世命运的权力,他有权根据居民活着时的品行决定其在阴间的命运。因此,他被确认为主宰天堂与地狱的神灵。只要举行长期的、有组织的祭典,道教即将祭祀城隍神以及其他被封为神灵的自然神和人间英雄的组织活动掌握在自己的手里。资金的筹集,多半是由地方上的得益者认购(Subskription)或轮流摊付;只有在大祭典的时候,才由道士去念经(原文为 Messe lesen,读弥撒)。

此外,除这种非官方的、但得到容忍的本来的祭祀活动以外,早在那些自称为老子"门徒"的最早期著作者的时代,就已经出现一种秘传的道教,它将那些具有道之天赋的人视为各种超人力量的代表者,并把为需求者提供巫术性救助的工作交付给他们。

据前文所述,如果说在历史上这种秘传的道教与老子或其他的神秘主义者确实有联系的话,那么这种发展根本就不值得惊叹。因为在中国以及世界其他各处,有天赋者的具有神性的救赎贵族主义是不可能通向理性的禁欲主义的。在此情况下,本身就已经是非古典的冥思与特别古老的隐士制度的进一步发展,必然会将神性与神秘性——泛神论——统一起来,并以此直接导致神圣的巫术。也就是说,这导致鬼神界具有巫术的影响力,以及导致实际地适应鬼神活动的巫术法则性。正如我们在导论中所阐明的,具有悟化天赋的人的救赎贵族主义,也不可能通向民间的宗教笃信。

出于政治上的原因,中国政府到了 19 世纪时就不再像从前那样容忍神人同形说的发展。这种神人同形说的发展,通常出现在仪式主义发生转向的时候,即出现在贵族主义式的悟化救赎必须调整以适应群众之需求的时候。在此情况下,具有天赋的巫师被视为"阳气"的代表者和活的"救世主"而成为一种被人崇拜的对象。我们从公元前 4 世纪的一则报道①中得知,为了祈求丰收,人们曾对一名活着的具有神性的人顶礼膜拜。不过,后来实行的正教,只崇拜已故的人,尤其是已故的、被证明具有神性的官员。此外,正教还小心谨慎地竭力阻止任何赋予活人以先知或救世主资格的企图,因为活人一旦被视为先知或救世主,就会产生如

---

① 参见 de Groot, *Religion of China*, p. 64f。崇拜活人(官绅),在 1883 年的一道敕令里被宣布为有罪而受到惩罚(见 1883 年 1 月 18 日的《京报》)。

下的两个危险:仅仅(无法禁绝地)使用那些具有一定巫术技术的专家已经远远不够;导致僧侣统治的形成。

　　然而,尽管这样,道教却一再地赢得帝王的承认。在 11 世纪的时候,甚至创立了一套道教的考试制度,它按照儒教考试制度的模式,把考试分为五个等级,并且与正统的科举并存。在这样的情况下,就发生了受道教教育的学生分享官职与俸禄的问题。不过,几经儒教学派团结一致的抗议,终于重新将道教徒逐出了俸禄享受。在经济和社会问题上,两派之间的争论是围绕着谁应该享有帝国的租税收益这一问题而进行的。不过,在这些斗争中,也反映了儒教与所有诉诸情感的宗教思想和巫术之间深刻的、内在的矛盾。正如我们所看到的,道教的巫师几乎总是通过后宫与宦官——士人的传统敌人——而进入宫廷的。例如,741年(唐玄宗开元二十九年),一个宦官成功地成为翰林院的院长。而儒教则一贯地以其高傲的、刚强的、理性的、清醒的精神——类似于古罗马人的精神——抗拒易接受迷信与奇迹的歇斯底里、万分冲动的女人对于国家事务的干预。双方的对立一直以这样的方式持续到王朝的末期。例如,一位翰林在一篇关于 1878 年发生的一场大旱灾所引起的全民不安的报道中明白地向两位摄政的皇太后提议:要想恢复并维持宇宙秩序,只有依靠一种"沉着与坚定的精神",而不是冲动;除此之外,还必须正确地履行国家在仪式和伦理上的义务。这位提案人以纯正的儒教态度明确而尖锐地补充说道,他不需要揭露鬼神的奥秘,也不想根据预兆算命,但是他希望年轻皇帝的宦官与侍从,应该要防范具有潜在异端危险的迷信的妄说。他借助以上所引的告诫得出以下的结论:两位皇太后应该通过实践德行,而不是通过其他的方式去对付这种状况。这份报告以其高傲、坦诚、令人难忘的儒教思想而流芳百世,同时昭示了儒道两家自古以来对立的显而易见的影响。①

---

① 见 1878 年 6 月 24 日的《京报》。

十、道教的伦理

如前所述,商人圈子之所以信奉道教,关键在于他们尊奉的财神,即商人的职业保护神,是由道教培植出来的。的确,道教使众多类似的专门神获得殊荣。例如,帝国军队的英雄被尊奉为战神;学生信奉的神祇是博学之神;而特别受到崇奉的,则是长寿之神。和古希腊埃琉西斯市的神秘宗教祭典一样(eleusinische Mysterien),道教也把重点放在神对于此世与来世的健康、财富与幸福生活的许诺上。根据报应的学说,由鬼神对所有的行为作出奖赏和惩罚,不管这报应发生在今世或来世,也不管报应在作案人身上,或者——与灵魂转世说相反——报应在作案人的子孙身上。来世的许诺特别能够吸引大众的心。对道教徒与儒教徒而言,下面的信条是不言而喻的事:个人的"正确的生活"(das richtige Leben)是判定个人行为的准则;因此,君主的"正确的生活"乃是王国命运与宇宙秩序的关键所在。所以,道教也必须提出自己的伦理要求。不过,由于这些要求尚处于萌芽状态,缺乏系统性,因而那种将来世命运与一套伦理联系起来的想法,始终是无结果的。于是,从来没有遭到儒教知识阶层严重打击的原始巫术,一次又一次地蔓延开来。由于这个缘故,道教的学说以前文所述的方式,逐渐发展成为一种神圣的治疗术、炼丹术、长生术以及永生术。焚书的发起者、士人的敌人(秦始皇),由于道教徒的不死之药而与道教徒结合在一起。史书中有记载,说他为了寻找长生不老药而发起对位于东海的长生岛的远征。其他的统治者则是为了炼金而转向道教。对受教育者的生活方式有决定性影响的士人官吏阶层,并不了解老子学说的原本意旨,所以断然拒绝老子所作出的各种结论。然而,打着老子旗号的道士的巫术,却受到轻蔑的宽容,并被认为是适合大众口味的粮食。

一般而言,汉学家并不怀疑,道教的教义和组织,诸如道教的教权制组织、万神殿的构造(尤其是三清尊)、礼拜的形式等等大多(如果不全是)仿效儒教。不过,道教对儒教依赖的程度有多大,在汉学家中仍有争论。

十一、中国的正统与异端的伦理之传统主义性质

就其作用而言,道教在本质上比正统的儒教更加具有传统主义的性质。这完全决定于道教专事以巫术为取向的救世技术(Heilstechnik)。其巫师为了自己整个的经济生活,直接将关注点放在维持传统,尤其是维护传统的鬼神论上。因此,"切莫提倡变革"这个明确的原则,归之于道教,是一点也不奇怪的。在任何情况下,道教与理性的有规律的生活——不论是入世的还是出世的——之间,不仅无路可通,而且道教的巫术还必然成为此种理性生活的最严重的障碍之一。对普通教徒(俗人)而言,后期道教的道德律令本质上和儒教的相同,所不同的是,道教徒所期望的是实现个人的利益,儒教徒则偏重于实现君子的良知。儒教徒更多地注意"正"与"不正"的对比,而道教徒与巫师更多地重视"净"与"不净"。尽管道教徒把自己的注意力集中到不朽与来世的惩奖上,然而他们和儒教徒一样,也是以此世为考虑的出发点。传说道教教权制的创建者已明确地采用了哲学家庄子的一番话:"龟宁生而曳尾于涂中,不愿死而藏之庙堂之上。"这句话超越了古希腊勇士阿奇里斯(Achilles)在地府里的表白。[①]

我们应该特别记住,巫术在正统的儒教里也有被认可的地位,并且有其传统主义的影响。我们曾经提到,在 1883 年,有位御史反对利用现代技术在黄河上修筑堤坝,他的意见显然有悖于经典中的规定,因为他担心,修筑堤坝会引起鬼神的不安。儒教所断然拒绝的,只是在民间的

---

① 参见傅东华译《奥德赛》,第十一章:尤里西斯入冥府访预言人而与诸鬼魂问答。当他见到特洛伊之战的第一勇士阿奇里斯的鬼魂时,即安慰他:"你死后又领导群魂,所以你纵辞人世,毋用悲辛。"阿奇里斯答道:"显赫的尤里西斯,你听! 你休要把死后光荣来慰藉我阴魂。我纵然做得冥君,能使地府幽灵都听命,也毋宁在阳世做个庸人,即教我事一寒微之主也甘心。"——译者

巫术中出现的极度兴奋的感情冲动、道教徒的麻木不仁的（apathisch）忘我以及各种修道僧的禁欲主义。一般而言，在此种心理学的观点下，所有的巫术都被斥为"非理性的"。

中国的宗教信仰，无论是在官方的国家祭典方面，还是在道教这方面，都没有像清教那样为个人以宗教为取向的生活方式提供足够强烈的动机。在国家祭典和道教祭典这两种宗教形式中，一点儿看不到魔鬼凶恶的势力，以致无法让虔敬的中国人（无论是正统的或是异端的）为了得到救赎而起来应战。真正的儒教的处世之道是"市民的"（bürgerlich，小市民的），它一方面具有受过启蒙的乐观的官吏理性主义，另一方面，它就像所有的启蒙（Aufklärung）一样，夹杂着少量迷信的成分。但是，从"等级的"观点上看，儒教的处世之道是受过经典教育的知识分子阶层的一种道德，其特征是以教养为傲。

甚至最注重功利的乐观主义者和因袭主义者也无法回避这样的事实：即使是最好的社会制度，当物质财富的实际分配与生活命运反复无常的时候，往往也无法满足适中的要求。因为在这样的社会秩序里，不幸与不公被认为是个人缺乏教养和政府缺乏神性的结果，或者根据道家的学说，是犯了巫术上重大过失的结果。于是，这里也产生了神义论（Theodizee，为神辩护的神正论）的永恒的问题。然而，至少儒教徒并没有采用来世或灵魂转世的概念。不过在古典的经书里，倒可以找到某些类似秘传的宿命论（Prädestinationsglauben）的痕迹。这个观念具有某种矛盾的意义，完全符合于中国官僚政治的性质，因为中国的官僚机构本质上与战士的英雄主义不相干，而是一个与纯粹的市民有等级分别的士人阶层。民间的信仰里显然没有任何天意的观念存在，相反却发展出一种明显的占星术信仰的萌芽，这种信仰相信星宿能支配个人的命运。儒教的秘教（如果有这样一种秘教可言的话），似乎对天意的信仰并不陌生。不过，一般而言，尤其是在孟子的学说里，天意并不涉及个人具体的命运，而仅与社会集体本身的和谐以及命运的流程有关，这和所有原始的集体崇拜一样。但是另一方面,儒教实际上并没有纯粹的人类英雄气概这一特殊的观念,这种观念高傲地拒绝任何对善良的天意的信仰,并认为非理性的厄运是预先由一种非人格的命运力量决定的,类似希腊的"命运女神"(Moira)一样。这种非人格的命运力量决定个人生命的大突变。在中国,这两者——善良的天意与非人格的命运力量——毋宁是同时并存的。孔子显然认为,他自己的使命以及影响它的力量的确是命中注定的。除此之外,孔子也相信非理性的命运女神,不过他是以非常特殊的方式这样做的。也就是说,只有"高等的人"才会知道命运;并且,若不相信命运,就不可能是个有教养的人。就像其他各处一样,相信天意(相信命运是预先决定的)是用来支持受过经典教育的士人阶层惟一能接受的那种斯多噶式的英雄精神。换言之,支持类似蒙田(Montaigne,1533—1592,法国哲学家及著作家——译者)所主张的那种"待命"(Bereitschaft),冷静地接受不容更改的命运,从而证明有教养的骑士精神。一般平民,无所谓命运或畏惧恶命;他们所追求的只是幸福与财富,或者对命运的变化采取听天由命的态度,把命运的变化视为一种运气(Fatum),而不看作是一种必然的命运(kismet)。根据传教士的报道,这似乎已是一种习惯。儒教的"高等人"则与平民不同,他知道厄运,并且在内心里战胜了它,因此他能够以高傲沉着的态度对待命运,保持和爱护自己的人格。① 我们看到,这种对非理性的命数的信仰,至少对个人来说,是一种与彻底理性的入世的神义论格格不入的信仰,因此它被某些哲学家视为对伦理有害而加以拒斥。此外,这种信仰在儒教内部还和这

---

① 当儒教徒与佛教徒就宗教问题进行交谈时,佛教的羯磨辨神论(karman-Theodizee,即因果报应说,个人在轮回生命中的行为决定其来世的命运——译者)通常遭到儒教徒的激烈反对。儒教徒认为,个人的社会处境并非是先前的行为的结果,而是命运所造成的,命运使树上的叶子一部分卷落到地毯上,另一部分卷落到污土中。详见《梁书》与《南史》中《范缜传》里竟陵王肖子良与范缜著名的对话。子良问:"君不信因果,世间何得有富贵,何得有贱贫?"缜答曰:"人之生譬如一树花,同发一枝,俱开一蒂,随风而坠,自有拂帘幌坠于茵席之上,自有关篱墙落于粪溷之侧。坠茵席者,殿下是也;落粪溷者,下官是也。贵贱虽复殊途,因果竟在何处?"——译者

个体系的其他的理性主义发生矛盾。这种对非理性的命数的信仰,是包含于儒教理性主义中的非理性因素的组成部分,也是儒教高贵性的支柱之一。不过,儒教对命数的信仰,有别于清教徒的命定论信仰。清教相信一个人格化的神及其无限权力,同时像儒教一样,坚决而明白地拒斥天意善良的观念,但是与此同时,它又把自己的目光投向彼岸。而在儒教里,不论是有教养的人还是一般人,都不以彼岸为念。有教养的人惟一关心的是超出死之上的名声和荣誉,为了名声,他必须有以死相殉的准备。事实的确如此。儒教的统治者与将军们,当战争与人的命运在关键时刻不再受到上天的支持时,确实知道高傲地去死。较之西方基督教的统治者与将军,他们更懂得怎样勇于赴死,这种特殊的荣誉感是有教养的人的一种标志。而这种荣誉感本质上与个人的功绩——而非其出身——紧密相连。可见,荣誉感是儒家完全了解的、高度紧张的生活的最强烈的动机。[①] 也是由于这个缘故,此种生活方式完全是等级的,而不是我们西方意义上的"市民的"生活方式。

这已经说明,这样一种知识分子的伦理,对广大的群众而言,其意义必然是有限的。首先,就教育本身而论,不仅存在着地方上的巨大差异,而且尤其存在着巨大的社会差别。较为贫困的平民阶层,以世界上罕见的、几乎令人难以置信的巧妙的节俭(就消费而言),维持传统主义的、迄今依然强固的自然经济。这样的生计之所以可能,完全是因为它与儒教的君子理想之间缺乏任何内在联系。中国和世界各处一样,只有统治阶层外部举止的姿态与形式有可能成为普遍接受的对象。知识阶层极有可能对大众的生活方式产生决定性的、然而是消极的影响:一方面,它完全阻碍了一种先知的宗教意识的产生,另一方面则几乎彻底地根除了泛

---

① 从上述龟的比喻中不难看出,此种对名声的自负很容易突变为对求生的不加掩饰的渴望。作此比喻的人虽说不是纯粹的儒教徒,但他却以无比的敬意来引用孔子的话。然而,真正的儒教精神并不反映在庄子所作的比喻里,而表现在司马迁的书信(即《报任安书》——译者)以及御史们进呈给慈禧太后的奏章里。

灵论宗教意识里的狂迷要素。这可能至少部分地决定了有时被称为中国人种族品质的特性。尤其是儒教社会伦理的冷漠性质，以及它只承认纯粹个人的——家庭的、学生的以及同事的——纽带，对中国民族性的形成也起了很大的作用。

维护这种人格主义的作用主要表明儒家的社会伦理。直到今天，在中国还没有对"实在的"（sachlich）团体负有义务的想法，不管这些社团是政治性的、意识形态的或者其他任何性质的。① 在中国，所有的社会伦理都只是将与生俱来的孝的关系转到其他与之很相似的关系上。在五项自然的社会关系里，对君、父、夫、兄（包括师长）、友的义务，包含着所有绝对具有约束力的伦理。在此五伦关系之外，其他自然的事实义务，则是以儒教的互惠原则为基础，其中丝毫没有激情的要素。所有完全以

① 在最后一刻，我发现了 Wu Chang 于 1917 年撰写的那篇相当好的博士论文，该论文受到 Herkner, Bertkiewicz, Eberstadt 等人的影响。"中国的信贷联合会"代表某种社团类型，取名为会（Hwui）；所有的俱乐部也取名为会，不过另外加上特定的名称以说明这个会的功用（例如互助会、骰子会、抓会等）。Wu Chang 的这篇论文描述了我们在前面（第一章）所提到的那些社团（Vergesellschaftungen）的原始结构。此种社团流行于农民（即小农）之间，而且主要是依赖会员之间严格的个人熟识关系。能否加入社团，全看个人的可靠性程度而定。有三种不同类型的入伙，最简单的一种是：在"第一次聚会"时，所有成员（"第一个成员"das erste Mitglied，即会首，除外）将会钱交给会首，而将当期的利息记在会首的账上，会首在这期间利用这笔资金的运转来弥补利息的账。第二次聚会时，所有会员（包括第一个成员在内）将会钱交给第二个会员，依此循序而下直到最后一个会员；最后这名会员收回他自己所缴纳的全部会钱及其所带来的利息。收取会钱的顺序大多由抽签决定；如果组会的目的是为了使某个负债者恢复支付能力，那么这个负债者当然就是"第一个会员"，至于其他的捐资者（Mäzenaten）或许愿意当"最后一个会员"。结果是每一个在会尾之前的会员在某段时间里，依据顺序的先后，都有一笔为数略异的资金供其自由支配，而为了偿还或省出这笔资金，他应缴纳会款及付利息。这种由某种程度的相互监督或彼此清楚地知道经济行为（Wirtschaftsgebarung）所决定的信用组合，其作用显然类似于莱弗爱森（Raiffeisen, Friedrich Wilhelm, 1818—1888，德国农业政治家——译者）的信用贷款制。对于银行不与之往来的小农群众而言，这种信用组合取代了为了购买土地所需的地产抵押贷款（Hypothek-enkredit），不过它也可用于任何可以想见的目的。中国的信用组织不同于前此所描述过的教派的情况（参见 *The Protestant Sects and Spirit of Capitalism*, From Max Weber, *Essays in Sociology*, Ch. XII）。除了形式以外，中国的信用组合还有下列特点：1. 具体的经济目的是首要的，更确切地说，是惟一的；2. 由于缺乏教派的资格测试，个人是否具有信用，纯粹取决于个人的品质。顺带一提，这种信用组合的确也可以用来说明希腊"Eranos"的本质。

乡邻联盟天生的社会伦理为基础的义务,尤其是完全被视为高雅生活方式之标志的义务,诸如被所有圣歌手赞美的、被任何宗教伦理认同的有产者厚待宾客的义务与慈善的义务,在儒教理性化和整个生活方式的习俗化的影响下,获得了非常强烈的公式化的性质。例如,在阴历腊月初八那天,按照惯例要"实践德行"。换言之,在这一天,有产者为了表示自己的好客,主动以粥款待贫民。施舍——所有伦理性宗教意识的原始的中心命令——变成了一种传统的贡物(捐献),谁不愿这样做,是会招来危险的。基督教的施舍所包含的意义是:"穷人",由于他们的存在对富人灵魂的救赎是必要的,因而在基督教社团内部被看作是上帝所规定的一个"等级"。在中国,贫者已联合成为很有组织的帮会,没有人会轻易冒险地与之为敌。一般而言,只要有具体的个人的或客观的理由,"最亲近的人"就会得到旁人的帮助。这种情况,应该说不仅在中国是正常的,只有熟知中国事物的人,才能够判断这种乐于助人的现象在中国是否确实比世界其他地方更加明显。因为中国的民间宗教,和所有原始的巫术宗教一样,认为疾病长年缠身是某种仪式上的罪过所造成的,加之缺乏一种起抗衡作用的宗教的同情动机,所以同情这种感觉并没有在儒教的基础上大大地发展起来,尽管孟子的伦理学说对于同情心的社会价值大事赞扬。即使是提倡对敌人慈爱(Feindesliebe)的异端代表人物(例如墨翟),本质上也是用功利的观点来论证这种对敌之爱的。

既然个人神圣的社会伦理义务有可能自相矛盾,它们就必须加以相对化。这方面的明证可以说是不胜枚举:例如家族利益与国库利益的强制性划分;父亲宁愿自杀而不愿亲自逮捕(谋反的)儿子;官员若不服丧,依法令要受竹杖之刑,若过度服丧,同样要受鞭笞之苦(因为他拒绝任职,从而给管理造成困难)。但是,基督教式的冲突,亦即发生在个人灵魂救赎之关注与自然社会秩序之要求两者之间的冲突,对儒教徒而言是难以想象的。对儒家来说,不存在"神"或"自然"与"现行法"(positives Recht)或"公约"(Konvention)或其他约束性的力量之间的对立。因此,任何宗教的或理性的天赋人权,与罪恶的或荒谬的世界处在紧张或妥协状态之中的、以宗教为基础的天赋人权,在中国均不存在。在中国,只存在前文中所提到的天赋人权的极其微小的萌芽,这一点清楚地表现在经典作家偶尔提到的"自然的"(natürlich)这一语词之中。而"自然的"一词所指的通常是具有和谐的自然秩序与社会秩序的宇宙。当然,几乎没有任何人会达到绝对完美的境界。不过,每个人完全有能力在丝毫不会阻碍他的社会制度中达到相当完美的程度,为此,他必须实践公认的社会美德,亦即实践仁爱、正直、真诚、仪式的虔诚与求知,无论这种实践是带着较积极的(儒教的)色彩,还是较为冥思的(道教的)色彩。就像我们反复观察到的,如果社会制度尽管已经尽了上述的那些义务但仍不能导致所有人的救赎与满意,那么这就是神性不足的统治者个人的罪过。因此,至少根据古典的教义,儒教不知极乐的原初状态,只知道处在文化前阶段的无教养的野蛮状态,在这方面,那些经常造成入侵威胁的山岳部族为我们提供了例证。当问及孔夫子如何最快地使人从善时,他简洁地回答说,先使之富,后再施以教育。事实上,英语里的寒暄话"你好吗",(How do you do?)性质上相当于汉语里的问候时的客套话:"你吃过饭了吗?"既然贫穷与愚昧几乎可以说是惟一的两个"原罪"品质,既然教育与经济最足以影响人,儒教就必然以至善的文化状态,而不是以纯真、原始的自然状态为可能的黄金时代。

古典经书里有一段引人注目的文字,描述了这样的一种情况:王位不是经由世袭,而是经由选举来继承的。父母不独因子女是自己的而只爱他们;子女也不仅爱自己的父母。儿童、寡妇、老年人、无子者、病人等等,共同出资赡养。男人有自己的工作,女人有自己的家园。财物俭省下来,但不是为了个人的目的而积敛;工作也不是为了个人的利益。没有盗贼与反叛者,夜不闭户,国家也不是个权力国家。这就是"大道",其结果就是"大同"。相反,由私欲产生的经验性的强制秩序——其标志是个人的继承权、个别的家族、好战的权力国家以及个人的利益主宰一切——用一独特的术语来表示,就叫作"小康"(原文为 Kleine Ruhe,意为小小的安宁)。这种对无政府主义式的理想社会的描述,不仅超出了儒教经验性的社会学说框架,而且特别和作为儒家一切伦理之基础的孝道互不相容。这种情况之所以发生,究其原因,部分在于正教的经文遭到了曲解,部分在于"道教的"异端嗅觉敏锐,在此插了一脚(附带一提,李格也持有这种看法)。而近代的康有为学派则援引这段描述来证明儒教在社会主义的未来理想中的合法性。的确,此段经文,就像《礼记》里的许多经文一样,也可以用来表达德·格罗特所明确代表的观点。那就是:许多后来和现在被视为异端的或至少是非古典的,或甚至是一种特殊宗教的教义,最初都与正教有关,就像基督教神秘主义与天主教教会或苏菲派神秘主义(Sufistische Mystik,伊斯兰教中的泛神论——译者)与伊斯兰教的关系一样。在西方,任何教会机构的恩宠均通过人为的方式与神秘主义者个人对救赎的追求达成妥协,尽管在另一方面,教会机构对神秘主义原则上并不采取排斥的态度;而在中国,儒教乐观主义的最后结论是:只有通过个人的伦理力量和通过有秩序的统辖力量,才有希望达到纯粹人世的完美。不过,这种结论同样会和儒家的另一基本的观点发生矛盾:个人与民众的物质的与伦理的福祉,最终是由上天认可的统治者的神性品质以及统治者的官吏对国家机构的关怀所决定的。不过,正是这个教义使道教得出了自己的结论:一切幸福的源泉在于政府的无为。这被认为是个异端的教义,不错,这是个异端的教义,而且,归根到底,它只不过是正统儒教的乐观主义突变为神秘主义的最后归宿。正是道教不相信宇宙进化论(akosmistisch)而只相信自己技能的观点以及由此而产生的对公共机关的恩典(Anstaltsgnade)的贬斥,有使自己变成为邪教的危险。同样,在中国以及在世界各地,通过寻求特殊的救赎道路以超越此世的俗人道德,原则上会引起对公共机关的恩典的怀疑,非禁欲主义的新教教会的情况,也同样如此。正如我们所看到的,"道"作为通向美德的"道路",是个自明之理,并且也是正统儒教的一个中心概念。同样,按照前文所提及的某些儒教徒或多或少具有一贯性的自由放任理论——按照此理论,只有当财富分配出现极度不均、因而引起危险的时候,国家才应进行干预,神秘主义者当然也有理由援引神授的、自然的、宇宙的与社会的"和谐"的意义,从而导出无支配(Nichtre-gieren)的原理。对儒教而言,要确定这些教义是否仍是正统的,就像要中世纪的教会去判断一个神秘主义者是否仍为正统的一样,同样是困难的和令人怀疑的。因此,德·格罗特压根儿拒绝将道教当作与儒教并立的一种特殊的宗教,也就用不着感到奇怪了,尽管皇帝在其宗教谕令中一再明白地将道教与佛教并提,称之为一种可以容忍的、非古典的信仰。与此相反,社会学家则必须考虑到教权制的特殊组织这个事实。

总之,正统与异端在教义与实践上的差异,以及儒教的所有决定性的特征,是由两方面的因素决定的:一方面,儒教就其性质是一种受过典籍教育的官僚阶层的等级伦理;另一方面,孝道特别是祖先崇拜,被认为是家产制政治不可缺少的基础而受到维护。只有当这些利益受到威胁时,统治阶层的自存本能才会对异端采取行动。①

十二、中国的教派与异端迫害

祖先崇拜与今世的孝道,是家产制臣民思想的基础,具有根本的重要性,同时也是儒教国家实际宽容的最重要且绝对的界限。② 这种宽容和西方古代的态度,既有相似之处,也有显著的不同。国家的祭礼,只对官方的伟大神祇顶礼膜拜。不过,皇帝偶尔也会参拜道教与佛教的圣地,只不过仅以鞠躬为礼,而不是像对孔圣人那样行叩头大礼。国家支

---

① 当然,孝道也会导致政治当局必须加以制止的结果。奢侈浪费,尤其是祭典时的大量花费,基于重商主义的和等级的理由,是受到限制的;相反,基于作为最后的伦理标准的孝道的重要性,在服丧时所被准许的花费,在我们西方人看来,是非常巨大的。

② 参见 de Groot 充满激情的论战文章 *Sectarianism and religious Persecution in China*。

付地卜方面的费用①,并且官方也承认风水②。来自西藏的祛邪驱魔者都偶尔会遭到压迫,他们被古人称之为巫,律令里也是这样称呼他们。③当然,这肯定纯粹出于治安上的原因。城市的官绅也以官方的身份参加道教对城隍老爷的祭典;由道教的道长所认定的神祇,则需皇帝的批准。一方面,不存在得到保障的对"良心自由"的要求;另一方面,通常由于纯粹的宗教观或者是巫术的理由(类似古希腊的宗教裁判),或者是政治上的考虑,迫害的现象屡屡发生。而且,政治上的考虑总是相当重要的。皇帝的宗教敕令,甚至像孟子这样的作者,均把压制异端视为一种职责。但迫害的手段、强度以及"异端"的概念及范围变化不定。就像天主教会对付否定圣事恩宠的人,或罗马帝国对付拒绝对皇帝顶礼膜拜的人一样,中国政府对那些它认为是敌视国家的邪教采取两种对付的手法:一是通过说教(就在 19 世纪,还流传着一首由君主所作而经官方宣扬的说教诗);一是以火与剑。与传说中的有关中国这个国家的无限宽容相反,在 19 世纪,几乎每 10 年里就发生一次,政府用一切手段(包括拷问证人在内)对邪教分子进行迫害。另一方面,几乎每一次的反叛,都与邪教有密切的关连。与古罗马相比,中国这个国家处于一种特殊的状态,因为它除了官方祭典和个人的义务性祖先崇拜之外,还最终接受了儒教,并把儒教奉为官方惟一承认的教义。就这点而言,中国就接近于一个"教派的"国家,而与纪元前的古希腊罗马帝国形成对比。1672 年的"圣谕"(十六条警句中的第七条)就明白地下令拒斥伪教。然而,正统的教义并不是一种教义宗教,而是一种哲学与生活学(Lebenskunde)。事实上,这种关系有点类似 2 世纪时罗马皇帝对斯多噶派的态度,也就是说,罗马皇帝正式承认斯多噶伦理为惟一正统的伦理,并以接受此伦理为出任国

① 见 1874 年 1 月 13 日的《京报》。
② 见 1883 年 3 月 31 日和 4 月 13 日的《京报》。
③ 见 1874 年 10 月 2 日的《京报》;此外,1878 年 8 月 20 日的《京报》载有关于一名精神错乱的男子接受被除的案例。

家官职的先决条件。

与此相反的是,在印度,一般而言,任何导致神秘救赎的宗教意识,都是教派宗教信仰之通俗形式的基础,而这种教派宗教信仰的通俗形式,是圣事恩宠的一种捐赠。在亚洲,一个神秘主义者如果变成为先知、鼓动者、教主、告解神父,就必然会变成一个神秘教长(Mystagoge)。然而,皇帝的官职神性极少能忍受一个具有独立恩宠权威的势力与之并存,就像天主教的公共机关的恩宠不容许这样的一种势力存在一样。与此相适应,皇帝谴责邪教分子(Häretiker)的异端敕令的动机,是由于几乎始终存在同样的事实情况。首要的事实当然是,未经官方许可的新的神祇受到崇拜。不过,这不是决定性的一点,因为从根本上看来,从国家祭典里分离出来的整个的民间的万神殿,被认为是非古典的和野蛮的。真正具有决定性作用的应是以下三点:

1. 异端借口为了修行具有美德的生活而聚集在一起,成立了未经许可的社团,并设法募捐资金。

2. 异教徒拥立首领,有的是神的化身,有的是教主,宣扬来世的报答或许诺灵魂的救赎。

3. 他们将祖宗牌位迁出家里,并且为了修道生活,或者为了过一种非古典的生活,而离开自己父母的家庭别居。

第一点违反了政治治安,因为政治治安当局禁止未经许可的结社。儒教的子民应该私下里在五种古典的社会关系里修身。为此,他不需要另立教派,况且,教派的存在也会破坏国家赖以存在的家长制原则。

第二点在儒家看来,不仅是对民众的公开欺骗(因为压根儿就没有来世的报答和特殊的灵魂救赎),而且也是对儒教国家的(今世的)慈善机构的神性的公然蔑视。因为在这样的国家里,(今世的)灵魂救赎乃祖先所要关心的事,而其余的事,则完全由上天认可的皇帝及其官吏来负责。因此,任何这类的救赎信仰以及任何对圣事恩宠的追求,不但会危及对祖先的虔敬,也会危及政府的威信。

最后,出于同样的理由,第三点非难是最具关键性的。因为拒绝祖先崇拜就等于是危害孝道这一政治上的基本美德,而官职等级制度里的纪律和臣民的顺从正是取决于这一基本美德的。将人民从对神圣和万能的皇权的信仰中解放出来、从孝道关系的永恒秩序中解放出来的宗教信仰,原则上是不堪忍受的。

除此之外,这些敕令的动机,根据情况的不同,还可能是重商主义的和伦理的。① 冥思的生活、个人冥思的救赎追求特别是出家人的生活,在儒家的眼里,都是寄生虫的懒惰。他们靠劳碌营作的市民的收入生活,因为佛教的和尚是不耕的(根据"不杀生"〔Ahimsa〕的戒律,耕田是会伤害蚯蚓、昆虫等生物的),而尼姑是不织的。此外,出家生活通常只是为了逃避国家徭役的一个借口。甚至借助处在强盛时期的道教徒或佛教徒的势力而登上宝座的统治者,有时也会立即转而反对他们。僧侣们奉行的原本是佛教苦行精神核心的托钵乞讨以及寺院外的救赎布道屡遭禁止。这些寺院本身在受到认可之后,正如我们下面即将看到的,其数量就被严格地限制住。但另一方面,与此形成对照的是,政府有时果断地庇护佛教,其目的在于利用这种温顺的教义去驯服子民,这和蒙古可汗引入喇嘛教的道理是一样的。但是,由这种庇护所造成的寺院的广泛分布与救赎关注的传播,很快就导致严厉的镇压。在 9 世纪时,佛教教会遭到再也无法完全复原的打击。一部分佛教和道教的寺院被保全下来,甚至得到国家的资助。但是国家严格规定,每个僧侣必须领有政府特许的凭证,也就是说,国家按照普鲁士文化斗争的方式,要求对每个僧侣进行"文化考试"。根据德·格罗特很有说服力的看法,风水是其中的一个起决定性作用的因素,因为倘若不消除惊动鬼神的危险,就不可能有得到批准的祭坛。从本质上看,这也许是国家根据国家利益至上原则

---

① 应该特别指出的是,此处我们只是将儒教及官方与诸教派的关系作了概略的叙述。待论述过佛教后,我们再回头对教派加以适当论述。教派中最主要的几支,莫不受到佛教的影响(参见 de Groot 在前引文中的描述)。

对这些异端的祭典采取有限的相对宽容态度的原因。但是,这种宽容绝不等于是正面的肯定,而毋宁说是一种轻蔑的"容忍",这是每一个世俗的官僚政治对宗教所采取的自然的、只因驯服民众的需要才变得缓和的态度。"贵人"(君子)对这些并非由于官方的原因而受到推崇的祭典采取如下的态度:他们遵循夫子之口说出的一个相当现代的原则即以证明是有效的仪式来安定鬼神,但是与它们"保持距离"。民众对这些受到容忍的异端宗教的实践,和我们西方的"宗教归属"的概念丝毫没有关系。古代西方人出于不同的动机,或崇拜日神阿波罗,或崇拜酒神狄俄尼索斯;南方意大利人则崇拜相互竞争的圣者或教团。同样,对于帝国宗教的官方的仪式即佛教的法事(原文为 Messe,弥撒——译者)——这种佛教的法事甚至在上流社会里也很盛行——以及道教的占卜术,中国人或重视或轻视,完全根据需要和它们灵验的效力。按照北京的民俗,举行葬礼的时候,以古典的祖先崇拜为基调,同时并用佛教与道教的圣礼。不管怎样,在宗教信仰上把中国人视为"佛教徒"——以往常常是这样认为的——全是一派胡言。按照我们西方的标准,只有注册的和尚与僧侣,才可称之为"佛教徒"。

但是,异端的修道形式并不是惟一的与国家权力敌对的决定性因素。相反,当佛教与受其影响的道教发展出由已婚的俗僧组成的俗人社团时,也就是说,当某种教派的宗教意识开始出现时,政府自然会断然加以干预:要么让僧侣回到被认可的寺院,要么让僧侣还俗于世俗的职业,两者必居其一。政府特别压制有些教派所接受的那些印度模式的习俗,诸如以文身(Bemalung)与服装作为区分等级的标志、依照信徒允许加入的秘密宗教仪式的等级而举行特殊的收纳信徒的剃度仪式,并确定他们的宗教名衔等等。正是由于这个缘故,中国所有的教派(Sektentum)都具有一个共同的特点:"人格"的价值与尊严获得保证与合法性,不是通过血缘纽带、等级或当局颁授的证书,而是通过在某一个具有特殊能力的同仁圈子内的成员资格及自我表现。正是一切教派组织的这一基本的功能,使任何的恩宠机构、天主教教会以及政教合一的国家都感到可憎。在它们的眼里,这种教派比容易控制的僧院更难对付。

喇嘛教由于政治上的原因曾一度受到政府的提倡,但很少具有历史的意义,所以此处我们略过不谈。同样,我们也不谈中国伊斯兰教的命运①,虽然它相当重要。犹太教在中国呈现出一种独特的(世界其他地方无法看到的)萎缩状态,已丧失了它原来的特性,这使我们无意对它作进一步论述。使人感到特别的是,在某些帝王的敕谕里,提到了居住在帝国遥远西部地区的伊斯兰首领,政府将罪犯卖给他们作奴隶。

这里,我们也不打算继续讨论基督教在中国的命运。被中国的官方称为"泰西(旧时指西洋各国,今主要指欧洲——译者)的天主崇拜"的基督教,在中国遭受迫害,这无须多加解释。不管传教士的举止多么得体,也不可避免地遭到迫害。只是战争的暴力才导致了符合条约的容忍,这时基督教宣传的意义才被认识到。向民众颁布的旧有宗教敕令强调指出,政府之所以容忍耶稣会士,是由于他们在天文学上的贡献。

教派的数量不少(根据格罗特的统计,有 56 个),教徒为数甚众,尤其是在河南以及其他几个省份。他们的身份多半是官员的仆人及贡米船队上的服务人员。在正统儒教的眼里,任何异端都是一种谋反的组织。这是教会国家(Kirchenstaat)对异端所采取的态度。这种事态往往迫使大多数的异端组织诉诸暴力。尽管遭受种种的迫害,但许多的教派仍存在了 500 多年,有些甚至更古老些。

十三、太平天国之乱

中国没有产生西方特有的那些宗教形式,并非由于中国人有一种不

---

① W. Grube 认为,回教在中国并没有任何变化,这种看法似乎有些过分。大约自 17 世纪以来,即已发展出伊玛目(Imam,清真寺的教长——译者)的特殊地位,这当然是在印度及其他东亚的神秘信条传播者(Mystagoge)之实例影响下产生的。

可克服的"自然本性"。近代太平天国(1850—1864)①的天王洪秀全,以其反巫术的、反圣像崇拜的先知所取得的令人敬佩的成功,恰恰证明了上述的这一论断。就我们所知,太平之乱是迄今为止在中国发生的教权制政治与伦理向儒教统辖与伦理发动的一场史无前例的大反叛。② 据说③,这位开山祖师出身于农村的贵绅氏族,并且是个患严重癫痫病的狂喜者④。或许部分是受到新教传教士和圣经的影响与刺激,他就像那些伊斯兰教的拜占庭偶像破坏者一样,猛烈地、清教徒式地严斥任何鬼神的、巫术的、偶像崇拜的信仰。他宣扬的是半神秘狂迷的、半禁欲的伦理。然而,他所受的是儒教教育(没有通过国家考试),且受到道教的影响。他在族人的支持下创立教派,其经典书籍中包括了圣经中的正经(die Kanonischen Bücher)《创世纪》及《新约全书》,其习俗与标记是:仿洗礼式的水浴,取代圣餐的饮茶式圣餐(由于禁酒的缘故),修改后的主祷文,以及具有同样特色的、经过修改的十戒。此外,他也引用《诗经》及其他经典著作,拼拼凑凑地选出适合于他目的的段落。这样,他像所有的改革者一样,在不得已的时候,首先援引传说中的远古时代帝王的警句与制度。

---

① 太平这一名称从前就有,例如道教的教会国家就已使用了同样的名称。
② 太平天国皇帝的官方文书,特别是《神意解说书》、《太平诏书》、《天条书》、《天命诏旨书》、所谓的《三音格诗的经书》、1852年的反满清宣言(即《奉天讨胡檄》)、仪式与军队机构的规定、新历书等等,由英国战舰"赫尔墨斯"号(hermes,希腊神话中为众神传信并掌管商业、道路等的神——译者)带到了上海,上海的传教士 Medhurst 在适当之处加上幼稚的注释之后,首次在一家传教士刊物上发表;1853年,又以号外的形式出版了这些文件,取名为 Pamphlets in and by the Chinese Insurgents of Nanking (Schanghai, 1853)。这次大的造反经常为人道及,特别是有关中国的所有论著,几乎无不加以描述。德国学者C·Spillmann也写了一部有关太平天国的通俗易懂的著作(Halle, 1900)。可惜的是,最精通中国教派史的专家 de Groot,不愿更深入地讨论太平之乱的性质,并且避而不谈其中的基督教的影响,因为他小心引用的满洲政府的官方文件中肯定没有提到这方面的影响。不过,de Groot 对传教士的文献评价很低,而我们却认为,他们的叙述可能具有某种参考的价值。
③ 我不可能一一复查这许多有争议的事实。
④ 关键时刻军事上遭受的失败,其主要原因便在于此严重的癫痫病。若非如此,在占领大运河、南京及整个长江流域,从而切断清军的补给之后,那一再遭受致命的打击的北京政府便肯定难逃覆灭的命运,而东亚的历史也许会出现完全不同的进程。

在洪秀全的教义中我们看到,基督教的天父①与耶稣②并存,虽然在本质上与洪秀全不同,但却是"神圣的"。最后,这位先知(指洪秀全)以基督的"幼弟"自居,有圣灵附着其身。③ 他深深地憎恶圣徒与圣像崇拜,尤其是圣母崇拜。祈祷有定时,星期六为安息日,并举行两次礼拜仪式:朗读圣经、连祷(牧师领祷,信徒按一定格式回答——译者)、讲道,以及朗读十戒和唱圣诗。此外,还有圣诞节庆,牧师主持的(不许离异的)结婚仪式,准许一夫多妻制和一妻多夫制,禁止卖淫,违者要被斩首。未婚男女严格隔离,严禁酒、烟与鸦片,废除发辫与妇女的缠足,可以在死者墓前供献牺牲。④ 以上这一切,是一种由基督教礼仪与儒教礼仪组成的奇特的混合物,令人想起穆罕默德的折衷主义。像正统的皇帝一样,天王也是最高祭司长,除他之外,五个最高的有一定管辖范围的官吏(Res-sortbeamte),分别是西、东、南、北四个"王"和助理他的翼王。太平天国也实行三级考试。禁止(废除)卖官制,所有的官吏由天王任命。仓储政策与强制徭役承袭了古老正统的实践经验,不过在某些方面有着重大的差别,例如:严格划分"外在的"管理与"内在的"(经济上的、由妇女领导参与的)管理,相对而言较为"自由的"交通政策、道路修筑政策与商业政策。这种基本方面的不同,类似于克伦威尔的圣者统治——某些方面,令人想起早期的伊斯兰教和明斯特(Münster,1488—1552,德国宗教改革家——译者)的洗礼派政权——与劳德(William Laud, 1573—1645,

---

① 在官方的文件里,以耶和华的名字称神,只有一次;在其他的情况下,据传教士的统计,最常出现的是民间通俗的天神之名(占 42%),以儒教崇奉的天灵之名称神只有前者的一半(占21%),较之更常出现的是人格性的天父或天(占 33%),出现最少的是神(Schin,大抵和鬼神的"神"相等,占 4%)。

② 耶稣被认为和天王一样是结过婚的。这先知(指洪秀全)曾在幻觉中见过耶稣的妻子。

③ 他拒绝"神圣"(Heiligkeit)这个称号,也拒绝"父"的称呼。

④ 传教士认为,向死者供献牺牲,是非常有失体统的行为。虽然官方拒斥将供献牺牲解释成为对于或为了祖先神灵的供奉,然而这确实代表一种对传统的重大让步。供献牺牲被认为是一种对神的祭献,并且就像基督教的安魂弥撒(Totenmesse)一样,是对祖先灵魂的一种安慰。

英国宗教家,推行基督教福利政策——译者)政教合一国家之间的对立。
理论上,太平天国的国家是个禁欲主义的战士教团,是典型的军事掠夺
共产主义(Beutekommunismus)与早期基督式的泛爱主义(Liebesakos-
mismus,把爱视为惟一真实现实的神——译者)的一种混合物;为了促进
国际间的宗教情谊,它抑制民族主义的本能。官员是按宗教的神性与通
过考核的道德成就而选拔出来的。管辖区域一方面是兵员征调与后勤
供应的地区;另一方面,则是由天王指派的牧师、礼拜堂、国立学校与图
书馆的教会区。军纪与生活秩序,像清教徒那样的严格。珠宝等贵重物
品以及所有的贵金属必须充公,以支付团体费用。① 胜任的妇女也被编
入军队。为管理目的而征调来服务的家庭,由集体的金库支付费用。②
在伦理方面,太平天国将儒家的天命论与变换成新约全书的职业美德③
结合起来。以伦理的"正确性"取代儒教徒的礼仪上的正确性,"使人异
于禽兽"④。所有这一切也适用于王侯。⑤ 此外,儒教的"交互性"也被保
留下来,只不过任何人都不准说他不愿爱他的敌人。有了这种伦理,"幸
福是容易获得的",尽管——和儒教相反——人性本身是无法真正完成

---

① 参见前引《天命诏旨书》(*Book of celestial Decrees*)中的论点:"若有钱财,必使之公有,不可认
　为属诸任何一人"(When you have money, you must make it public and not consider it as
　belonging to one or another)(珠宝亦然)。
② 在可供使用的报告中,细节方面有相当的矛盾之处。特别是国家社会主义的实际规模不明。
　当然,国家社会主义在很大的程度上可以解释成为一种战时经济。同样,我们在采用英国传
　教士的报告时,需要特别谨慎。英国传教士的报告,虽然在 de Groot 的眼里一钱不值,但此
　处我们只好利用它们,因为它们的提供者出于热情,也许看出比实际存在更多的"基督教的"
　成分来。
③ 因为在商业生涯中,成果也不取决于人,而取决于命运,因此,人们必须遵从履行职业义务而
　不窥探成果的戒命。前引《太平诏书》(*Imperial Declaration of the Thae-Ping*)云:"从事适当
　职业,余事不挂于心"(follow your proper avocations and make yourselves easy about the
　rest),作者引孔子为例。
④ 见前引《太平诏书》。
⑤ 见《太平诏书》:"营谋应重道义"(In trade principally regard rectitude),"为学应慎规模"(In
　learning be careful to live by rule)。

所有的律令的,①因此忏悔与祈祷是赎罪的方法。作战时的勇敢是最重要的、令神最满意的美德。② 道教的巫术与佛教的偶像崇拜,也和正统的鬼神崇拜一样,受到严厉的谴责。相反,犹太教与基督新教则受到友好的对待。非国教派和低派(Low Church)的新教传教士,多次在太平天国的礼拜堂里举行礼拜,而耶稣会士——由于太平天国敌视圣像崇拜,尤其是圣母崇拜——与英格兰的高派教会(High Church),从一开始就遭到敌视。太平军由于为信仰而战,且具有由宗教决定的纪律,因而优于正统政府的军队,就像克伦威尔的军队要优于国王的军队一样。基于政治与商业上的理由③,帕尔默斯顿爵士(Lord Palmerston,1784—1865,不列颠政治家,多次担任英国外相——译者)的英国政府认为,不能让这个教会国家(指太平天国)抬头,尤其是不可让上海这个通商口岸落入它之手,④是符合英国目的的。于是,英国政府借助于戈登与海军的力量,击溃了太平军。多年沉溺于梦幻般的狂喜和后宫生活的天王⑤,在帝国存在了 14 年之后,在南京的王宫里自焚而死,结束了自己及其妃妾的生命。其后 10 年,"反叛者们"的领袖也一一被捕下狱。⑥ 人员的损失、财政上的削弱、参与反叛的省份所遭到的蹂躏,使中国在很长一段的岁月里都未能完全地恢复元气。

综上所述,太平天国的伦理是一种由千年至福说(世界末日后 1 000 年耶稣当再来统治世界之说)、狂喜的和禁欲主义的因素组成的奇特混合物。但是,在这个混合物中,禁欲主义的因素占有非常突出的地位,这在中国也许是前所未有的。同样,对巫术与偶像崇拜的冲击,在中国历

---

① 《天条书》(*Book of religious precepts*)以生存于世上的人没有不曾违反"上天的命令"(天条)之罪的告白为开端(原文为"天下凡间谁人不犯天条")。

② 参见前述的《三音格诗的经书》(*Trimetrical Canon*)。

③ 丝织业与丝的输出,只不过在战争的最后一年衰退下来;在此之前,两者有相当程度的增长。

④ 在最后一刻,由于英国议会的强烈抨击,帕尔默斯顿才下令不再支援"满清",目的也为了不让清朝摆脱困境。

⑤ 在中国人的思想里,天王本人及其军官是实行一夫多妻制(男女非法同居 Konkubinat)的。

⑥ 见 1874 年 10 月 2 日的《京报》。

史上也闻所未闻。一个摆脱民族限制的、具有人格的、慈爱的、普遍的世界神，被人们接受了，而往常中国所有的宗教意识对这个世界神祇是非常陌生的。当然，要是太平天国获胜的话，它的这种伦理很难说会走上什么样的发展道路。我们设想，要是太平天国获胜，祖先墓前的祭祀必然要被保留（耶稣会士也曾这样准许此事，直到彼此竞争的教团将此事告发，而引来罗马教廷的干涉为止）；最初对神圣行为"正确性"的强调，也许又会落入仪式主义的陈套；所有国家秩序①的仪式规定又会与日俱增，这很可能使机构恩宠的原理又复兴起来。不过，这一运动在许多重要的问题上毕竟意味着与正教发生了决裂，并使一个本土的、但在本质上与基督教相对接近的宗教很有希望在中国兴起。这个契机，比起西方诸教派毫无希望的传教实验所能提供的机会，不知要好过多少倍。而且，这很可能是基督教得以在中国产生的最后机会。

太平天国之前，"私下结社"这个概念，在政治上就很受怀疑；此后，它完全被视为"大逆不道"。面对"一声不吭的中国"这种坚忍不拔的搏斗，中国的官僚机构总是进行无情的迫害。这种迫害，在城市里至少表面上取得了成功，但是在农村，出于可理解的理由，则较少成功。平静的、循规蹈矩生活的中国人总是谨小慎微地避开官僚机构的迫害。这种态度，更强化了我们已在上文中谈到过的"人格主义"的特性。

儒教的士人官僚机构，通过暴力及诉诸鬼神信仰，连续而成功地将教派的形成限制在昙花一现的程度上。但是，另一方面，根据详细的资料，中国所有的教派，比起西方的天主教或英国圣公会教义和组织（Anglikanismus）所要对付的教派运动，绝对是互相异质的。中国的教派通常信仰轮回的预言或秘法传授型的先知，他们由于世袭而代代拥有此种威严。他们隐身而居，并允诺其追随者享有此世与来世的好处。不过，他

---

① 天王的天幕（帐篷）被称作"小天堂"。他之拒斥神圣的称谓，很可能没有受到可能的后继者的重视。包括官衔称谓在内的仪式规定——例如女性高级官员加以"贞女"的头衔——完全是具有中国特色的规定。

们的救赎条件全都是带有巫术的、圣礼的、仪式主义的,或者充其量是冥思的与狂喜的性质。有规律地反复使用的救赎方法是:仪式的纯净,虔敬地重复同样的套语,或者某种冥思的练习。就我们所知,理性的禁欲精神是从没有过的。①

如前所述,异端道教天生的谦卑,亦即拒绝所有封建的夸耀,本质上具有冥思的动机。同样,龙华教派除一般佛教教派的法规之外,还强加给自己的信徒不许使用某些奢侈品(香水、珍贵的装饰品)的戒律,这无疑也以冥思为动机。凡是教派指望用武力反对压迫者的地方,就会出现有组织的习武,例如近代有名的教派②就有计划地练习拳击,因而也就不会有禁欲精神的存在。英语里的"正义之力联盟"(Leaque of righteous energy)——即"拳师"(Boxer,义和团成员)真正的名称——即寻求通过巫术的锻炼达到刀枪不入。③ 因为所有这些教派都是由异端的道教与佛教的救世论里派生出来的,或者是两者折衷主义的融合,所以,它们并没有为道教或佛教添加上任何重要的新因素。这些教派看来并没有按阶级分层。当然,官绅阶层极其严格地奉行正统的儒教。不过,异端的道教徒,特别是龙华会——本质上是按一定的祈祷经文进行家内祭典——的信奉者,相当多是属于有产阶级,而官绅也多半来自此一阶级。

此外,正如在任何救世论宗教信仰里所发生的情形一样,在中国的救世论里,妇女显然也是一支强大的力量。这并不难理解,因为在中国,也和西方一样(异端的,因此是非政治的),教派在宗教上对妇女的评价,要比儒教对她们的评价高出许多。

---

① 节假日、不戴首饰等等,是不能算作理性的禁欲的,因为这些都只不过是个人的自我要求。

② 这个教派(义和团)早在 19 世纪初就已出现(参见 de Groot, Sectarianism p. 425)。

③ 这个教派也相信这种不受伤害的说法。此外,就我所掌握的、经过筛选的材料,并不足以窥得此一教派的全貌。这个教派是一个教团(Orden),一个专门对付外夷的"富于战斗性的教士组织"(ecclesia militans)。从前引的奏章中可以看出,慈禧太后本人和她的亲王们一样,是相信此一教派的巫术性神性的。我们只要看看这些中国的文献,就很难同意 de Groot 的说法。在这件事上,他怀疑像"拳匪"这样的邪教徒是受到一个"儒教的"政府的保护的(见 Sectarianim p. 430,注释)。

十四、发展的结果

在大众的日常生活中,无论是取自道教还是取自儒教的或是受两者影响的要素,显然都扮演了相当重要的角色。我们在《世界诸宗教之经济伦理》一书的导论里曾经指出,一般地说,救世主信仰与救赎宗教主要在"市民"阶级当中找到它们持久的地位,并通常取代了他们的巫术信仰。起初,这种信仰为受苦受难的个人提供了一个惟一的避难所。秘法传授者的纯正的宗教团体,通常是从以巫师为代表的个人救赎追求中发展而来的。在中国,国家祭典不理会个人的苦难,然而巫术却从未被伟大的救赎预言或本土的救世主宗教排挤掉,因为在中国只产生了下层的救赎宗教意识(Unterschicht von Erlösungsreligiosität),它部分类似于古希腊的秘密宗教仪式,部分类似于古希腊的奥尔菲斯教派(Orphik,以神话中的奥尔菲斯为教主,认为灵魂不灭,以度人脱轮回而生乐土为宗旨——译者)。不过,此种救赎宗教意识在中国比在希腊更强烈,但始终具有巫术的性质。道教不过是个巫师的组织。佛教,就其传入中国的形态而言,也不再是早期印度佛教那样的救赎宗教,而变成实施巫术与秘法的僧侣组织。因此,道教与佛教,至少对俗人而言,没有成为在社会学上具有决定性意义的宗教团体。因此,这些民间的、停留在巫术的救赎宗教意识,通常完全没有社会性,换言之,只是个人求助于道教的巫师或儒教的僧侣。只有在佛教的节庆时,才形成临时性的共同体;只有那些异端的、经常追求政治目的的、因此也常遭到政治迫害的教派,才形成永久的共同体。在这些教派中,不仅缺乏任何类似我们西方的灵魂关注(Seelsorge,尤指牧师对本教区教徒的访问和谈话)的观念,而且也没有一点"教会纪律"的蛛丝马迹,这也就是说,没有任何规制生活的宗教手段。相反,这些民间的宗教组织,类似信奉太阳神的古代亚利安人的米特拉神秘教教派(Mithras-Mysterien),有圣化和僧侣统治制度的等级与称号。

从社会学的观点看来,这些救赎宗教的萌芽是发育不全的;然而从伦理史的角度来看,它们却有重大的影响。从印度传入中国的佛教,尽管遭到种种迫害,但它在民间毕竟扎下了根,这主要表现在中国民间生活中的宗教讲道、个人的救赎追求、对报应与来世的信仰以及宗教伦理与深入内心的虔信。佛教在中国的发展情况同样适用于日本。印度的这个知识僧侣阶层的救世论,如想成为一种"民间信仰",就必须经历可以想象的、最深刻的内在转化。所以,我们首先必须考察在印度本土产生的这一救赎说,然后才能完全理解,为什么僧侣的冥思与理性的日常生活行为之间是无法沟通的。而且也只有弄清佛教的原始面貌,我们才会明白,为什么佛教在中国所扮演的角色与基督教在西方古代后期所担当的角色如此地大相径庭,尽管其间似乎有类似之处。

第八章 结论： 儒教与清教

我们在考察这个问题的时候,最好把前面所谈到的东西跟下面的问题联系起来：澄清儒教的理性主义——这名称对儒教挺合适——与在地理与历史上最接近我们的、基督新教的理性主义两者之间的关系。要判断一个宗教所体现的理性化程度,可以运用两个在很多方面互相联系的尺度。其一, 这个宗教摆脱巫术的程度;其二, 这个宗教将上帝与世界之间的关系以及由此而来的这个宗教本身与世界的伦理关系有系统地统一起来的程度。

就第一点而言,禁欲主义的基督新教通过种种迹象表明,它已达到了最后阶段。从它所显示的大多数特点看来,它已将巫术完全彻底地摈除。就连在已纯化的圣礼与象征的仪式里,巫术也原则上被根除了,所以,道德上极端拘谨的清教徒在自己心爱的人被埋葬入土时也不举行任何仪式,为的是挖去任何"迷信"的根源,也就是说,为的是消除任何对巫术性操纵的信任。只有基督新教才坚决彻底地使世界摆脱魔法。但这并不意味着它已完全摆脱了我们今天惯常所认为的"迷信"。对女巫的审判(Hexenprozeß)至今仍盛行于新英格兰。当儒教尚未触动巫术的积极救赎意义时,清教已判定所有的巫术都是邪恶的。在清教徒看来,只有伦理的理性主义才具有宗教的价值,亦即,行为得根据上帝的命令,并且是出于一种敬畏上帝的思想。而在异端学说(道教)的巫术园地里,根据以上的综述,具有现代西方特色的理性的经济与技术是不可能产生的。其原因在于它缺乏任何自然科学的知识,而这种状况一方面是由占日师、地卜师、水占师与占候师这些势力,另一方面则是由关于世界内在联系的一种粗陋混乱的天人合一这一观念所造成的。此外,道教所关心的是作为巫术传统支柱的俸禄官职制(Verpfündung),以及在此制度下他们享受各种杂费(Sportel)的机会。这个巫术园地之所以得以保留,是因为儒教伦理本来就与其有亲和的倾向。当然还有内在的原因,这就是防止任何对儒教势力的破坏。

清教伦理在对待尘世事物的态度方面,与儒教的伦理形成了强烈的对照。如果说儒教对世上的万物采取一种随和(unbefangen)态度的话,那么清教伦理则与"世界"处在一种强烈而严峻的紧张状态之中。任何一种以其理性的(伦理的)要求而与世界相对立的宗教,都会在某一点上与世界的非理性处于一种紧张的状态。关于这个问题,我们在下面还会详细谈及。对于各个宗教而言,这些紧张性表现在各种不同的重点上,与此相适应,紧张性的特性与强度也有所不同。这一切在很大的程度上取决于由各个宗教形而上学的预言所给定的救赎之路有何不同。特别需要注意的是:宗教上对世界贬斥到何种程度,与实际上对世界拒绝到何种程度并不是一回事。

正如我们业已看到的,儒教(按其意图)是一种理性的伦理,它将与这世界的紧张性——无论是从宗教上贬斥此世,还是从实际上拒绝它——减至绝对低弱的程度。在儒家看来,这个世界是所有可能的世界中最好的一个;人的本性与气质,从伦理上看是善的。人与人之间以及事物与事物之间,尽管程度上有别,但原则上都具有相同的本性,都具有能达到无限完美的能力,都能充分地实行道德法则。根据古老的经典作家的著作而进行的哲学与文学的教育,是自我完善的普遍的手段,而教养的不足以及缺乏教养最主要的原因即经济上的匮乏,则是一切恶行惟一的根源。而这样的恶行,尤其是政府的恶行,又是一切由于(纯粹巫术性理解的)神灵不安而引起的灾祸的根本原因。正确的救赎之路在于适应那永恒的、超神的世界秩序——道,也就是说,适应那些由于宇宙和谐而产生的共同生活的社会要求。在这些社会要求中,虔敬地顺从世俗权力的固定秩序尤为重要。对个人而言,与此相应的理想是:把自我造就成为一个全面和谐均衡发展的人。在这个意义上说,个人就是一个和谐的小宇宙。君子乃是儒家理想的人,其"典雅与威严"表现为对传统的义务的履行。也就是说,君子在任何生活处境下都必须在典礼与仪式上得体。为了实现这一主要的德行,达到自我完善的目标,他必须采取合适的手段:清醒的、理性的自我控制,抑制所有可能动摇心境平衡的非理性的激情。除了渴望摆脱无教养的野蛮之外,儒教徒不企求任何"救赎"。他期待着此世的长寿、健康与财富以及死后的声名不朽,并把这些视为对德行的报答。就像真正的古希腊人一样,他们没有事先确定下来的超验的伦理,没有超世的上帝的律令与现世之间的对峙;他们没有对彼岸目标的追求,也没有极恶的观念。谁要是能遵守根据人的平均能力而制定的戒律,就不会有罪。只要这些前提被视为理所当然的,基督教传教士试图去唤起原罪感是徒劳无益的。在这样的条件下,一个有教养的中国人会断然拒绝持久地背负"原罪"的重担,对任何有教养的知识分子阶层而言,原罪这一概念是某种难堪的东西(etwas Peinliches),且有损尊严。于是,他们往往对"原罪"这一概念作些习俗的、封建的或审美的变动,称之为:"不正派的"或"不文雅的"。当然,罪过是存在的,但是,这是指伦理领域里的违犯准则的行为,诸如对父母、对祖先、对官职等级制度中的上司等等传统的权威或传统主义势力的冒犯;此外,还包括可疑的巫术对传统风俗习惯与仪式以及最终对固定的社会习俗的伤害。上述种种规矩,不管犯了哪一条都是罪过。这样一来,中国人的"我有罪"简直相当于我们西方人在冒犯了礼俗时所说的"对不起"。儒教不仅不奉行禁欲、冥思、苦行与遁世,而且还把它们鄙视为像雄蜂一样的寄生虫。任何形式的社区宗教和救赎宗教信仰,不是遭到直接的迫害与铲除,便是被视为私人事务而遭藐视,就像古典时期的希腊贵族对奥菲斯派牧师所采取的态度一样。这种无条件肯定与适应世界的伦理,其内在前提是纯巫术性的宗教从未间断的存在。这种巫术性宗教渗透进一切领域,例如:皇帝的地位,皇帝基于他个人的资格,必须为神灵的善行、天降及时雨和收获时的好天气负责;官方的或民间的宗教信仰,必须把对祖先的崇拜当作一项基本的任务;非官方的(道教的)巫术治疗术,以及其他残存的泛灵论的神灵形式,亦即关于人类崇拜和英雄崇拜的功能神祇信仰等等。就像受过教育的古希腊人一样,有教养的儒教徒对神灵论抱着同样混杂的态度:他一方面怀疑神灵论,另一方面偶尔又被它征服。但是,生活方式受儒教影响的中国民众,却坚信鬼神灵论,囿于这些巫术观念。关于彼世,儒教徒可能会像老浮士德那样说:"愚者才会把眼睛仰望着上天"(见郭沫若译《浮士德》,1954 年新文艺出版社出版,第二卷,第 334 页);不过就像浮士德一样,儒教徒必须对这句话加以限制:"我但愿巫术从我的生路离开"(同上书,第 332 页)。同样地,以古老的中国方式教育出来的中国高级官吏,会毫不迟疑地虔诚地崇拜任何一种乏味的奇迹。根据我们的回忆,在中国从未出现过与"现世"的紧张对峙,因为从来没有一个超世的、提出伦理要求的上帝作过伦理的预言。虽然由"神灵"提出了伦理要求,并特别要求履行契约的忠实,但这并不能代替上帝的要求。这里所关涉的永远是置于神灵庇护下的个别义务,诸如誓约或别的什么东西,而根本不牵涉到人格本身以及个人生活方式的内在塑造。居于领导地位的知识分子阶层——官吏与候补官员——把维护巫术的传统,尤其是维护泛灵论的对祖先的孝敬,看作一种绝对的要求,目的在于彻底维护官僚体制的权威,压制所有由救赎宗教所引起的社会动荡。除了道教的卜卦与圣礼恩典以外,佛教僧侣的救赎宗教是惟一被允许的救赎宗教,因为它具有和平主义的性质,因而在当局的眼里是不会构成危险的。正如我们即将看到的,佛教在中国的确产生了影响,它通过某些富有情趣的、细腻的内心思想丰富了灵魂的范围,然而另一方面,它又是巫术的圣礼恩典与强化传统仪式的更为广阔的源泉。

这就意味着：这种士人伦理,对广大的民众而言,其意义必然是有限的。首先,就教育而论,地方上的差异,尤其是社会上的差异,是非常巨大的。较贫困的民众团体,以世界上罕见的、几乎难以置信的高超节约本领(就消费而言),维持着传统主义的、直到现代仍然具有强烈自然经济色彩的生计。这种简朴的生活与儒教的君子理想绝无任何内在的关系。在这里,就像在任何地方一样,只有绅士阶层的那种外在行为的姿态与形式,才会普遍地被接受。知识阶层对民众的生活方式产生了决定性的影响。这种影响极有可能引起某些负面的效果：一方面是完全阻碍了先知预言的宗教信仰的兴起；另一方面继续根除泛灵论宗教里所有的狂迷成分。间或被人们称为中国民族性的那些特征,可能至少有部分是由这些因素决定的。今天,我们可以断言,即使是严格的专家们,也无法判定生物的"遗传特征"(Erbgut)到底有多少影响。不管怎么说,我们很容易观察到一个重要的、被著名的汉学家们所证实的现象：在与我们主题有关的几个重要的问题上,我们愈往上追溯历史,就愈能发现中国人及其文化与西方人及其文化有种种相似之处。古代的民间信仰、古代的隐士、诗经中最古老的诗歌、古代的战斗君主、哲学派别的对立、封建制度,还有战国时期的资本主义发展的萌芽,所有这些儒教中国特有的素质,都与我们西方的现象非常相近。因此,我们可以认为,许多通常被认为是中国固有的特质,其实是纯粹历史决定的文化影响的产物。

社会学家基本上是依据传教士的文献来认识这些特质的。显然,这些文献的价值虽各有高低,但是它们毕竟含有比较可靠的经验。在这些文献中,下述的现象始终受到强调：明显地缺少"神经"(Nerv)——就现代欧洲人使用此字的特殊意义而言；无限的耐心与自制的礼貌；墨守成规；对单调的生活与不停顿的劳作完全麻木不仁；对不寻常的刺激反应迟钝,即使是在知识阶层圈子内也是如此。所有这一切完好地、可理解地融合为一个统一体。但是,另一方面似乎也出现与上述特性相当强烈的反差:对于未知物或不是直接观察到的事物,表现出一种超乎寻常的特别的恐惧,无法根除的疑虑;对所有不能直接把握且一时难以了解的东西或不能当下见效的事物,或加以拒绝,或缺乏认识的需求。与这些特点形成对照的,是对一切的巫术骗局都带有一种无限善意的轻信,而不管这种欺骗是多么的空幻。同样,一方面是人与人之间(包括对自己最亲近的人)缺乏真正的同情心;另一方面,社会团体却具有强大而旷日持久的凝聚力。未成年孩子的那种(所谓典型的)对权威漠不关心的态度,似乎很难跟成年孩子对父母的绝对顺从与仪式性的孝敬协调起来。同样,正如人们一再断言的那样,中国人在世界上罕见的不诚实(即使是对他们自己的辩护律师),跟中国商人在大宗贸易往来里的那种明显和突出的可靠性——例如与曾经有过封建阶段的国家日本相比——似乎也难以统一起来(零售交易似乎从来没有什么诚实可言;“定价”,即使对本土的中国人而言,也显然是虚假的)。中国人彼此之间的典型的不信任,为所有的观察家所证实。清教教派里的教友间的信任与诚实——这种信任恰恰为教外人所分享——与此形成强烈的对比。最后,清教徒在心理-物理习性上普遍保持统一与稳定,这也与报道中常常提到的中国人生活中那些不受外在固定规范所制约的不稳定性形成强烈对比。说得更尖锐些,中国人的生活,一方面没有发自“内心”的、即由某种独特的核心取向所调节的统一;但另一方面却受无数习俗的束缚。所有这一切如何加以解释呢?

没有歇斯底里化的苦行以及与这种禁欲相接近的宗教形式,广泛地(虽说并非彻底地)消除一切如痴如醉的宗教祭礼(Rauschkult),必然会影响到某一人类群体的神经与心理构造。关于麻醉剂的使用,中国人自帝国统一以来(比起以往在男子之家与古代宫廷里所举行的酒宴来)属于(相对而言)“清醒的”民族。陶醉与放纵的“狂热”(Besessenheit)皆被视为是对所有神性的圣物的亵渎，因而只能被认为是恶魔作怪的征兆。儒教拒绝进用酒类，只有在供献牺牲时才可使用酒类。在中国，跟在其他任何地方一样，下层人民中间酗酒的现象屡见不鲜，但这并不能改变上文所作的比较。鸦片被认为是专属于中国人的麻醉剂，但它却是在近代才输入的。众所周知，尽管统治阶层强烈反对输入鸦片，但它还是通过战争强行进入中国。此外，它的效果是使吸鸦片者进入一种无精打采的极度兴奋状态，是"无为"路线的直接延伸，而不是导向英雄式的狂醉或积极热情的释放。希腊式的镇静（sophrosyne）并没有妨碍柏拉图在《斐德罗斯篇》里把美的癫狂（schöner Wahnsinn）看作一切伟大事物之泉源。在这方面，理性主义的罗马官僚贵族——他们将"ekstasis"（心醉神迷）译为"superstitio"（迷信）——与中国的知识阶层的想法是完全不一样的。中国人的"百折不挠的精神"（Ungebrochenheit）以及感觉麻木（Indolenz），在某种程度上也许与中国的宗教里完全缺乏酒神的要素有关，这种欠缺是由于官僚阶层有意识地使祭典保持清醒的结果。在官僚体制里，任何使心理失去平衡的东西，都不会也不容许存在。任何超强的激情，尤其是发怒，气（Tschei），都会产生恶的魔力；因此，每当发生病痛时，人们首先要问，这要归咎于哪门子的气。泛灵论的巫术——惟一留存下来的民间宗教形式，决定了对任何改革抱有一种传统主义的畏惧，因为改革会带来恶的魔力或者扰乱神灵。当然，这种巫术是为有教养的中国人所鄙视的；但是由于官方祭典的性质，它却是一种受到支持的宗教形式。它说明了中国人为何那么轻信。因此，在巫术信仰下，疾病与不幸被认为是由自己造成的天怒的征兆。这种看法必然会在一定程度上抑阻那些交感性的感受（sympathetische Empfindungen）。这些交感性的感受通常来源于救赎宗教面对痛苦时所表现出的团队精神（Gemeinschaftsgefühl），它们向来强烈地支配着印度的民间伦理。中国人具有特有的冷淡、节制的待人接物态度，即使是家族内的关系也是如此，与此相关的是习俗礼节的循规蹈矩以及对神怀有的自私的恐惧，这些便是儒教与道教所造成的结果。

许许多多无法估量的礼节上的束缚,陪伴着中国人的一生:从胎儿阶段一直到死的祭祀。那些琐碎的而且每一个细节都牢不可破的繁文缛节,构成可供民俗学家研究的一座宝库。格鲁贝(W. Grube)的著作就特别利用了这些资料。一部分的礼仪显然起源于巫术,尤其是来源于消灾的巫术;另一部分则来自道教与民间佛教(关于后者,下面还将论及)。这两种宗教在民众的日常生活中留下了非常深刻的痕迹。不过也还有大量纯粹风俗、礼仪性质的遗习保留下来,诸如:受礼节规范制约的垂问与答复,礼节上避免不了的贡献(Anerbietungen)与以某种形式对贡献的婉言谢绝,带有礼节性质的拜访、馈赠,以及敬意、悼念、庆贺的表示。这些礼节远远胜过西班牙至今仍保留下来的、受封建体制或受伊斯兰教影响的古老农民的传统。在举态与"面子"这方面,即使是其起源无据可查,但总的说来,儒教的源头兴许是主要的。应该注意的是,儒教的礼节理想,不总是以习俗的形式,而是以它的"精神"发生影响。这种礼节理想审美式的冷淡气质,使所有由封建时代流传下来的义务,尤其是慈善的义务,僵化成象征性的礼仪。另一方面,神灵信仰则将氏族成员结合得更加紧密。受众人抱怨的不诚实,就像在古埃及一样,无疑部分是家产制国家财政的直接产物。正是家产制的财政机关,到处培养这种不诚实的作风。不管是在埃及还是在中国,征收赋税的过程都是非常相似的:突然袭击、鞭笞、亲族的救助、被迫者的哀号、勒索者的恐惧以及种种妥协。当然,除了这些相似之处以外,还有儒教对于礼仪与习俗的极力崇拜。但是在另一方面,征赋过程缺乏生气勃勃的贵族的(feudal)本能,对这种本能来说,所有的交易均可以用"我们现在让谁上钩"(Qui trompe-t-on? 法国喜剧作家博马舍剧本《塞维勒的理发师》第三幕第十一场中的一句台词——译者)这一提纲挈领的词句加以概括。因此,在公行(Ko Hang)基尔特里,那些受到垄断保证的、具有文化知识的外贸商人,出于对自己实际利益的考虑,发展出一种值得称赞的商业诚信。

此种诚信——如果我说的不错的话——与其说是从内部发展出来的（就像在清教伦理里那样），不如说是从外部培植起来的。这一点也相似于中国伦理的特质。

真正的先知预言，会按照一定的价值标准，从内部创造出一种系统化的、按某种价值标准而取向的生活方式，面对这种生活方式，"世界"不过是按照规范在伦理上有待构造的质料。儒教则与此相反，它要适应外部世界，适应"世界"的条件。一个能最完美适应的人，换言之，一个只根据生活需要的程度来进行适应的这种理性化的人，并不是一个系统的统一体，而是由种种有用的个别品质所构成的一个组合体。在中国的民间宗教里，继续存在着个人有许多灵魂的泛灵论观念，这几乎可以说是上述事实情况的象征。一个人如果对一切事物没有一种超世的态度，那么在现世面前就必定缺乏自重（Eigengewicht）。在这种情况下，大众的驯服与君子的良好的举止虽然有可能产生，但是，它们赋予这种生活方式的风格，必然呈现出本质上消极的特质来，必然会使那种出自内心的对统一"人格"的追求化为泡影。于是，生活始终是一连串的事件，而不是有条不紊地朝向超验目标的整体。

这种社会伦理的立场与所有西方的宗教伦理之间的对立是无法消除的。从外表上看，托马斯主义的伦理与路德派伦理中某些家长制方面，似乎与儒教有相似之处。但是，这只不过是一种表象。因为任何一种基督教的伦理，哪怕是一种与世俗秩序建立了密切妥协关系的基督教伦理，都不可能像极端世界乐观主义的儒教体系那样，如此彻底地消除了此世与个人的超世规定之间所存在的悲观主义的紧张性。

同样，在儒教的伦理中，看不到存在于自然与神之间、伦理要求与人的缺点之间、罪恶意识与救赎需要之间、尘世的行为与彼世的报答之间、宗教义务与社会政治现实之间的任何紧张性。因此，也谈不上通过不受纯粹的传统与习俗约束的内在力量去影响生活方式的问题。以神灵信仰为基础的家内孝道，对人的生活方式拥有极为强大的影响力。正如我们已见到的,家内孝道始终是维护氏族组织的团结的强大力量。对于我们在上文中提到的那类社会化的协作团体而言,家内孝道同样是一种强大的凝聚力量,这些协作团体可以被视为具有劳动分工的扩大的家族企业。这种强固的凝聚力,本身完全是由宗教性力量所驱动的,而且,真正的中国经济组织能够达到何种强大的程度,大致相当于孝道所调节的这些个人团体所能达到的程度。中国的伦理与清教的伦理形成强烈的对比:后者的要旨是使生物的任务(Kreatürliche Aufgaben,人的义务)客观化,而前者则力图在自然生成的个人团体(或并入或模仿这种个人团体再建的个人团体)圈子里,发展出自己最强有力的动机。清教徒对超世的、彼岸的上帝负有宗教义务,因此他把所有与人共处的关系——包括对在自然生命秩序中与自己亲近的事物的关系——仅仅视为超越有机生命关系的手段与这一信念的表现。与此相反,虔诚的中国人的宗教义务,旨在促使自己在既定的有机个人关系里去发生影响。孟子拒斥普遍的"兼爱",认为这会扑灭孝道与公正:无父无兄,乃禽兽也。一个儒教中国人的义务,其内容总是对具体的人(活人或死人)、由于既定的秩序而对自己亲近的人尽孝道,但从来不对一个超世的上帝,也就是说,从来也不对某一神圣的"事业"或"观念"善尽恭顺之道。因为"道"既非"事业"也非"观念",而只是有约束力的传统主义礼仪的体现。它的戒律是"虚无"(Leere),而非"行动"(Handeln)。就经济观点而言,人格主义无疑是对客观化的一种限制,同时也是对客观理性化的一种限制,因为它力图将个人一再地从内心上与其氏族成员和以氏族方式与其联系在一起的同事牢系在一起;不管怎么说,他是被系于人,而非系于客观上的任务("企业")。这种人格主义的限制,正如全文所揭示的,是和中国宗教特有的性质密切联系在一起的。人格主义是宗教伦理之理性化的障碍,是权威性的知识阶层为了维护自己利益与地位的一道屏障。这一点对经济有相当重要的影响,因为作为一切买卖关系之基础的信赖,在中国大多是建立在亲缘或类似亲缘的纯个人关系的基础之上的。伦理的宗教——尤其是新教伦理的、禁欲的各教派——之伟大成就，在于冲破了氏族的纽带，建立起信仰共同体与一种共同的生活伦理，它优越于血缘共同体，甚至在很大的程度上与家庭相对立。从经济上看，这意味着商务上的信赖是以个人在实际职业工作中经受考验的伦理品质为基础的。官方的独裁、因袭的不诚实，加之儒教只重视维护面子，结果造成了人与人之间的普遍的猜疑。这种现象对经济造成的不良影响，估计是相当大的，虽然我们并没有计量的方法。

儒教与儒教徒崇拜"财富"的思想，曾有可能促进与这种思想相适应的经济政策措施（就像西方向世界开放的文艺复兴所做的那样）。然而，恰恰在这点上，当我们考虑到经济思想时，就会发现此种经济政策的意义是有限的。没有任何其他的文明国家，会像中国那样如此强调物质福利，并把它视为终极的目标。[①] 孔子的经济政策观点，有点类似我们西方的"王室财政官员"（Kameralist）。儒教徒司马迁写过一篇论"贸易均衡"（Handelsbilanz）的论文。在这篇中国最古老的政治经济学文献里，作者强调财富（包括通过商业所获的财富）的用处。[②] 在他的笔下，经济政策是国库措施与自由放任政策的交替使用，不过按其意图绝非是反货殖的（antichrematistisch）。在中世纪的西方，商人遭到了"蔑视"，现代的商人则遭受文人的蔑视，这和在中国所发生的情形一样。然而，中国的经济政策却没有创造出资本主义的经济思想。战国时代的商人的货币收入，实际上是国家供应商的政治利润。大规模的采矿徭役与寻找黄金有关。但是，在儒教及其像基督教一样根深蒂固的伦理与市民的生活方式之间，缺乏一个中间环节。而市民的生活方式是最重要的。制造这种生活方式的恰恰是清教主义，尽管这完全违反它自己的意愿。于是出现了

---

① 关于这点，除了前面所述之外，另参见 de Groot, *The Religion of the Chinese*, New York, 1910, p. 130。

② 见 Chavannes ed. Vol. Ⅲ, Kap. ⅩⅩⅩ。详见《史记·平准书》。所谓贸易均衡，指的是：政府将税收物资积蓄于地方，按远近顺序输送至中央，此时，将物价高的卖出而买入物价低的，以此平衡物价。此一政策的目的在于不使富商谋得暴利。

效果与愿望的背反：人的命运变成了人违反自己意图的行为的结果。这种现象能够教导我们作"自然"的悔悟，尽管乍看起来这似乎有点怪诞。

清教主义代表一种与儒教截然相反的理性地对待世界的类型。如前所述，清教主义不是一个明确的概念。"纯粹信徒团"（Ecclesia pura），按其实际和本来的意义，代表奉神之命行基督徒圣餐的宗教团体，为了上帝的名誉，这一团体清除掉道德上受到指责的参加者。它以加尔文教或浸礼会教义为基础，因而在教会制度（Kirchenverfassung）里可能更倾向教会会议或聚会所的性质。但是，从广义上说，纯粹信徒团可以指一般在道德上严守基督教禁欲主义的俗世信徒团体。这包括具有普纽玛和神秘起源的再洗礼派、孟诺派、教友派、禁欲的虔信派以及卫理公会派等教派。这一类型的教派不同于儒教的特点是：它们为了现世的理性化而反对逃离现世，虽然它们（或恰恰是因为它们）采取禁欲的形式拒斥现世。在这些教派看来，人在上帝的面前无一例外是堕落的，所以每一个人都应当鄙弃自身；世界是个罪恶的渊薮。它们认为适应于世界的虚浮的习俗是一种堕落的标志，儒家的所谓自我完善乃是一种亵渎圣明的、崇拜生物的理想；财富与热衷于享受财富是一种特殊的诱惑；吹嘘人的哲学与典籍的教养，是生物的（人的）邪恶的傲慢；相信巫术能制服神与鬼怪，不仅是可鄙的迷信，而且是对神的肆意亵渎。足以令人想起巫术的一切事物，任何残留的仪式主义与教士权力，因而被根除殆尽。教友派在理论上甚至没有一个被委任的牧师，大多数禁欲主义的教派起码没有一个领取报酬的职业牧师。在教友派窄小而明亮的聚会所里，没有任何宗教象征物的痕迹。

清教主义认为，人天生就是有罪的，但每个人的宗教机缘，不仅不一样，而且极不相同，这种不同不是暂时的，而是注定的。在加尔文派、特殊的洗礼派、怀特费尔特区（Whitefield）的卫公会派以及经过改革的虔敬派那里，这就是毫无根据的天命论，或是人各有不同圣灵禀赋的理论。或者是另有一说，即：由于在获得"改悔"（Bekehrung，对于古虔信派而言,这是极为重要的)、"忏悔斗争"(Bußkampf)、"悔悟"(Durchbruch)或其他任何性质的再生时,各人尽心尽力的程度不同,因而所获的成功也不同。然而,决定这些差别的永远是天意以及超世的上帝那毫无理由的、令人受之有愧的、"自由的"恩典。因此,天命信仰虽然只是这种名家宗教(Virtusenreligilsität,名家指天生具有感知神圣价值的即具有神性的人,诸如萨满、秘法师、禁欲苦行者等——译者)的一条教义,但却是不可动摇的。在劫数难逃的大众(massa perditionis)里,只有少数人会得到救赎,因为永恒的天命注定他们得救,或者说虽然所有的人都有此机会——根据教友派的说法,包括了非基督徒——但只有一小部分人能够抓住这个机会而达到目标。根据某些虔信派的教义,人在一生中只有一次救赎的机会;根据所谓的悔罪限期派(Terministen)的教义,救赎的机会只有一次,而且永远就这么一次。人不管怎样必须始终证明自己能够掌握这仅有的一次救赎的机会。因此,一切必须朝向神的自由恩宠与彼岸的命运,此世的生存或是苦海,或是通道。正是由于这个缘故,要十分重视这短促的时光以及在其间发生的种种事件。这也许可以用卡莱尔(carlyle,1795—1881,英国散文家及历史学家,早年深受加尔文派宗教思想的影响,反对教会的烦琐教义——译者)的话加以概括:"你来到世上之前,千年岁月想必早已逝去;你来到世上之后,千年岁月正静待你做出种种成就。"这并不是说,一个人单单依靠自己的成就就可以获得永久的幸福,这是不可能的;而是说,只有当人意识到自己短暂的生命与超世的上帝及其意志有一种中心的、统一的关系,才会得到自己命中注定的救赎,尤其是认识到,只有与神的这种统一的关系,即"圣化"(Heiligung),才是自己获得救赎召唤的惟一办法。而圣化,反过来只有通过神所希望的行为,例如所有积极的禁欲主义与神所祝福的伦理行为,才能被确证。也就是说,个人只有在成为上帝的工具时,才有充分的把握获救。因此,可想象的最大的内在奖赏,便在于过一种理性的、合乎道德的有规律的生活。只有按照固定的、由一个统一中心确立的原则来生活,才是神所希望的。诚然,无拘束地沉溺于现世生活无疑会背离救赎之道,但是生物的世界与作为生物的人,都是上帝的创造物,对于它们,上帝提出了一定的要求。根据加尔文派的看法,上帝是"为了他的荣誉"而创造人的。因此,作为上帝的创造物的人,尽管生下来是堕落的,可上帝仍希望在人之中成就自己的荣誉;于是,必须通过理性的秩序来克服罪恶和(尽可能地克服)苦难,把它们置于伦理的约束之下。"白天一到,就应该做上帝指派我去做的工作"(参见《旧约圣经》,诗篇第 84 篇之 6),此处变成一种义务,而这些上帝所交付的工作在性质上不是仪式性的,而是具有理性-伦理的性质。

清教与儒教的对立是显而易见的。这两种伦理都有它们非理性的要素:儒教的是巫术,清教的则是一个超世的上帝的归根结底无法探明究竟的意旨。但是从巫术中只会得出传统牢不可破的结果,因为行之有效的巫术手段,以及最终所有传统的生活样式,都是不可变更的——如果要避免激怒鬼神灵的话。相反,对超世的上帝的关系以及与堕落的、伦理上非理性之现世的关系只可能产生这样的结果,即:传统的绝对非神圣性,以及借助伦理与理性来征服和支配既有世界这一无休止劳作的绝对无限的使命,亦即理性的、客观的"进步"。儒教的任务在于适应此世,而清教的任务则在于通过理性改造此世。儒教要求不断的、清醒的自我控制,以维护绝对完美无缺的圣人的尊严;清教伦理也要求这种自我控制,但目的是为了有条不紊地把人的意志统一于神的意志。儒教伦理让人非常有心计地处于他们自然生成的或由社会尊卑关系所造成的既定的个人关系之中。儒教只神化那些由人际关系——例如君臣、上级官吏与下级官吏、父子、兄弟、师生、朋友之间——所产生的社会伦理义务。相反,清教伦理有点怀疑这些纯粹的个人关系,认为它们是可鄙的;当然,清教还是容许它们的存在,只是要在伦理上加以控制,使其不致背离上帝。无论如何,与上帝的关系是优先的。要绝对避免对作为生物的人的过分崇拜,因为信赖人,尤其是信赖那些由于自然关系而与我们最为接近的人，会危害心灵。因此，正如我们所看到的，加尔文教徒列娜塔·封·埃斯特(Renata Von Este)公爵夫人要是得知她最亲近的亲人(由于无理由的天命)而被上帝拒斥的话，她也会诅咒他们的。从以上的对比中不难看出，在这两种伦理观念中实际上存在着非常重大的差异，尽管我们必须指出，两者就其实质是"理性主义的"，并且两者也都得出"功利主义的"结论。造成这些差异的，不仅是那些社会伦理的观念，而且还有政治统治结构本身固有的规律性(Eigengesetzlichkeiten)。但是在中国，伦理的作用是非常重要的，它造成了以下的结果：维护氏族的束缚(Sippengebundenheit)，政治与经济组织形式的性质完全依赖于个人的关系，而这些组织形式(相对地)非常突出地缺乏理性的客观化与抽象的超个体的同旨协合会(Zweckverband，为完成共同任务而临时组成的区间大协作组合——译者)的性质。在中国，真正的"社团"(Gemeinde)并不存在(尤其是在城市里)，因为没有纯粹以经营为目的的经济社会化形式与经济企业形式。这些经济组织形式几乎没有一个是纯粹中国土生土长的。① 中国所有的共同行为(Gemeinschaftshandeln)都受纯粹个人的关系尤其是亲缘关系的包围与制约。此外，所有的共同行为也受到行业兄弟会(Berufsverbrüderungen)的包围与制约。相反，清教将一切都客观化，并将之转化为理性的"企业"和纯客观的"商务"关系，并以理性的法律与协约来取代传统；而在中国，原则上起作用的，是威力无比的传统、地方习俗与具体官员的个人恩惠。

另外一个因素似乎则更为重要。在中国，由于有肯定现世的功利主义以及相信财富乃是全面实现道德完善的普遍手段这种伦理价值，加之有稠密的人口，因而发展出一种世上罕有的"精打细算"与知足的心态。中国的小商贩(Krämer)分文必争、锱铢必较，每天都要清点他的钱钞。据可靠的旅行者的报道，当地中国人在日常交谈中开口不离金钱与金钱

---

① 参见本书第 243 页注①。信用组合是纯粹以经营为目的的经济组织形式的微弱萌芽。

利益。但是令人惊讶的是,从这种无休止的、强烈的经济劳碌与经常遭到抱怨的极端的"实利主义"中,并没有发展出伟大的、有条理的、理性的经营观念,而这些观念,至少在经济领域里,曾是现代资本主义的先决条件。这样的观念对中国人来说是陌生的,只有广东人是个例外,在他们那儿,由于过去外来的影响,加之现在有西方资本主义的不断进逼,才学会了这些观念。过去,尤其是在政治分裂的时代里,中国本土上曾产生出以政治为取向的资本主义的各种形式,诸如:官方的高利贷、紧急高利贷、获取高额利润的批发贸易以及工业领域里的大型劳动作坊(Ergasterien)。中国的这种政治资本主义,可与西方古代晚期的埃及与伊斯兰的资本主义相比拟。最近虽然常有对出版商(Verleger)与收购商(Aufkäufer)的依赖,但是,一般而言,中国缺乏像存在于西方中世纪后期的"委任工作制"(sistema domestico)那样的严密组织。尽管内部交易相当繁荣,对外贸易(至少在某个时期)也相当可观,但是却没有现代性质的甚至中世纪后期市民阶级的资本主义存在。换言之,中国缺乏中世纪后期的以及完全与科学相结合的欧洲资本主义工业"企业"的理性形式。在中国,看不到欧洲式的"资本"构成。参与争取现代机会的中国资本,主要来自官绅资本,即通过官方高利贷积累起来的资本。此外,中国也没有欧洲企业组织理性的管理方法,没有提供商业信息服务的真正理性的组织,没有合理的货币体系,其货币经济的发展甚至不能和埃及的托勒密王朝相比。法律制度才刚开始萌芽,而且在技术上很不完善,有点类似我们的商号法、贸易公司法、支票法及有价证券法。无数工业上的发明很少被用到经济上。① 最后,中国还没有真正的、具有技术价值的商业文书、计算或簿记的系统。由此可见,虽然在帝国和平之后奴隶几

---

① 例如,采矿企业的落后(通货灾难的原因之一),不将煤炭用于制铁(尽管已经有了炼制焦炭的知识),越来越限制船只必须依传统方式与传统路线在内河上航行,这些都不能归因于缺乏技术或发明能力。风水、种种占卜以及各种各样的手续费(Sportelinteressen)——巫术与国家形态的产物——才是决定性因素。

乎完全不存在了，但我们看到了与地中海古代文明非常类似的状态。这种状态在某些方面甚至要比地中海古代的状态距离现代资本主义及其种种制度的"精神"更远。在中国，尽管存在着对异端的种种裁判，但是比起加尔文派清教的不宽容态度，中国宗教的容忍是宽泛的。中国人享有广泛的货运自由、和平、迁徙自由、职业选择与生产方法自由，并且也不嫌恶商业精神（Krämergeist）。然而，这一切却没有导致现代资本主义在中国兴起。在这个极为典型的求利的国家里，我们正好可以看到，"营利欲"、对财富的高度推崇甚至独尊财富以及功利主义的"理性主义"等等，本身与现代资本主义丝毫没有关系。中国的中小商人，以及固守传统的大商人，虽然像清教徒一样，将成功与失败都归之于神灵的力量，然而，中国人将成功与失败归因于自己的（道教的）财神。在中国人看来，商业上的成功与失败并不是恩宠品级（Gnadenstand）的象征，而是对巫术或礼仪有重大功劳或有所冒犯的结果，因此，他总是试图通过仪式上的"善行"（gute Werke）来求得补偿。中国人缺少典型的清教徒所具有的那种受中心（即发自内心）和宗教所制约的理性的生活方式；对典型的清教徒而言，经济上的成功并不是最终的目的与目的本身，而是一种证明的手段。中国人不会有意识地将自己隔绝于"现世"的影响之外，而清教徒则力求通过一种明确而单向的理性的意愿（wollen）征服现世与自身。正是这种理性的意愿引导清教徒抑制那种狭隘的、足以摧毁任何理性经营方法的求利欲，而中国小商贩的作为恰恰是以这种利欲出名的。由于严格按意志进行的伦理理性化而造成的清教徒对自然欲望的特殊限制与压抑，对于儒教徒是格格不入的。① 儒教徒对原始欲望自由宣泄的限制，具有另外的性质。儒教徒清醒的自我控制，为的是要保持外在举止仪态的尊严，要保持"面子"。它具有审美的性质，因而本质上是消极的。没有确定内容的"自制"受到推崇与追求。清教徒同样清醒

---

① 关于这点，Ludwig Klages 的著作中有精辟之见。

地控制自己,但是这种克己以某种积极的东西——某种合格的行为——为追求的目标;此外,它还以更加内在的东西为目标,即系统地控制自己有罪的、堕落的内在本性。彻底的虔信派教徒甚至会开列这种罪恶本性的清单,就像每天都要做簿记一样,例如本杰明·富兰克林(Benjamin Franklin, 1706—1790,美国政治家、作家与物理学家——译者)就是一丝不苟这样做的。因为那位超世并全知的上帝随时都在注意这种中心的、内在的态度。然而,儒教徒所适应的现世,却只看重温文尔雅的举态。儒教的君子只致力于外表的"镇定"(Contenance),而不信任他人,就像他也相信别人不会信任他一样。这种怀疑一切的态度,妨碍了所有的信用与商业的运作。相反,清教徒信任他人,尤其是在经济上信任他人,无条件地和坚定地相信由宗教决定的教友的合法性。此种信赖足以使他不把自己对现世与人生来的堕落(尤其是那些身居要职者的堕落)所抱的深刻现实主义的与完全不敬重的悲观主义的态度,变成对信用——为资本主义的流通所不可缺少的信用——的一种障碍。这只会使他按照"诚实是最好的保险单"(honesty is the best policy)的原则,始终如一地肯定客观的商业目的不可缺少的动机,与此同时,也清醒地考虑对手客观的(外在的和内在的)能力。儒教徒的语词是一种本身即为目的的漂亮且有礼貌的姿态;而清教徒的语词则是一种客观的、简洁而绝对可信的业务通知:"你们的话是就说是,不是就说不是,若再多说,就是出于邪恶者。"(见《新约圣经》,马太福音第5章第37节——译者)儒教徒的节俭——顺便说一下,在君子那里,节俭受到等级礼节的严格限制——在中国小资产阶级那里,变成了一种敛财的方式(Zusammen-scharren),就像农民把财富储藏于长筒袜子里一样。但是,过分节俭,像老子和某些道教徒由于神秘主义式的谦卑所持的过分节俭,则受到儒教的攻击。在儒教盛行以及尚未被禁欲主义突破的地区,财富仅被看作确保丧葬礼仪、令名以及占有的荣誉与喜悦的一种手段。然而,对清教徒而言,占有本身是一种诱惑,正如它之于僧侣一样。他的营利,就像修道院的营利一样，是他禁欲成功的标志和一种附带的成果。正如约翰·威斯理(John Wesley，1703—1791，卫理公会派的奠基者——译者)所说："我们没有别的选择，只好建议人们要虔诚。"这也就是说，"变得富有"乃是一个不可避免的结果，尽管财富本身所具有的危险性对虔诚的个人与修道院都是清清楚楚的。威斯理的这句话明确地指出了向来存在于清教各教派的教义中的这种自相矛盾：一方面拒斥现世，但另一方面又强调营利的练达。

对儒教徒而言，正如孔子所传下来的一句话里所明白教诲的：财富是最重要的手段，它不仅保证人们能过上一种有道德的(亦即有尊严的)生活，而且使人们有可能献身于自我的完善。因此，当有人问孔子用什么手段才能使人变好时，孔子答曰："使富之"，因为只有富裕的人才能"合乎身份地"(Standesgemäß)生活。然而，在清教徒看来，营利是一种违反本意的结果，但却是个人美德的重要标志；为个人消费目的而耗费财富，很容易导致对被造物的崇拜而沉溺于现世。孔子对获取财富本身，似乎并不鄙弃，但是他觉得财富似乎是不可靠的，而且会扰乱心灵的高贵的平衡。因此，所有真正经济的、职业的劳作，都是专家们庸俗求利的活动。在儒教徒看来，专家尽管具有社会功利主义的价值，但是无法具有真正正面的尊严。因为起决定性作用的因素是"有教养的人"(君子)，而不是"工具"，也就是说，在适应现世的自我完善之中，君子本身就是目的，而非实现某种客观目的的手段。儒教伦理的这一核心原则，拒斥了行业的专门化、现代的专家官僚体制与专业的训练，尤其是拒斥了为营利而进行的经济训练。与这种"崇拜尘世的"生活准则恰恰相反，清教徒把卓有成效地适应现世与职业生活特殊的专业目的看作自己的任务。儒教徒是具有文献修养的人，更确切地说，是具有书本知识的人，是极为典型的文字的人(Schrift-Mensch)。儒教徒缺乏古希腊人那种对演说与对话的高度重视与训练，他们同样也不了解军事或经济上的理性行为的动力。大多数的清教教派，拒斥哲学和文献教育(尽管拒斥的程度有所不同),但认为必须精通圣经(因为它是市民阶级的一种法典与经营学)。因此,对清教徒而言,作为儒教徒最高装饰品的哲学与文献修养,是一种对时间的无谓浪费,而且有害于宗教。烦琐哲学与辩证法,亚里士多德及其徒子徒孙,对于清教徒都是一种恐怖与危险,例如施本纳(philipp Jacob Spener,1635—1705,德国路德派神学家,虔信派创始人——译者)就比较喜欢以数学为基础的笛卡尔派理性哲学。有用的实际知识,尤其是经验——自然科学与地理方面的知识,清醒而明晰的实在论的思维与专门知识,均首先由清教徒作为教育目的而有计划地加以培植,在德国虔信派的圈子里尤其是如此。这类知识,一方面是认识上帝的荣誉及其赋予创造物之天命的惟一途径,另一方面是使人在其职业中能理性地征服世界、为向上帝表示敬意尽自己的本分的手段。儒教与清教,对古希腊文化与最盛时期的文艺复兴文化的本质,同样是陌生的,但是各有其不同的出发点。

近代资本主义企业家必不可少的"伦理"特质是:极端专注于上帝愿望的目的;禁欲伦理制约下的没有顾忌的实践理性主义;务实的企业经营方法;憎恶非法的、政治的、殖民的、掠夺的、垄断的资本主义(后两种类型的资本主义,其基础是竭力博取君王与人的欢心);与上述种种类型的资本主义相反,肯定日常经营的冷静、严格的合法性与有节制的理性动力;理性地评估技术上的最佳办法,以及实践上的可靠性和目的性,而不是像古老的工匠那样,沾沾自喜于相传下来的技巧与产品的优美。除了企业家这些必不可少的"伦理"特质以外,还必须考虑到虔诚的工人所特有的劳动意愿(Arbeitswilligkeit)。总之,这种无情的、宗教上系统化的、任何理性化禁欲主义所特有的、"生活于"此世但并不"依赖于"此世的功利主义,有助于创造优越的理性的才智,以及随之而来的职业人(Berufsmenschentum)的"精神",而这种才智与精神,儒教始终是没有的。也就是说,儒教适应现世的生活方式虽然是理性的,但是由外到内地被决定的,而清教的生活方式却是由内到外地被决定的。这种对比有助于我们认识到，光是与"营利欲"及对财富的重视相结合的冷静与节约，是绝对不可能产生出以现代经济的职业人为代表的"资本主义精神"的。典型的儒教徒使用自己以及家族的储蓄去获取典籍的教养，并接受训练以应付考试，以此为取得一个有名有利的地位打下良好的基础。典型的清教徒则挣得多，花得少，出于禁欲的强制储蓄的愿望，将所得变为资本，再投资于理性的资本主义企业。这两种伦理精神里都包含有"理性主义"，这是我们所要得出的第二点结论。但是，只有清教的理性伦理及其超世的取向，才能彻底贯彻现世的经济理性主义。因为在清教徒看来，这是他们惟一的意向，现世的劳作只不过是他们追求一个超验目标的表现。正如清教徒在誓约中所说的，世界之所以归他们所有，是因为只有他们"为了上帝及其正义而奋力不懈"。在这里，我们不难看出这两种理性主义间的根本差异：儒教的理性主义旨在理性地适应现世；而清教的理性主义旨在理性地支配这个世界。清教徒与儒教徒都是"清醒的人"。但是清教徒的理性的"清醒"建立在一种强有力的激情的基础之上，这种激情则是儒教徒所完全没有的，同样的激情也曾鼓舞着西方的修道士，因为在修道士那里，西方对现世禁欲主义的拒斥是和支配现世的要求（禁欲的反面）密切地联系在一起的，这两种自相矛盾的要求是以一个超世的神的名义向修道士提出的，并且以变化和缓和的形式颁布给俗世。在儒教徒那里，君子的理想与"职业"的思想之间产生了尖锐的对立。"君侯似的"人是一种审美价值，因而不是某个神的"工具"。但是真正的基督徒——现世或来世的彻底的禁欲者，只希望成为上帝的一种工具，因为恰恰在其中他寻得了自己的尊严。正因为他乐于这样做，因而他是理性地变革与支配这个世界的有用工具。

可以预料，中国人同样能够（也许比日本人更加能够）在现代文化领域里学会在技术与经济上均已获得充分发展的资本主义。这显然不是中国人是否"没有自然禀赋"以适合资本主义要求的问题。但是，较之于西方，中国尽管具有各种有利于资本主义产生的外在条件，但就像在西方和东方的古代,或在印度和伊斯兰教盛行的地方一样,在中国发展不出资本主义,尽管在上述的每一个地区里,同样具有其他有利于资本主义产生的情况。中国许多可能或必然有碍于资本主义产生的因素,同样存在于西方,并且在近代资本主义最终形成的时期里,这种不利于资本主义产生的因素依然存在,例如,西方的执政者及其官僚机构仍具有家产制的特性,货币经济尚不稳定与尚未发达。埃及托勒密王朝的货币经济较之 15 或 16 世纪的欧洲发展得更为完全。通常被我们看作是阻碍西方资本主义发展的因素,诸如封建的、庄园领主的(以及部分而言行会的)限制,都不存在于几千年来的中国。此外,西方特有的各种各样阻碍货运的垄断组织,有相当一部分似乎也不存在于中国。中国和古巴比伦与西方古代一样,在过去,即在列国竞争的时代,由于战争和备战,也曾有过有利于政治资本主义兴起的政治状况;近代的资本主义,完全与中国的过去一样,也是以战争与备战即由政治为其发展条件的。或许可以这么认为:后来这种本质上以政治为取向的财富积累与资本利用的废止,为以自由交换为取向的、特殊的现代资本主义创造了更为有利的机会。这或许可以拿北美来作个例子:最近,在几乎完全缺乏战争体制的状况下,北美已为资本主义的高速发展提供了最为自由的空间。对古代西方(一直到罗马皇帝时代)、东方与中世纪而言,政治资本主义是共同的现象。中国帝国的和平化至少直接地说明这种政治资本主义已不复存在,但却没能说明为何在中国没有出现纯粹以经济为取向的现代资本主义。当然,"心态"(Gesinnung)——在这里是指对世界的实际态度——的基本特征,是深受政治与经济的命运共同制约的。但是,只要看看这种心态本身固有的规律性,也就不难发现这是强烈阻碍资本主义发展的一个重要因素了。

译 后 记

    翻译此书,对从未涉足中国宗教领域且只具有一般中国历史知识的我来说,的确是件难事。因此,最初难免有些惴惴不安。

    多蒙南京大学中国思想家研究中心蒋广学教授的鼓励与支持,打消了我最初的畏难情绪。为了让我在动笔前作好知识方面的准备,他在百忙中为我搜集了有关的中文资料,包括匡亚明老前辈的力作《孔子评传》。

    在翻译过程中,我的学生、南京大学哲学系副教授张继武先生,青出于蓝而胜于蓝,为我解答了不少疑难问题。全书译完后,他又认真、仔细地审阅了译稿,力求使其臻于完善,并在文字上作了必要的润色。

    在翻译此书的过程中,江苏人民出版社的周文彬先生一直给予热情的关怀,不时地询问翻译的进展情况,给予鼓励和信任。

    值此书即将付梓之际,谨向他们三位致以衷心的谢意。

    在翻译此书的过程中,译者常为韦伯渊博的知识、独特的历史比较方法、严谨的治学精神以及许多对中国宗教的精辟见解所折服。他在不懂中文的情况下,单凭转手的翻译和西方有关中国宗教的著作写出这部旷世的佳作,不能不说是对世界宗教社会学的一大贡献。在改革开放的今天,我们应该学习韦伯的这种精神,面向世界,面向未来,"批判地吸收两千多年来人类思想和文化发展中一切有价值的东西"(列宁语),为发展我国社会主义精神文明作出积极的努力。

洪天富

"海外中国研究丛书"书目

1. 中国的现代化 [美]吉尔伯特·罗兹曼 主编 国家社会科学基金"比较现代化"课题组 译 沈宗美 校
2. 寻求富强:严复与西方 [美]本杰明·史华兹 著 叶凤美 译
3. 中国现代思想中的唯科学主义(1900—1950) [美]郭颖颐 著 雷颐 译
4. 台湾:走向工业化社会 [美]吴元黎 著
5. 中国思想传统的现代诠释 余英时 著
6. 胡适与中国的文艺复兴:中国革命中的自由主义,1917—1937 [美]格里德 著 鲁奇 译
7. 德国思想家论中国 [德]夏瑞春 编 陈爱政 等译
8. 摆脱困境:新儒学与中国政治文化的演进 [美]墨子刻 著 颜世安 高华 黄东兰 译
9. 儒家思想新论:创造性转换的自我 [美]杜维明 著 曹幼华 单丁 译 周文彰 等校
10. 洪业:清朝开国史 [美]魏斐德 著 陈苏镇 薄小莹 包伟民 陈晓燕 牛朴 谭天星 译 阎步克 等校
11. 走向21世纪:中国经济的现状、问题和前景 [美]D.H. 帕金斯 著 陈志标 编译
12. 中国:传统与变革 [美]费正清 赖肖尔 主编 陈仲丹 潘兴明 庞朝阳 译 吴世民 张子清 洪邮生 校
13. 中华帝国的法律 [美]D. 布朗 C. 莫里斯 著 朱勇 译 梁治平 校
14. 梁启超与中国思想的过渡(1890—1907) [美]张灏 著 崔志海 葛夫平 译
15. 儒教与道教 [德]马克斯·韦伯 著 洪天富 译
16. 中国政治 [美]詹姆斯·R. 汤森 布兰特利·沃马克 著 顾速 董方 译
17. 文化、权力与国家:1900—1942年的华北农村 [美]杜赞奇 著 王福明 译
18. 义和团运动的起源 [美]周锡瑞 著 张俊义 王栋 译
19. 在传统与现代性之间:王韬与晚清革命 [美]柯文 著 雷颐 罗检秋 译
20. 最后的儒家:梁漱溟与中国现代化的两难 [美]艾恺 著 王宗昱 冀建中 译
21. 蒙元入侵前夜的中国日常生活 [法]谢和耐 著 刘东 译
22. 东亚之锋 [美]小 R. 霍夫亨兹 K.E. 柯德尔 著 黎鸣 译
23. 中国社会史 [法]谢和耐 著 黄建华 黄迅余 译
24. 从理学到朴学:中华帝国晚期思想与社会变化面面观 [美]艾尔曼 著 赵刚 译
25. 孔子哲学思微 [美]郝大维 安乐哲 著 蒋弋为 李志林 译
26. 北美中国古典文学研究名家十年文选 乐黛云 陈珏 编选
27. 东亚文明:五个阶段的对话 [美]狄百瑞 著 何兆武 何冰 译
28. 五四运动:现代中国的思想革命 [美]周策纵 著 周子平 等译
29. 近代中国与新世界:康有为变法与大同思想研究 [美]萧公权 著 汪荣祖 译
30. 功利主义儒家:陈亮对朱熹的挑战 [美]田浩 著 姜长苏 译
31. 莱布尼兹与儒学 [美]孟德卫 著 张学智 译
32. 佛教征服中国:佛教在中国中古早期的传播与适应 [荷兰]许理和 著 李四龙 裴勇 等译
33. 新政革命与日本:中国,1898—1912 [美]任达 著 李仲贤 译
34. 经学、政治和宗族:中华帝国晚期常州今文学派研究 [美]艾尔曼 著 赵刚 译
35. 中国制度史研究 [美]杨联陞 著 彭刚 程钢 译

36. 汉代农业:早期中国农业经济的形成 [美]许倬云 著 程农 张鸣 译 邓正来 校
37. 转变的中国:历史变迁与欧洲经验的局限 [美]王国斌 著 李伯重 连玲玲 译
38. 欧洲中国古典文学研究名家十年文选乐黛云 陈珏 龚刚 编选
39. 中国农民经济:河北和山东的农民发展,1890—1949 [美]马若孟 史建云 译
40. 汉哲学思维的文化探源 [美]郝大维 安乐哲 著 施忠连 译
41. 近代中国之种族观念 [英]冯客 著 杨立华 译
42. 血路:革命中国中的沈定一(玄庐)传奇 [美]萧邦奇 著 周武彪 译
43. 历史三调:作为事件、经历和神话的义和团 [美]柯文 著 杜继东 译
44. 斯文:唐宋思想的转型 [美]包弼德 刘宁 译
45. 宋代江南经济史研究 [日]斯波义信 著 方健 何忠礼 译
46. 一个中国村庄:山东台头 杨懋春 著 张雄 沈炜 秦美珠 译
47. 现实主义的限制:革命时代的中国小说 [美]安敏成 著 姜涛 译
48. 上海罢工:中国工人政治研究 [美]裴宜理 著 刘平 译
49. 中国转向内在:两宋之际的文化转向 [美]刘子健 著 赵冬梅 译
50. 孔子:即凡而圣 [美]赫伯特·芬格莱特 著 彭国翔 张华 译
51. 18世纪中国的官僚制度与荒政 [法]魏丕信 著 徐建青 译
52. 他山的石头记:宇文所安自选集 [美]宇文所安 著 田晓菲 编译
53. 危险的愉悦:20世纪上海的娼妓问题与现代性 [美]贺萧 著 韩敏中 盛宁 译
54. 中国食物 [美]尤金·N.安德森 著 马孆 刘东 译 刘东 审校
55. 大分流:欧洲、中国及现代世界经济的发展 [美]彭慕兰 著 史建云 译
56. 古代中国的思想世界 [美]本杰明·史华兹 著 程钢 译 刘东 校
57. 内闱:宋代的婚姻和妇女生活 [美]伊沛霞 著 胡志宏 译
58. 中国北方村落的社会性别与权力 [加]朱爱岚 著 胡玉坤 译
59. 先贤的民主:杜威、孔子与中国民主之希望 [美]郝大维 安乐哲 著 何刚强 译
60. 向往心灵转化的庄子:内篇分析 [美]爱莲心 著 周炽成 译
61. 中国人的幸福观 [德]鲍吾刚 著 严蓓雯 韩雪临 吴德祖 译
62. 闺塾师:明末清初江南的才女文化 [美]高彦颐 著 李志生 译
63. 缀珍录:十八世纪及其前后的中国妇女 [美]曼素恩 著 定宜庄 颜宜葳 译
64. 革命与历史:中国马克思主义历史学的起源,1919—1937 [美]德里克 著 翁贺凯 译
65. 竞争的话语:明清小说中的正统性、本真性及所生成之意义 [美]艾梅兰 著 罗琳 译
66. 中国妇女与农村发展:云南禄村六十年的变迁 [加]宝森 著 胡玉坤 译
67. 中国近代思维的挫折 [日]岛田虔次 著 甘万萍 译
68. 中国的亚洲内陆边疆 [美]拉铁摩尔 著 唐晓峰 译
69. 为权力祈祷:佛教与晚明中国士绅社会的形成 [加]卜正民 著 张华 译
70. 天潢贵胄:宋代宗室史 [美]贾志扬 著 赵冬梅 译
71. 儒家之道:中国哲学之探讨 [美]倪德卫 著 [美]万白安 编 周炽成 译
72. 都市里的农家女:性别、流动与社会变迁 [澳]杰华 著 吴小英 译
73. 另类的现代性:改革开放时代中国性别化的渴望 [美]罗丽莎 著 黄新 译
74. 近代中国的知识分子与文明 [日]佐藤慎一 著 刘岳兵 译
75. 繁盛之阴:中国医学史中的性(960—1665) [美]费侠莉 著 甄橙 主译 吴朝霞 主校
76. 中国大众宗教 [美]韦思谛 编 陈仲丹 译
77. 中国诗画语言研究 [法]程抱一 著 涂卫群 译
78. 中国的思维世界 [日]沟口雄三 小岛毅 著 孙歌 等译